新时代马克思主义伦理学丛书

张霄 李义天 主编

国家出版基金项目
NATIONAL PUBLICATION FOUNDATION

"十四五"国家重点出版物出版规划项目

伦理学视域下的
国际人道主义干涉问题研究

| 狄英娜 著

重庆出版集团 重庆出版社

图书在版编目（CIP）数据

伦理学视域下的国际人道主义干涉问题研究 / 狄英娜著. —重庆：重庆出版社，2023.5
ISBN 978-7-229-17502-3

Ⅰ.①伦… Ⅱ.①狄… Ⅲ.①人道主义—干涉—研究 Ⅳ.①B089

中国国家版本馆CIP数据核字（2023）第019333号

伦理学视域下的国际人道主义干涉问题研究
LUNLIXUE SHIYU XIA DE GUOJI RENDAOZHUYI GANSHE WENTI YANJIU
狄英娜　著

责任编辑：林　郁
责任校对：朱彦谚
装帧设计：胡耀尹

重庆出版集团
　重庆出版社　出版

重庆市南岸区南滨路162号1幢　邮政编码：400061　http://www.cqph.com
重庆出版社艺术设计有限公司制版
重庆天旭印务有限责任公司印刷
重庆出版集团图书发行有限公司发行
E-MAIL：fxchu@cqph.com　邮购电话：023-61520646
全国新华书店经销

开本：710mm×1000mm　1/16　印张：18.25　字数：236千
2023年5月第1版　2023年5月第1次印刷
ISBN 978-7-229-17502-3
定价：73.00元

如有印装质量问题，请向本集团图书发行有限公司调换：023-61520678

版权所有　侵权必究

总　序

　　马克思主义伦理学是马克思主义理论与伦理学研究的结合。对当代中国伦理学而言，这种结合既需要面对马克思主义理论发展的世界性问题，更需要融合中国特色社会主义思想文化的新时代特征。

　　马克思主义伦理学之所以成为马克思主义理论进程中的一个世界性问题，是因为伦理问题往往出现在世界马克思主义发展史上的重要时刻。这些时刻不仅包括重大的理论争辩，而且包括重大的实践境况。如果说20世纪的马克思主义理论进程是一部马克思主义和各种思潮相结合的历史，那么，20世纪的马克思主义伦理学则从马克思主义与伦理思想相结合的层面，为这部历史增添了不可或缺的内容。无论是现实素材引发的实际问题，还是理论思考得出的智识成果，马克思主义不断发展的历史，总在为马克思主义伦理学添加新的东西——新的问题、新的方法、新的观点和新的挑战。由此，马克思主义伦理学始终处于马克思主义理论的核心地带，马克思主义内在地蕴含着对于伦理问题的思考与对于伦理生活的批判。相应地，一个失却了伦理维度的马克思主义不仅在理论上是不完整的，而且无法实现马克思主义所揭示的全部实践筹划。因此，把严肃的伦理学研究从马克思主义的体系中加以祛除的做法，实际上是在瓦解马克思主义理论自身的完整意义与实践诉求。

马克思主义伦理学不是也无须是一门抽象的学问。它是一种把现实与基于这种现实而生长出来的规范性联系起来的实践筹划，是一种通过"实践—精神"而把握世界的实践理论。因此，在马克思主义这里，伦理学的本质不在于它的知识处境，而在于它的社会功能；关键的伦理学问题不再是"伦理规范可以是什么"，而是"伦理规范能够做什么"。从这个意义上讲，不经转化就直接用认识论意义上的伦理学来替代实践论意义上的伦理学，这是一种在伦理学领域尚未完成马克思主义世界观革命的不成熟表现，也是一种对伦理学的现实本质缺乏理解的表现。

马克思主义伦理学之所以成为当代中国道德建设的一个新时代问题，是因为马克思主义始终是中国特色社会主义思想文化的基本方向。无论如何阐释"中国特色"，它在思想文化领域都不可能脱离如下背景：其一，当代中国是一个以马克思主义为指导思想的社会主义国家，马克思主义构成当前中国社会的思想框架。这种框架为我们带来一种不同于西方的现代性方案；在这种现代性中，启蒙以降的西方文化传统经由马克思主义的深刻批判而进入中国。其二，中国优秀传统文化的精髓是伦理文化，中国文化的精神要义就在于其伦理性。对中国学人而言，伦理学不仅关乎做人的道理，也在提供治理国家的原则。从这个意义上讲，马克思主义之所以能在中国扎根，就在于它与中国文化传统的伦理性质有契合之处。

如果结合上述两个背景便不难发现，马克思主义伦理学的重要意义已然不限于两种知识门类的结合，更是两种文化传统的联结。经历百年的吸纳、转化和变迁，马克思主义伦理学虽然在一定程度上已经成型，但是，随着中国特色社会主义进入新时代，马克思主义伦理学又面临许多新的困惑和新的机遇，需要为这个时代的中国伦理思想与道德建设提供新的思考和新的解答。唯有如此，新时代的马克思主义伦理学才能构成中国马克思主义理论的重要组成部分，才能成为21世纪中国道德话语和道德实践的航标指南。

为此，我们编撰的《新时代马克思主义伦理学丛书》，旨在通过"世界性"和"新时代"两大主题框架，聚焦当代的马克思主义伦理学。我们希望，通过这套丛书搭建开放的平台，在一个更加广阔的视野中建构马克思主义伦理学的理论体系，在一个更加深入的维度上探讨当代中国的伦理思想与道德建设。

感谢中国人民大学伦理学与道德建设研究中心的指导与支持，感谢重庆出版社的协助与付出。这是一项前途光明的事业，我们真诚地期待能有更多朋友加入，使之枝繁叶茂、硕果满仓。

是为序。

编　者

2020年春　北京

序

  冷战结束以来，世界范围内由于民族和宗教问题引发的局部战争和冲突明显增加，一些动荡地区的人道主义问题也由此变得日益严重。以美国为首的西方国家利用这种国际形势，打着所谓人道主义干涉的旗号，为实现自身利益随意干涉他国内政，甚至武力颠覆他国政权。历史一再证明，美国等西方国家主导和实施的人道主义干涉行动，不仅未能解决人道主义危机，反而制造和加剧了大规模难民潮、恐怖主义等新的危机和灾难。人道主义干涉实践乱象丛生，人们对"如何界定人道主义危机""是否应该干涉""谁来干涉""怎么干涉"等问题产生了诸多疑问和思考。

  人道主义干涉所引发的危机是伦理的危机，对人道主义干涉的纠正和"再思考"应当是伦理层面的反思，从伦理上超越对干涉的路径依赖、重构人道主义危机的解决方案，是应对人道主义问题的必由之路。西方伦理观在道德取向和代表性上都不尽完善，人道主义领域亟须能够反映广大第三世界国家立场和诉求的新伦理观。基于传统文化思想积累的中国伦理观和马克思主义伦理观，共同为应对人道主义危机提供了一条崭新的路径。这条路径以人类命运共同体为目标，以日益崛起的中国全球影响力为支撑，以超越人道主义干涉的全球价值追求和伦理关怀为终极导引，将会为国际秩序的重建和全球善治的浮现提供新的动力。

探讨西方人道主义干涉的危机及其出路，首先需要从理论上厘清基本的概念体系。本书考察了人道主义的由来及内涵、界定了人道主义干涉的概念，并且厘清了其与相关概念的区别。对于充满争议的"由谁干涉""怎么干涉"等问题，本书首先分析了支持人道主义干涉和反对人道主义干涉的两种流派，并以马克思主义理论为指导，对人道主义干涉问题及其实质进行了剖析。马克思主义以唯物史观为基本方法，从阶级性、经济基础事实、历史实践的具体评判、人类解放等角度出发，从根本上分析战争的正义与否。这种方法对于评价人道主义干涉的正当性极具现实意义。

为进一步细化相关论证和阐释，本书特选取了三个具体案例展开个案式研究，即伊拉克禁飞区计划、科索沃危机、利比亚战争。以上述三个案例为线索，具体考察国际社会最为关注的人道主义干涉的两个问题，即实际上的国际人道主义干涉是由谁主导的，是如何干涉的。通过相关考察，不难发现，冷战后国际社会的人道主义干涉，多由西方发达国家主导，广大发展中国家多持批判态度。而在西方发达国家中，尤以美国为主，充当了人道主义干涉的主要发起国。在此基础上，本书专门对美国的人道主义干涉进行了分析，从历史上考察其进行人道主义干涉的政治传统、分析美国热衷于进行人道主义干涉的动机以及造成的后果。美国的人道主义干涉，实际上是出于维护国家利益、确立全球霸主地位、宣扬其意识形态的动机而发动对外干涉，其行为消解和颠覆了人道主义干涉的本质属性，制造了新的人道主义灾难，严重干涉和侵犯了别国主权和国际秩序，使人道主义干涉在实践中陷入了严重的伦理困境，引发了诸多问题。近年来，国际社会恐怖主义滋生、欧洲难民危机大规模爆发、中东陷入乱局等都与美国主导的国际人道主义干涉不无关联，人道主义干涉的合法性受到严重质疑。

既有的对于人道主义干涉的研究主要集中在国际关系和国际法领域，伦理要素长期以来在国际问题研究中被忽视。本书旨在推动实现相关研究的伦理"回归"。本书将理论研究与实践发展相结合、历史回望与现实关照相结合、逻辑演绎与理论归纳相结合，认为西方伦理观在人道主义领域长期处于主导地位导致了一系列负面后果，西方伦理观基础上的干涉行动造成了"危机之外的危机"，利用"制造灾难"的不道德方式去"解决灾难"。因此，有必要探索有关人道主义问题的东方伦理理论体系和分析框架，挖掘中国传统文化价值观中符合全人类共同利益的理念。西方价值观中充斥着带有道德偏见的对峙性思维，而东方价值观则具有广泛的包容性和对异质文化的尊重。

人道主义理论研究领域"东方转向"或"中国转向"是一场具有重大全球意义的观念革新，既超越国界，同时也包容异质而具有国别关怀，着眼于世界各国和各民族的和谐共生，尊重政治制度、经济结构和文化传统的多样性。很多对人道主义干涉持怀疑态度的国家都建议，国际社会在寻求解决人道暴行之前应当首先解决贫穷问题和不发达问题，因为很多产生人道主义危机的国家是贫困和不发达国家。构建人类命运共同体有助于从根本上解决人道主义危机发生发展的伦理根源，以共同协商和共谋发展的方式来应对问题和实现共同繁荣，不将本国意图和本国利益凌驾于他国之上。从国际社会演进的宏大历史进程来看，共商、共建、共享，以外交而非武装干涉手段协商解决人道主义危机，以共同命运为指引将相关国家纳入国际社会治理，这是具有世界意义的解决方案。

目 录
CONTENTS

总　序 ·· 1

序 ·· 1

导　言 ·· 1
一、研究问题及其意义 ································· 1
二、文献综述 ··· 10
三、研究方法与创新 ··································· 46

第一章　批判与辩护：人道主义干涉概念及争议
·· 51
一、人道主义由来及内涵 ······························· 52
二、人道主义干涉的概念界定 ··························· 58
三、批判与辩护：冷战后人道主义干涉的两种视角 ··· 64

第二章　人道主义干涉的东西方伦理观 ············· 67
一、西方人道主义干涉伦理观 ··························· 67
二、中国等发展中国家人道主义干涉伦理观 ··········· 81

· 1 ·

三、马克思主义对人道主义干涉的伦理认识 ………… 97

第三章　冷战后的人道主义干涉及伦理反思 …… 112
一、对"失败国家"的"拯救"与"保护"：话语与
　　现实 ………………………………………… 112
二、伊拉克禁飞区 …………………………………… 118
三、科索沃战争——人道主义干涉闹剧 …………… 125
四、西方国家对利比亚的人道主义干涉 …………… 137
五、叙利亚内战中的人道主义干涉 ………………… 150

第四章　强权逻辑与所谓"人道价值"：美国的人道
　　　　主义干涉 …………………………………… 180
一、美国人道主义干涉的政治传统 ………………… 180
二、义利之辩：美国人道主义干涉的动机 ………… 187
三、美国人道主义干涉的影响 ……………………… 197

第五章　人道主义干涉的困境及发展趋势 ……… 206
一、人道主义干涉的伦理危机 ……………………… 206
二、人道主义干涉的合法性危机 …………………… 211
三、反恐战争：人道主义干涉的异化 ……………… 217
四、道义缺失下的人道主义干涉神话 ……………… 224

第六章　构建人类命运共同体：超越人道主义干涉的新伦理路径……227

一、中国传统战争伦理思想……227

二、人道主义危机解决方案的东西方伦理观比较……230

三、用人类命运共同体理念探寻人道主义的国际伦理共识……234

四、人类命运共同体：解决人道主义危机的中国方案…241

结论与启示……262

主要参考文献……265

导　言

对美好生活的向往，是每个人的生活追求。对世界而言，美好生活至少是和平、安全、富足的，不同国家、民族的人的平等与尊严都能得到保障。然而，如果一个国家没有能力保护公民的基本权利，那么国际社会有没有必要对其施以"道义"上的干涉？这是一个极为复杂的现实伦理问题，由于它超出了国内正义的实践范畴而进入了全球正义的论域，因此，需要从伦理学、国际政治、国际法等各个理论视角进行分析。

一、研究问题及其意义

随着经济全球化进程的加速，世界各国愈发连成一个紧密联结的利益与命运共同体，一国国内局势变动引发的人道主义危机时有出现，对于国际道义（international morality，又译为"国际道德"）的呼吁从未间断。

（一）问题的提出

在既往一些所谓的人道主义干涉实践里，某些大国打着人道主义旗号进行干涉，并未解决人道主义危机，很多甚至演变成了

"非人道主义性质的干涉"[①]。因此，对于什么是人道主义危机，是否应该干涉，谁来干涉、怎样干涉，人权与主权何者优先等问题，国际社会充满了争论。

20世纪90年代以来一系列人道主义危机（索马里危机、卢旺达危机、波黑危机、科索沃危机、东帝汶危机、苏丹达尔富尔危机、利比亚危机和叙利亚危机等）在国际干涉下的失败，加深了人们对人道主义干涉的质疑，进一步销蚀了人们对国际道义的希望，也进而出现了"人道主义干涉不过是某些国家打着国际道义的旗号来为自身谋取利益"，"一些国家滥用人道主义干涉，导致霸权主义和强权政治盛行，造成国际秩序混乱"等声音。一般来说，在人道主义危机发生时，国际社会发扬道义精神施以援手，这符合国际社会的主流共识。但以美国为代表的西方国家所从事的所谓人道主义干涉远远超出了人道主义的范畴，有必要从伦理学层面对其性质和后果进行深入剖析，并重新思考国际社会未来应对人道主义危机的替代方案和路径。那么，如何从伦理学视角看待世界范围的人道主义危机？人道主义干涉是否具有合法性和道义上的正当性？西方国家实施的人道主义干涉造成了哪些伦理后果？国际社会应对人道主义灾难和挑战的努力是否需要从东方智慧中汲取养分，是否需要基于以中国传统伦理道德哲学开创理解和应对人道主义危机的新道路？

（二）研究意义

冷战结束以来，人道主义危机不时出现，关于人道主义干涉的争论也成为摆在国际社会面前现实而又棘手的问题。

[①] 张旗：《道德的迷思与人道主义干涉的异化》，载《国际政治研究》，2014年第3期。

1. 理论意义

由于一些国家和政客的吹捧、造势，西方国家所谓的民主、自由、人权观点在国际社会意识形态上处于某种"道德高地"，但在国际法上仍然缺乏足够的合法性支持。这使得人们开始再一次对现代国际体系赖以存在的基础进行思考：主权原则是否还是国际关系的基石？自现代民族国家体系建立以来，国际社会形成了共识，各个国家是拥有独立主权、相互平等的单一行为体，任何国家不能凌驾于其他主权国家之上。从法学理论来看，国际法明确规定国家享有独立、自主的管理本国事务的权利，任何国家或组织都不得侵犯其他国家的主权。所以，任何国家或组织不论以什么理由都不能对一个享有主权的国家的内政加以干涉。如果能够随意干涉他国内政，那么国家主权就是空设，国际关系就有可能变得混乱无序。换句话说，假设给干涉他国内政的行为冠以人道主义的外衣，使这种干涉他国内政的行为变得合法，那么从法理上看国家主权原则就是自相矛盾的。因此，如果认为国际关系的基本行为准则依然是国家主权原则，那么打着人道主义的旗号对另一个主权国家的内政进行干涉的行为就是一种违反国际法的行为。

美国学者史蒂芬·斯特德曼（S. J. Stedman）认为，以人道主义的名义对一个主权国家的内政进行干涉只需满足四条原则：一是不管在什么地方，只要某个国家不能满足该国公民的人道主义需求，国际社会就有权干涉该国内政；二是如果一个主权国家在人道主义所倡导的新的社会秩序中不受控制，那么国际社会在必要的时候有权采取暴力措施；三是对他国内政进行人道主义干涉的目的是将联合国解决各国国内争端的希望同国际社会的道义结合起来；四是"主权"已不是通常意义上属于国家享有的主权，而是国家的人民所享有的管理内部事务的权力。[1]

---

[1] Stephen John Stedman, "The New Internationalists," *Foreign Affairs*, vol.72, no.1, 1992.

且不论这个标准是否正当，即便干涉标准相对明确，在实际操作中依然不能逃避一些实质性问题，如人道主义的标准由谁制定；谁做出的干涉行为（以人道主义名义）是合法的；被干涉的主权国家是因为做出了哪些不人道的行为而遭到干涉的；干涉行为应该采取什么方式；谁有权主持干涉行为的进行；在以往的人道主义干涉实践中，西方国家作为主导者究竟扮演了什么样的角色，干涉的结果怎样，这些问题值得进行深入的理论探讨。

国际关系理论界长期以来陷入由权力竞争、制度效应和价值观念建构的研究视域无法自拔，主流的国际关系理论基本都未能摆脱"结构—单元"的分析路径。一些传统和经典的国际关系议题在"理论精致化"的风潮下，被日渐淡忘甚至抛弃，其中就包括国际道义。国际关系作为一个学科，诞生之初，尚有诸多先驱者对这一议题予以特别的重视，就连古典现实主义代表人物汉斯·摩根索（Hans Morgensau）也在《国家间政治——权力斗争与和平》一书中对国际道德问题予以专题阐述。但是20世纪六七十年代以来，受实证主义研究取向的影响，伦理视域在量化研究中被看作是科学理论建构过程中的"麻烦要素"，因为伦理道德不能量化、不可操作，无法被纳入数理模型的建构中。但是在人道主义干涉问题上，伦理学要素无论如何也不能缺位，因为人道主义干涉本身就是带有强烈的伦理色彩的问题，有关争论基本也是围绕道义原则展开的。因此，以人道主义问题研究为着眼点，推动伦理学在国际政治研究中的"回归"具有重要的理论和现实意义。这将有助于丰富对复杂的国际问题的全景式解读，而不是基于所谓的概念操作和模型建构而刻意对现实进行裁剪。伦理学的理论"回归"将为理解许多全球挑战提供新的分析路径。

目前，理论界、知识界和新闻界对人道主义危机和干涉的关注，主要集中于以下四种视角：第一种是对人道主义问题的记录和报道，以及对其影响和发展态势的评述。新闻跟踪可以最大限度还原问题和事件的本原，并有助于事实和信息的积累和传播。第二种是从历史学的视角，分析相关历史事件和问题的国内外背景和演变进程，探究制度、历史人物和国家政策在其中的作用。第三种是从国际战略和国际法的视角进行理论审视，剖析相关事件和问题及其对国际格局、秩序、规则和国家间关系的影响。第四种是服务于国家利益诉求的宣传，即通过媒体、智库和知名人士对相关问题的集中关注和讨论，为国家对外政策作国际和国内舆论的铺垫，这一点在以美国为代表的西方国家中表现得最为突出。事实上，人道主义危机和相关的干涉行为背后有着深层次的伦理根源，单纯地从国际关系和比较政治的视角进行理论探讨会忽略这一问题的伦理特性。人道主义问题带有强烈的价值判断，不同于一般的国际问题。发生人道主义危机的国家，面临着国际社会的伦理评估，而危机本身往往源于错综复杂的种族、宗教、政治、经济和社会问题，并非简单的政策调整所致。这些问题的最终解决无疑也无法脱离国内公平和正义的实现，伦理要素应当被纳入解决方案之中。危机和干涉的结果不仅是秩序和利益格局的改变，也影响着国际社会的伦理价值观。

从伦理学视角对人道主义干涉问题进行系统的理论研究，将弥补干涉问题研究的"道义"短板，使干涉的理论研究朝着多学科交叉融合的方向发展。同时，对人道主义思想源流以及关于干涉的不同伦理观的理论梳理和探析，也有助于学术界厘清东西方伦理观的区别，以及在指导危机解决方面的不同导向。对人道主义问题及干涉问题的研究，无论如何也绕不开主权和人权之间的关系。除了国际法的研究之外，从伦理学视角来评析主权与人权之间的关系也具有重要理论意义。东西方伦理观在这一问题上存在着巨大的差异。

西方伦理观是建立在进攻性政策和殖民历史基础之上的，反映的是"西方优越"和"西方至上"的先入为主的观念和"西方中心"的价值导向，最后的结果就是所谓的"西方模式"的强制性推广。"人权高于主权"的主张在伦理学层面既忽视了人类社会的文化多元性，也忽视了各国发展的不均衡性（这恰恰是西方殖民历史的恶果之一），同时也在本质上与国际社会公认的主权原则不相融。东方伦理观亟须被纳入人道主义干涉理论研究中，成为对干涉进行理论评价和分析的重要视角和理论基础。此外，人们往往过于关注启动干涉行动的合法性，而忽视干涉过程中以及干涉结束后所牵涉的影响更为深远的伦理后果。西方干涉理论研究通常将目光聚焦于发生了人道主义危机的国家的内部状况，比如腐败问题、政治体制问题、政府能力问题。这种有选择的理论"偏好"不是偶然的，它反映了西方学者在观念上就已经把干涉作为一种合理正当的行为，因为它带有浓厚的"救世"性质。在西方学者看来，这符合人权保护的宗旨。他们极少探讨西方国家在实施干涉行为的过程中是否遵循了人类社会共有的道义准则，是否造成了"危机之外的危机"或者利用"制造灾难"的不道德方式去"解决灾难"。他们更不愿意去正视被干涉国在干涉行动结束后所面临的伦理危机。西式理论建构的"选择性"可以用于为对外政策做注解，但是它无视广大第三世界国家的遭遇、诉求和利益，这本身就是理论研究的"道德赤字"。

在国际政治经济格局相对不平衡的背景下，特别是当代知识生产的殖民性与霸权性等因素影响下，东方伦理观长期处于被西方国家压制和无视的尴尬状态，有必要在理论层面推动建构有关人道主义问题的东方伦理理论体系和分析框架。挖掘中国传统文化价值观中符合全人类共同利益的理念，并将其放在新的时代背景下进行理论化，对于人道主义干涉的理论研究将具有十分重要的理论意义。

西方价值观中充斥着带有道德偏见的对峙性思维，而东方价值观则具有广泛的包容性和对异质文化的尊重。人道主义理论研究领域的"东方转向"或者"中国转向"是一场具有重大全球意义的观念革新。它既超越国界，同时也包容异质而具有国别关怀。它着眼于世界各国和各民族的和谐共生，尊重政治制度、经济结构和文化传统的多样性而不是强加"中式理念"于他国。人类命运共同体的构建有助于从根本上解决人道主义危机发生发展的伦理根源，以共同发展和共同协商的方式来应对问题和实现共同繁荣，不将本国意图和本国利益凌驾于他国之上。从国际社会演进的宏大历史进程来看，这是具有世界意义的解决方案。

2. 现实意义

1945年制定的《联合国宪章》是现行国际关系的基础。主权平等、不干涉内政、不得使用武力三原则是《联合国宪章》的核心内容。主权平等原则和不干涉内政原则是指任何国家的主权都是平等的，在国家之上不存在任何统一的、终极的权力机构可以越过国家主权对一个国家内部政务进行干涉。国家的主权是神圣不可侵犯的。不得使用或威胁使用武力原则是对主权平等和主权不受侵犯原则的保障。只有联合国安理会一致认为为了保护世界安全、和平而必须要实施集体制裁行为，联合国才可以实施干涉行为，或是国家为了抵抗侵略，被侵略的国家才可以以武装力量进行自卫反击。[①]

然而，自从冷战结束之后，国际政治现实中一国对他国内政进行干涉的行为频繁发生，且干涉方式完全不同于资本主义阵营与社会主义阵营全面对抗时期。在多次以武力形式对他国内政进行干涉之后，西方国家集团已经建立了一套"以人道主义为名义的干涉他

---

① 张睿壮：《警惕西方以"人道主义干预"为名颠覆现行国际秩序》，载《现代国际关系》，2008年第9期。

国内政"的系统模式。从历次干涉的例子可以看出，西方国家在实施干涉之前，往往要自导自演一番"剧情"，将它们意欲干涉的国家贴上"极权""暴政""迫害人权"的标签，然后动用政府的宣传机器，并带动国际传媒，极力渲染这些"罪名"，把相关国家内部的问题无限夸大放大，直至利用宣传攻势将相关国家的政府和领导人"批倒批臭"。与此同时，在宣传过程中夹带西方国家所谓的人道主义精神，将西方国家描绘成拯救相关国家国民于水火的"救星"，以此赢得合法性和国际舆论的支持。在这种舆论动员和炒作之后，西方国家就会寻找一个机会，制造发动干涉行动的导火索。"欲加之罪何患无辞"，理由本身往往不重要，因为西方国家总能以各种面目向国际社会提供各种说辞和借口。干涉行动一旦实施，之前的那些所谓的人道主义保护的缘由都被抛在一边，甚至联合国等国际机构也被抛开，干涉成了完全意义上的"入侵"。"人道主义"这一标签只是在发动干涉之前被伺机加以利用而已，干涉启动之后，就和人道主义没有直接关系，变成西方国家肆意破坏国际法和国际伦理道德共识的"游乐场"。因此，从政策解释和舆论宣传上，广大第三世界国家有必要联合起来全面彻底地揭示西方所谓人道主义干涉的本来面目，使其所占据的"道德高地"坍塌，丧失道义支持的基础，并将其人道主义干涉的伦理后果公之于众，使包括西方国家在内的世界各国民众对人道主义干涉高度警惕并深刻反思。

以美国为代表的西方国家历史上曾经多次进行人道主义干涉，基于"人权高于主权"的价值观，这种人道主义干涉行动在当代也不断上演。广大发展中国家是西方人道主义干涉行动实施的主要对象国，其主权和政权的稳定都受到严峻挑战。广大发展中国家一方面应当警惕西方国家在世界各地进行人道主义干涉的真实目的；另一方面也需要在国际舞台上对缺乏合法性的人道主义干涉行为予以驳斥，并在必要时联合其他第三世界国家争取更多的国际舆论支持。

人道主义干涉一旦发生，就意味着某些国家在国家内部治理和国内发展方面出现了严重的危机，招致外部力量的强力介入。在那些国内严重失序和政府能力陷入溃散的国家，内外危机错综复杂，整个国家面临生死存亡的考验。广大发展中国家需要汲取这些国家的教训，在稳健成熟的国家治理的基础上参与全球治理，并为全球治理体系和新型国际关系秩序的重建做出自己的努力；基于伦理视角对人道主义干涉进行全面审视，抵御外部势力的侵蚀和渗透，同时对发生人道主义危机的国家给予合理合法的援助。另外，有必要在全球层面倡导具有更广泛代表性的国际道义观，突破西方世界的"道义限定"，将第三世界的诉求反映到各种国际论坛之中，推动国际政治经济新秩序的形成。中国倡导基于东方文化和中国传统文化的国际伦理道德观，倡导构建人类命运共同体，不仅可以让中国的声音和第三世界的声音在国际舆论中有一席之地；同时，也为早已厌倦西方人道主义干涉陈旧套路的国际社会有识之士提供一条符合人类共同理想的新道路。

伦理观的塑造和转变并非一朝一夕之事。我们应将具有普遍意义的中国传统价值观推向世界，并站在国家战略和全球战略的高度，将塑造新的国际伦理观作为中国参与全球治理和国际秩序重建的重要使命。中国的努力不应当是简单地对西方国家某些举措和政策的应激式反应，而是走在西方国家之前，率先在全球论坛中提出"中国构想""中国方案"和"中国蓝图"，为推动国际伦理研究的转向提供坚实的战略支撑、理念支撑和文化支撑。

二、文献综述

伦理问题在国际关系中经常出现，例如"建立公正合理的国际新秩序""价值观外交""保护的责任"等倡议。然而，不论在国际政治实践中，还是在目前的学术研究中，伦理都处于非常边缘的位置。①以现实主义的眼光来看，国际政治的实质是用权力争取利益，伦理要么不起作用，要么"用温情脉脉的面纱遮住利己主义的冰水"。然而，尽管如此，美国早于1914年设立了卡耐基委员会（The Carnegie Council），其目的是对国际事务关系和伦理进行探索和研究，主要功能是对国际正义、国际关系和人权、世界政治和伦理、维和与政治和解等给予关注。国际社会在经历了两次世界大战后，越来越多的人开始对战争的正义和非正义问题展开探究。在冷战期间，针对"核伦理"展开了众多探讨，使伦理问题进一步渗透到军事研究中。冷战结束后，随着"核对峙"氛围的消减和各种新的全球性问题的涌现，越来越多的议题脱离了传统的军事安全领域，而与"人的安全"紧密相关（如恐怖主义、跨国犯罪、难民），人的价值和安全作为终极关怀在全球化时代日益凸显。国际交往中，人们对伦理的关注也越来越明显。当前的国际体系虽然是无政府社会、现实主义当道，但是，人们对伦理的呼吁、对公正合理的国际秩序的诉求不断增加，诸多国际社会现象很难（也不应该）脱离道德而独立存在。

（一）有关国际道义的论述

所谓道义，即是指道德和正义。学术界通常所讲的道义大都局限于社会政治生活中，主要是指基于社会道德规范所形成的准则和

---

① 张笑天：《论国际关系学中的国际伦理研究》，载《国际观察》，2010年第4期。

观念传统。在国际道义问题上，有两种流派的观点：一种以现实主义者为代表，认为对外政策和国际政治中谈不上什么国际道义；另一种以自由主义者为代表，认为国际社会中的道义与个人和国内政治中的道义并没有什么分别，存着统一的道义准则。[1]比较流行的观点是，国际关系中最重要的是国家利益，道义没有什么作用。[2]现实主义者强调军事力量和经济力量的积蓄和发展，强调国家间的均势，认为国家不同于个人，并不受普遍的道义原则所约束。国际社会中也没有一个超国家机构来制定和监督执行某种道义原则。国际政治就是权力的竞争，道义在其中几乎是可以忽略不计的因素。主流的现实主义者大都对国际道义问题避而不谈，或者轻描淡写。而一些持有较为理想化观点的自由主义者则坚持认为，国际社会中存在着应为各国所共同遵守的通行的道义原则。

不得不承认，国际社会是一个异常复杂的体系，各个国家和行为体有着极为多样的特征和行为方式，它们的利益诉求也大不相同。所以有的学者提出，全球范围不同的人和团体有着不同的道德准则。[3]现实中，也很容易发现不同的国家在同一国际问题上有不同的价值判断和道德标准。有些国际行为虽会遭到一些国家的强烈谴责和批判，却也会深受另一些国家的欢迎和支持。包括联合国在内的国际机构的全球计划和行动在一些国家被尊重和贯彻，在另一些国家可能被抛弃或无视。各国对诸如"维基解密"和"斯诺登事件"有不同的价值判断，甚至对伊拉克战争也有大相径庭的道

---

[1] Owen Harries, "Morality and Foreign Policy," *Policy*, Autumn, vol. 21, no. 1, 2005, p25.

[2] Anthony Ellis, "Introduction," in Anthony Ellis, ed., *Ethics and International Relations*, Manchester University Press, 1986, pix.

[3] Felix E. Oppenheim, "Foreign Policy, Rationality and Morality," *Ratio Juris*, vol.15, no.1, 2002, p7.

义评判。但是，这就意味着国际社会完全没有任何共享的道义准则吗？实际上，国家之间共同在一些道义原则基础上建立了联合国，并共同达成了《联合国宪章》，这本身就说明，即便在国际层次上道义共识的形成比国内社会要艰难得多，但也不是不可能，也并不是没有。

有学者认为，全球化时代人们对正义、公平和善良的理解各有不同，而且存在全球性的普世道义与各个政治共同体的道义之间的矛盾。[①]这只能说全球化时代道义准则的统一化是较为困难的，但不意味着不可能。当今世界，人们普遍对反贫困和战俘权益的保护不持什么异议，这本身就意味着国际社会超越民族和国家的普遍道义准则是存在的。

以乔治·坎南（George F. Kennan）为代表的否定国际道义的人则认为，国家需要关注的是军事安全、政治稳定和人民的福利，这些不具有道义特征。[②]他们把道义和国家利益对立起来，认为这两个要素是不相容的。这本身就是一个经不起检验的错误判断。国际社会固然存在着一些不顾国际道义而特立独行的国家，他们为了本国的私利，不惜转嫁危机、以邻为壑、欺骗勒索，或者实施损害他国利益的隐蔽勾当。但是国家间长期的历史交往，会让这样的国家逐渐失去"市场"。别国不愿相信这些国家的政府宣言和声明，不愿与这样的政府进行合作。国家必定是追求国家利益的，这一点没有任何疑问，但是这不意味着各国的利益完全不重合，无法合作，无法产生共同价值观和理念。

---

① Erick Lachapelle, "Morality, Ethics, and Globalization: Lessons from Kant, Hegel, Rawls, and Habermas," *Perspectives on Global Development and Technology*, vol.4, no.3, 2005, pp.603-604.

② George F. Kennan, "Morality and Foreign Policy," *Foreign Affairs*, vol.64, no.2, 1985, p206.

有的学者指出，国家利益之中也会包含一些道义要素，国家之间也会共享某些道义价值观。[1]任何国家也无法将国际道义从国家利益中完全剥离出去。没有任何道义要素的利益，就是为了私利而不惜摧毁他国的利益，这样的利益在当今国际制度日渐成熟的时代，已经没有了生存的土壤。国家间的竞争和争夺从未停歇，但是国家所处的国际环境再也不是蛮荒时代的"丛林世界"，无论是霸权国还是弱小国家，都必须在一定的道义准则范畴中行事，而不能偏离太多；否则，就会遭到国际社会的谴责与排斥。

还有人为西方国家所倡导的道义观背书，认为只有西方国家才适合塑造整个世界的价值观。一旦西方国家失去主导地位，其他行为体可能会推行它们的道义观，实施干涉，这会更加糟糕。[2]事实上，这些担心没有任何依据。西方国家以外的许多国家都经历过被殖民的历史，在实现了民族解放和国家独立之后，极其重视主权的独立和领土的完整。西方少数国家恰恰是制造全球混乱的罪魁祸首，它们所执行的干涉政策，造成被干涉国家的分裂，主权沦丧、国内资源被瓜分、国内秩序长期得不到恢复。

在当今世界，许多全球性问题，诸如难民、移民、贩卖人口、恐怖主义、海盗，看似是孤立的非传统安全问题，但都有着非常深厚的社会、政治和经济背景。恐怖主义的泛滥，与美国在世界各地所实施的霸权主义和单边主义政策紧密相连。当然，恐怖主义问题也反映了国家发展不平衡、政治诉求得不到满足等多方面的问题。这些实际上都是道义问题。穷兵黩武式的对外政策将会失去道义上的支持。世界各地所兴起的"反美主义"浪潮，其重要原因之一就

---

[1] Jack Spence, "A Reply to David Fisher," *Survival*, vol.55, no.5, 2013, pp.147-148.

[2] Nico Krisch, "Review Essay Legality, Morality and the Dilemma of Humanitarian Intervention after Kosovo," *European Journal of International Law*, vol.13, no.1, 2002, p13.

是美国政府忽视国际道义。国际道义在全球化时代具有十分独特的价值和意义。许多看上去异常棘手的问题，其背后大多有道义因素。坚持国际道义并以此为准绳解决国际、地区和双边问题，才是应对全球性挑战的根本出路。

国际道义并不是西方发达国家高喊的那些所谓"民主"和"自由"的口号，而是世界各国在长期的历史交往和基于国际法的互动中形成的基本价值观共识和行为规范。国际道义的形成既不是某一个国家主导和强制推行的结果，更不是某一个国家以武力相威胁要求其他国家顺从其意愿的结果。当今世界的各个领域已经越来越朝向专业化和制度化的方向发展，各种国际组织和国际非政府组织、国际制度和规范已经越来越健全，这些都是国际道义准则形成和壮大的组织基础。这种制度化的浪潮已经势不可挡，并且不可逆转，任何国家想要无视这种趋势而独断专行，都会遭到国际社会的抵制。西方少数国家常常无视一些道义准则和国际制度，实施单边主义行动，从短期看，看似获取了收益，但是长期来看，其所作所为会使其国际声望消减、软实力受到削弱。

（二）有关人道主义干涉的论述

世界各国出于不同的立场，对人道主义干涉的理解有很大差别。

1. 世界各国的立场和观点

人道主义干涉是一个古老的话题，随着历史和时代的演变，其内涵、目的与方式也不断发生着变化。冷战结束后，随着国际关系两极格局的瓦解，国际社会的传统安全和非传统安全面临的形势也发生了变化，从传统的两个大国领导下的两级阵营的对立变成了国与国之间，甚至是一国内部不同派别之间的冲突，有的甚至酿成了严重的人道主义灾难。在此背景下，人道主义干涉的相关研究也越来越深入。

作为世界上唯一的超级大国，美国将人道主义干涉视为其外交政策的重要内容。冷战结束后，美国不断地以人道主义干涉为借口，发动对外战争：1991年，以对科威特进行人道主义援助为名，发动了海湾战争；1993年，以拯救人道主义灾难和重建国家为名，进军索马里；1999年，以解救科索沃民族危机为借口，进军科索沃；2001年，打着反对"基地"组织和塔利班等恐怖组织的旗号，悍然出兵阿富汗；2003年，以伊拉克藏有大规模杀伤性武器并暗中支持恐怖组织为名，在没有联合国安理会授权的情况下出兵伊拉克。特别是"9·11"事件后，美国政府更是将反恐与人道主义干涉联系在一起，将其所谓的人道主义干涉提升到了新的高度，提出"先发制人"战略，使人道主义干涉行动在数量和范围上变本加厉。

欧洲是历史上人道主义干涉思想的溯源地，其依然深受这种古老传统思想的影响，认为人道主义干涉行动是一种道德义务。冷战后，随着欧洲一体化的加强和加深，更加强调集体性的多边行动，要在安理会认定当地的大规模人道灾难危害了世界和平和安全时使用有限武力，且在行动上要求整个欧洲更加步调一致。法国作为启蒙运动的发源地，同时作为欧陆大国，其人道主义干涉理念在相当长的历史时期内代表着欧洲人道主义干涉的原则和立场，并领导着欧洲的人道主义干涉行动。英国一方面作为美国的盟友，一方面作为欧洲一员，采取着比法国更为务实的态度，以一种"广义维和"的态度来看待人道主义干涉。

俄罗斯曾一度坚决反对以人道主义干涉为名使用武力来建立世界秩序。由于俄罗斯在国际社会的作用和影响力今非昔比，普京上台以后采取更为务实的外交政策，将俄罗斯定位为地区大国，同时发展与东方和西方的关系。"9·11"事件之后，普京对恐怖袭击进行谴责的同时，表达了支持美国进行反恐的意愿。但与此同时，俄罗斯强调发挥联合国的作用并维护安理会的权威，特别强调遵守国际法基本准则，反对单方面使用武力。2003年，美国等国发动对伊拉克的战争时，普京当即发表声明强烈谴责了这一行为，认为发动伊拉克战争是"巨大的政治错误"，认为这场冷战后最严峻的国际政治危机将导致伊拉克出现人道主义危机，强调伊拉克重建必须在联合国框架内进行，防止新的人道主义灾难发生。

中国政府坚持国际体系赖以生存的基础是主权、不干涉内政、不使用武力三原则。中国政府认为，应该通过外交方式来解决由国际人道主义危机引发的国际争端，而不是通过武力的方式解决，如果在迫不得已的情况下使用武力，前提也必须是获得联合国的授权，在联合国的领导下合理解决危机；否则，任何干涉行为都是违法的。

虽然世界各国都表示出了对于人道主义危机的极度关切。然而，二战结束初期建立的联合国集体安全机制更多地是为防止国与国之间的冲突，从而避免新的世界大战的爆发，而对于关注人类生命免遭种族屠杀、战争罪等却没有具体行动机制和方案。因此，尽管冷战后人道主义干涉的实践数量不断上升，但是国际社会对于人道主义危机的反应不是过慢就是无作为，即使采取行动，也通常是理由不充分的。怎样探索出有效进行人道主义干涉的机制，利用预警体系和干涉措施去避免和制止人道主义灾难，维护世界和平，是冷战后需要迫切关注的重要议题。

2.国内外学者的相关观点

国内对人道主义干涉问题的研究，主要可以概括为以下四个方面的内容：一是否定人道主义干涉及其理论。该观点认为人道主义干涉的理论是一种强权政治的理论，借口人道主义干涉而干涉他国内政的行为，已成为国际不法行为，严重者则构成国际罪行。人道主义干涉经历了一个从合法到非法、从承认到禁止的发展过程，以人道主义为理由的武装干涉丝毫不能缓解对被干涉国的领土完整或政治独立构成的严重侵犯。二是对人道主义干涉持基本肯定的模糊观点。该观点认为干涉有合法与非法之分。区分干涉是否合法的标准，主要看是否符合国际法基本准则，特别是主权平等原则和不干涉内政原则；另外，还要看干涉的目的和手段是否符合《联合国宪章》和其他有关国际公约的规定。三是认为人道主义干涉有其合理性，但有必要对其进行限制。认为人道主义干涉具有一定的合理性的观点，是建立在人权在一定程度上由纯内政向国际保护方向演变的基础上，完全否定人道主义干涉既不可能也不可取，当然对其也不能完全放任，有必要作出严格限定。四是认为人道主义干涉行为越来越普遍，应从制度上加以规范。该观点认为应考虑将其纳入法制轨道，即在《联合国宪章》和"人权公约"的基础上强化立法，对发动人道主义干涉的条件、程度、监督和程序等加以规范。

具体来说，国内学者多停留在法理层面的讨论上，着眼于讨论以人道主义名义做出的干涉行为是否符合国际法特别是《联合国宪章》的规定。有的学者指出，根据《国际法原则宣言》，不管基于何种理由，任何国家或力量都不得对他国的内政或外交进行直接或间接的干涉，人道主义干涉有悖于不干涉原则和主权原则。还有一部分学者将人道主义干涉与新干涉主义联系在一起，认为人道主义干涉也许会导致世界政治经济格局朝着单极化的趋势发展，使得现有的相对平衡的政治经济格局被打破，从而对国际社会秩序的稳定带来负面影响。还有一部分学者认为，人道主义干涉会导致国际法的公平正义、安全秩序原则丧失，将人权置于国家主权之上，可能会导致历经几百年而形成的国际关系的理论基石彻底崩塌。魏宗雷等撰写的《西方"人道主义干预"理论与实践》[①]、杨成绪主编的《新挑战——国际关系中的"人道主义干预"》[②]、周琪主编的《人权与外交——人权与外交国际研讨会论文集》[③]等，大多采用个案分析方法来探讨人道主义干涉问题。国内学者多数认为，在利益结构上，人权的普适性原则与国家利益的矛盾冲突贯穿于人道主义干涉问题研究的始终。冷战时期，由于美苏对峙，人权斗争的实质还是为了维护美苏两极秩序。冷战后，人道主义干涉问题更多地与推进世界正义和共同利益联系在一起。但是就当前而言，人道主义干涉大多和国家间权力与利益争斗相裹挟。李少军在《干涉主义及相关理论问题》一书中，界定了干涉的概念及其历史演进，提出了干涉和主权是关联在一起的观点。主权是把一个个国家变成可以合法共存的体系，从而构成一种秩序，这种秩序逐步衍生成一种规范，即不干涉原则。李少军把干涉主义所追求的目标分为利益和价值两种，认为干涉主义是一种政策上的取向。谷盛开对人道主义干涉的语义内涵进行了探究，归纳出西方有关干涉主义理论方面的主要分歧。这种观点认为，人道主义干涉必须要遵守秩序与道义相平衡的原则，要确保联合国在规范国际干涉、使干涉行为合法化过程中发挥主导作用，对于不是由联合国所采取的干涉行为，要从干涉主体、目标、方式以及约束机制等方面进行严格的限制。[④]

---

① 魏宗雷、邱桂荣、孙茹：《西方"人道主义干预"理论与实践》，时事出版社 2003 年版。
② 杨成绪主编：《新挑战——国际关系中的"人道主义干预"》，中国青年出版社 2001 年版。
③ 周琪主编：《人权与外交——人权与外交国际研讨会论文集》，时事出版社 2002 年版。
④ 谷盛开：《西方人道主义干预理论批判与选择》，载《现代国际关系》，2002 年第 6 期。

上海社科院的刘杰认为,当前人道主义干涉具备了三个方面的新特征,即干涉主体的多元化,干涉方式和手段的多样化,干涉活动的机制化。刘杰特别强调,无论是"主权自动限制论"还是"共同主权论"都无助于国际干涉合法性的提升,同时也会造成新的国际不平等。[1]吴征宇在《主权、人权和人道主义干涉——约翰·文森特的国际社会观》一文中指出,格劳秀斯的自然法思想是社会连带主义的核心思想,而实证主义法学是多元主义的理论基础。同时他也指出,多元主义把国家作为研究中心,而社会连带主义把个体作为自己的研究重点。[2]郭树勇在《英国学派的研究方法及其演变》一文中指出了"多元—连带"论争的本质,认为世界社会是一种后现代的社会类型,是以个人或其他非国家行为体为基本单位的社会类型。[3]社会连带主义指出,国际社会的基本单位是个人或者其他行为体(非国家的),是一种后现代社会。这种观点站在人道主义干涉一边,在对人权进行研究时充分肯定了个人的力量,严重冲击了国际关系的主权原则和不干涉内政原则。时殷弘教授等认为,只有符合六个先决条件人道主义干涉才是合法合理的,必须对理由是否正当进行严格的限定,干涉行为的发动主体必须是联合国,并由联合国对干涉行为进行监督和管理,必须限定只有在迫不得已的时候才可以适当地采取武装行动,并且可预计的后果一定要正当。[4]

王运祥、刘杰在《联合国与人权保障国际化》一书中提出,必须把促进性的国际干涉和人道主义干涉区别开来。[5]杨泽伟从国家

---

[1] 刘杰:《论"人道主义干涉的合法性问题"》,载周琪主编:《人权与外交——人权与外交国际研讨会论文集》,时事出版社2002年版。

[2] 吴征宇:《主权、人权与人道主义干涉——约翰·文森特的国际社会观》,载《欧洲研究》,2005年第1期。

[3] 郭树勇:《英国学派的研究方法及其演变》,载《欧洲研究》,2004年第5期。

[4] 时殷弘、沈志雄:《论人道主义干涉及其严格限制——一种侧重于伦理和法理的阐析》,载《现代国际关系》,2001年第8期。

[5] 王运祥、刘杰:《联合国与人权保障国际化》,中山大学出版社2002年版。

主权概念的剖析入手，兼用政治学与法学相结合的方法，系统地论述了责任主权论，对国家主权和国际干涉之间的关系进行了系统的阐述，认为国家主权是权利更是责任。杨泽伟进而认为，人道主义干涉如果缺少合法化的条件，就容易导致滥用。他建议要制定合法的标准，以规范人道主义干涉行为，对滥用人道主义干涉的行为从法律上作出约束和限制。所以，任何国家都应该在拟实施或参加人道主义干涉行为之前，及时将令人信服的证据提交联合国审查。①

此外，伍艳在《浅议人道主义干预的立法规制》一文中指出，人道主义干涉是外部力量对一国内政的强力干涉。②伍艳对人道主义干涉问题的研究，从某种意义上说，其思考的维度突破了传统实践视域上的界限，具有一定的创新意义。

以上国内学者对人道主义干涉的研究多着眼于国际法、政治道德观念和个案研究的视角，对人道主义干涉的理论维度、主体、手段、制度规范及与国际法、文化相对性的关系等研究尚有欠缺。

西方学者对于人道主义干涉的研究开展较早，研究的范围较为宽泛，有的从历史角度出发探讨人道主义干涉内涵与方式的历史演变，有的开始探求塑造人道主义干涉的行为标准，还有的学者从案例或区域的角度出发试图找出人道主义干涉行动规律性的内容。吉尔·安德雷阿尼和皮埃尔·哈斯（法国外交部国际关系分析学者）二人共同主编了《为战争辩护——从人道主义到反恐怖主义》一书，讲述了人道主义、反恐与战争之间的关系。③二位学者以伊拉克战争为案例，论证了人道主义干涉在没有联合国授权的情

---

① 杨泽伟：《主权论——国际法上的主权问题及其发展趋势研究》，北京大学出版社2006年版。
② 伍艳：《浅议人道主义干预的立法规制》，载《现代国际关系》，2002年第10期。
③ 〔法〕吉尔·安德雷阿尼、〔法〕皮埃尔·哈斯主编：《为战争辩护——从人道主义到反恐怖主义》，齐建华译，中央编译出版社2008年版。

况下是缺乏合法性的,进而对冷战后国际人道主义干涉的合乎道义与合乎法律等问题进行了研究。英国的尼古拉斯·惠勒教授从人权和主权之间的关系、不同的人道主义干涉之间的区别、干涉行为的合法性和道德性等方面,对人道主义干涉展开了研究。[1]

理查得·哈斯从大国竞争角度出发,认为人道主义干涉是必要的,这在他撰写的《新干涉主义》[2]一书中有详细的表述。此外,理查德·哈斯的《良机:美国改变历史进程的时刻》等著作,对人道主义干涉进行了详细的研究。上述关于人道主义干涉的论述都是以西方为出发点,从干涉者的思维和立场出发,认为西方国家对其他享有主权的国家所做出的干涉行为是必要的,是为了反抗暴力统治,为了解决贫穷和难民问题而采取的有效方法,能够从道义上拯救被干涉国。

大多数西方学者对人道主义的研究带有强烈的"国别色彩"和西方中心主义倾向,从西方价值观的角度出发,指出人道主义干涉的必要性,但对于非西方国家在人道主义干涉问题上的理解和行为方式鲜有涉及,对被干涉方的历史传统和利益考虑不够;同时,也缺乏站在客观公正的角度系统性展开关于人道主义干涉机制建设的研究。尽管对于人道主义危机的理解应当具有某种全球共识,但是人道主义干涉研究在某些西方学者的笔下变成一种为国家政策和对外战略摇旗呐喊的理论工具,为人道主义干涉的"合法性"寻找哲学和政治学的理论依据成为他们展开相关研究的最终目的。西方学者依据其所在国或者西方世界的发展经验而构想的人道主义干涉,实质上是基于西方模板而开出的服务于西方对外战略的"药方"。

---

[1] 〔英〕尼古拉斯·惠勒:《拯救陌生人——国际社会中的人道主义干涉》,张德生译,中央编译出版社 2011 年版。

[2] 〔美〕理查德·N.哈斯:《新干涉主义》,殷雄、徐静译,新华出版社 2000 年版。

尽管许多有关人道主义干涉的既有研究或多或少地涉及了伦理学的问题，但普遍缺乏全面的伦理学关照。学术界的研究要么基于工具理性探讨人道主义干涉的目的、合理性和必要性，以及对干涉国和被干涉国所带来的收益或代价进行计算；要么基于学科分野，将人道主义干涉问题变成一个狭隘的国际关系研究议题或者哲学研究议题。实际上，人道主义干涉问题涉及人、族群、国家、地区和全球等多个层次，以及政治、经济、社会和文化等多方面因素。它既不是一个简单的政治问题，也不是一个单纯的哲学问题，人道主义干涉所涵盖的研究问题具有天然的跨学科研究属性。将人道主义干涉问题放在一个宏观的伦理学视域下进行分析和探讨，在新时代具有独特的学术价值与现实意义。

（三）有关"保护的责任"的论述

"保护的责任"（The Responsibility to Protect）是为解决冷战后的人道主义危机，以及面对人权与主权、人道主义干涉与不干涉内政原则之间的矛盾应运而生的。1999年，联合国秘书长科菲·安南（Kofi Annan）在联合国大会上提出了一种新的主权观。他认为，由于经济全球化的深入发展，国家主权应该随着时代的发展而被赋予新的内涵，呼吁国际社会接受人道主义干预，以便应对种族灭绝和人道主义灾难的发生。[1]特别是2001年，干预与国家主权国际委员会（ICISS）提出的"保护的责任"报告作为一种新的国家责任和国际干预思路，是后来构成"联合国改革名人小组报告"和"联合国秘书长安南报告"的重要基础，成为今天国际关系中讨论和处理人道主义危机时援引的外交语言与理论依据。"保护的责任"理念提

---

[1] Kofi Annan, "Two Concepts of Sovereignty," *The Economist*, vol.352, Sep. 18th, 1999, pp.49-50.

出以来，不仅学界掀起了对该理念的研究热潮，许多国家还成立了专门研究"保护的责任"相关问题的机构。[①]

1. 国内学术界观点

国内学术界对"保护的责任"的研究并不多见，2001年，干预和国家主权国际委员会提出这一概念之初，国内学者普遍将它看成是人道主义干涉的代名词，并未给予更多的学术关注。2005年，世界首脑会议上，大部分国家接受了"保护的责任"这一概念，并且以会议成果文件的形式对其加以阐述之后，对其的研究才逐渐丰富起来。[②]

从公开发表的文献来看，国内对这一话题展开研究的主要是国际法、国际关系、军事等领域的学者。国际法学者主要从"保护的责任"内容本身来探讨其合法性，普遍注意到"保护的责任"理念对传统国家主权的冲击，尤其是将其与《联合国宪章》中的相关条款、不干涉内政原则、主权原则进行比较。例如，杨泽伟在《国际社会的民主和法治价值与保护性干预——不干涉内政原则面临的挑战与应对》一文中指出，作为国际法基本原则的不干涉内政原则，主要面临内政的概念有分歧、国际和平与安全的外延在扩大、"保护的责任"日益凸显以及国际法上的民主与法治价值观更受重视等方面的挑战。中国国际地位的提升以及国家利益的日益扩大，促使中国政府重新审视不干涉内政原则。保护性干预

[①] 西方成立的专门研究"保护的责任"的民间机构主要有：亚洲太平洋"保护的责任"中心（Asia-Pacific Centre for the Responsibility to Protect; http://www.r2pasiapacific.org），该中心出版刊物 *Global Responsibility to Protect*；保护的责任全球中心（Global Center for the Responsibility to Protect; http://www.globalr2p.org），该中心有专门的刊物 *R2P Monitor* 出版，主要关注与 R2P 有关的重要新闻及分析；"保护的责任"国际联盟（International Coalition for the Responsibility to Protect; http://www.responsibility to protect.org）。

[②] 朱世宏：《论保护责任中的武力使用》，法律出版社2016年版，第5页。

将成为中国应对不干涉内政原则挑战的必然选择。[①]赵洲在《在国内武装冲突中履行"保护的责任"的规范依据及其适用》一文中提出了相反的看法。他认为，在国内武装冲突中，容易发生对平民的生命财产以及民用设施的侵害行为，但是，主权国家应当怎样实施军事行动才能符合人权保护责任的要求，对此，"保护的责任"本身并没有提供明确具体的标准和依据。为防止评估确认上的主观随意性，避免"保护的责任"被滥用成为干涉他国内政的工具，国际社会应当以国际人权法与国际人道法为基本依据，并主要通过对人道法规范在具体情势下的解释适用，来评估确认政府军事行动是否符合人权保护责任上的特定要求，以及是否构成不能或不愿履行"保护的责任"的严重情形，从而确定国际社会是否应当介入以及应采取的适当措施与方式。[②]杨永红在《论保护责任对利比亚之适用》一文中，对"保护的责任"的适用性进行论述，并指出，由于保护责任的执行主要靠国家的参与，目前尚未建立保护责任执行机制，对于国家的行动特别是军事行动缺乏约束，因而多国部队及北约对利比亚采取的军事行动具有很大的任意性，脱离了原本保护人民的初衷，转而推动利比亚的政府更迭，实质上是对利比亚内政的干涉。毫无疑问，对利比亚进行的保护责任的实践对现有的国际法规则提出了挑战，因而规制并完善"保护的责任"已经成了当务之急。[③]邱昌情在《"保护的责任"与国际人权规范建构》一文中指出，国际人权保护的责任化与规范化已经成为一种必然趋势，针对当前国际人权保护现状，国际社会正在重新审视新型全球

[①] 杨泽伟：《国际社会的民主和法治价值与保护性干预——不干涉内政原则面临的挑战与应对》，载《法律科学》，2012年第5期。

[②] 赵洲：《在国内武装冲突中履行"保护的责任"的规范依据及其适用》，载《法律科学》，2012年第4期。

[③] 杨永红：《论保护责任对利比亚之适用》，载《法学评论》，2012年第2期。

治理体系下主权和人权的关系，逐步完善以联合国为主导的国际人权规范体系，使国际人权标准从规范走向现实。[1]宋杰在《"保护的责任"：国际法院相关司法实践研究》一文中指出，在法律层面特别是可操作性层面，国际法院通过对《防止及惩治灭绝种族罪公约》及《消除一切形式种族歧视国际公约》的解释和适用，提出了"作为一种义务存在的干涉"的观念，强调了所有公约当事国所应承担的预防责任，间接地回应了《国家对国际不法行为的责任》条款草案第四十八条，也从法律实践的角度回应了保护的责任，特别是其中的预防责任。通过这种回应，使国家基于"保护的责任"而采取的某些干涉行动具有合法性。这种回应将会深刻地影响到国家的行为模式。[2]李斌在《〈保护的责任〉对"不干涉内政原则"的影响》一文中指出，不干涉内政原则作为国际法的基本原则，其地位不可动摇，也不能任意对内政的含义和适用范围作出限制。如果一国国内确实发生了种族灭绝、种族清洗、战争罪和反人道罪行，非军事措施是国际社会的首要手段。军事干预作为最后手段，也应当得到安理会的授权，并遵守军事行动的均衡性原则。[3]

与此同时，随着"保护的责任"在国际人权保护中的实践带来的诸多问题与争议，一些国际关系学者也开始重视从国际关系视角解读"保护的责任"。尤其是在2011年中东、北非政局动荡后，国际社会针对利比亚局势的恶化首次援引了"保护的责任"规范，引起了国际关系学界对"保护的责任"的广泛讨论。阮宗泽曾在《负责

---

[1] 邱昌情：《"保护的责任"与国际人权规范建构》，复旦大学博士论文，2014年。

[2] 宋杰：《"保护的责任"：国际法院相关司法实践研究》，载《法律科学》，2009年第5期。

[3] 李斌：《〈保护的责任〉对"不干涉内政原则"的影响》，载《法律科学》，2007年第3期。

任的保护：建立更安全的世界》一文中指出，近年来，西方不断打着"保护的责任"旗号，推行所谓的新干涉主义，在国际上引起混乱。作为联合国安理会常任理事国，中国应旗帜鲜明地倡导"负责任的保护"。这包括以下要素：要解决对谁负责的问题；何谓"保护"主体的合法性；严格限制"保护"的手段；明确"保护"的目标；需要对"后干预""后保护"时期的国家重建负责；联合国应确立监督机制、效果评估和事后问责制。[①]曲星在《联合国宪章、保护的责任与叙利亚问题》一文中指出，中国在安理会涉及叙利亚提案表决时投否决票不是为了一己私利，而是为了维护《联合国宪章》的原则和宗旨，为了避免又一个阿拉伯国家成为干涉主义战争的牺牲品。《联合国宪章》没有赋予安理会在一个主权国家进行"政权更迭"的权力，而"保护的责任"因其宽泛的理论解释空间而极易被滥用，冷战后西方国家发动的几次干涉主义战争的后果都背离了"保护的责任"的初衷。[②]卢静在《"保护的责任"：国际关系新规范？》一文中提醒到，个别西方国家借"保护的责任"之名对其他国家内政进行干涉，已经超出了此概念适用的范围，并造成了严重的人道主义灾难，是对人权的最大侵犯，也是对其所倡导的关注"人的安全"的极大讽刺。因此，国际社会要谨防将"保护的责任"用作人道主义干涉的另一种翻版。当今国际社会，主权国家依旧是国际社会和国家安全的主要行为体，保障"人的安全"和人权都是主权国家范畴内的事务，是国家的基本权利和职能。那种要求放弃主权去谋求"人的安全"或全球的安全的想法，在国家还没有

---

① 阮宗泽：《负责任的保护：建立更安全的世界》，载《国际问题研究》，2012年第3期。

② 曲星：《联合国宪章、保护的责任与叙利亚问题》，载《国际问题研究》，2012年第2期。

消亡之前只能是虚无主义的幻想。①陈拯在《框定竞争与"保护的责任"演进》一文中,以"保护的责任"理念的规范化过程为例,探讨国际规范的演化机制问题。他指出,以干预与国家主权国际委员会为代表的一方提出"保护的责任"这一新概念,转换关注视角,重新解读主权与人权的关系,使之成为相关讨论的主导框架,增进了对国际人道主义干预正当性的认可。对人道主义干预持保留意见的各方则对该议题进行了重新框定,提出如何避免以"保护"为名进行的干预造成更大伤害的问题,将焦点转向"保护的责任"的具体执行层面,推动"保护的责任"的发展进入新阶段。②

部分学者通过对中国参与联合国维和行动以及国际人权规范行为的考察,对中国外交政策进行了分析。苏长和在《"保护的责任"不可滥用》一文中指出,国际社会在"保护的责任"的应然判断上,共识正逐渐增加。但更重要的是,在事关何时以及如何实施"保护的责任"的程序判断上,国际社会的争议其实很大。例如,该概念过多集中在应当实施保护性干涉,但是忽视了外力在实施保护性干涉过程中的责任问题,更谈不上适当终结、事后问责机制。利比亚战争以后,一些组织认为北约有使用大规模杀伤性武器之嫌或之实。巴西常驻联合国代表瓦尔蒂提出了"保护中的责任",实际上揭示了当前"保护的责任"实践过程中暴露出来的不负责任以及缺乏问责现象。因此,"过程中的责任""适当终结""事后问责"而不是抽象地谈"保护的责任",对国际社会可能更为紧要。③

总之,大部分国内学者在原则上是赞成2005年世界首脑会议所界定的"保护的责任"理念的,只是反对一些国家以"保护的责

---

① 卢静:《"保护的责任":国际关系新规范?》,载《当代世界》,2013年第2期。
② 陈拯:《框定竞争与"保护的责任"演进》,载《世界经济与政治》,2014年第2期。
③ 苏长和:《"保护的责任"不可滥用》,载《解放日报》,2012年2月8日。

任"为名来干涉别国内政。在如何应对"保护的责任"规范传播与参与地区热点问题解决方面，不少学者提出了建设性的思考与前瞻性的理论观点。例如，王逸舟教授提出了"创造性介入"①的概念，即以一种新的积极态度，对国际事务有更大参与度来发展符合时代要求的不干涉内政理论。

2. 国外学术界观点

西方学界政界对"保护的责任"关注度较高，国外成立了多个专门的研究机构。②学者的研究文献也比较多，国际法与国际关系方面的学者都进行了充分的研究，并出版了大量研究成果。归纳起来，主要包括以下几个方面：

---

① 王逸舟：《创造性介入：中国外交新取向》，北京大学出版社2011年版，第23页。

② 目前，国际上致力于"保护的责任"的学术研究机构有：加拿大"保护的责任"中心和澳大利亚昆士兰大学"保护的责任"亚太研究中心。前者位于加拿大多伦多大学蒙克全球事务学院，是一所致力于保护责任的学术研究和政治运用的非营利研究组织。其主要职能是：对保护责任原则开展规范的、概念的和政治维度的研究；跟踪加拿大政府关于保护责任原则的政策演变；作为一个关于保护责任的信息、研究和分析中心，与学术机构、政治团体、民间社团和大众传媒就"保护的责任"有关成果展开交流；为围绕保护责任开展讨论和辩论提供平台。后者位于澳大利亚，于2008年2月由加拿大前外长Lloyd Axworthy和联合国秘书长前保护责任特别顾问Edward Luck发起，得到澳大利亚国际发展机构资助，致力于通过研究与政策对话，促进保护责任原则。此外，还有两个致力于保护责任宣传与推广的非政府机构。它们是位于美国纽约的"保护的责任"国际联盟和"保护的责任"全球中心。前者的目标是"在国际、区域次区域和国家层面增进关于R2P的规范化共识；推动政府、区域与次区域组织和联合国加强预防与阻止种族灭绝、战争犯罪、种族清洗和反人道罪的能力；促进政府、非政府和公众对保护责任的理解；帮助建立和强化支持保护责任的政府集团；激励非政府组织采取行动去拯救陷入保护责任情形的具体国家的人民"。后者由一些来自人权领域的国际组织支持成立，致力于把保护责任由原则向行动指南转化。这些机构通过自己的研究人员，与世界上的其他国际组织、政府组织、学术团体等开展交流与合作、专题研究，召开国际研讨会，以及参与联合国、世界人权组织及其他区域国际组织的对话交流等形式，取得了一定的研究成果。

首先,关于"保护的责任"的内涵及其与人道主义干涉关系的研究。卡登·斯塔恩(Catern Stahn)根据支持程度阐述了有关"保护的责任"内涵的五个主张:国家负有保护其国内民众人权的责任;未能有效承担"保护的责任"的国家将弱化其主权;国际社会可以以非强制性措施进行干预;国际社会也可以以武力手段进行干预;国际社会需要积极地承担保护的责任。同时他强调,从规范的角度来看,"保护的责任"的许多主张仍有不确定性,因此"保护的责任"更像是政治口号而不是实质上的法律规范。[①]"保护的责任"国际联盟组织召集人理查德·库泊(Richard Cooper)和副召集人居里特·科勒(Juliette Voinov Kohler)认为,从人道主义干涉到"保护的责任",其最大的转变是引导人们将关注的焦点转向"令人震惊的侵犯人权犯罪行为的受害者"以及"主权国家和国际社会对于受害者的保护的责任"。

澳大利亚学者阿勒克斯·贝拉米(Alex J.Bellamy)对"保护的责任"进行了长时段的跟踪研究。他认为,2005年世界首脑峰会将"保护的责任"写进《世界首脑会议成果文件》是"保护的责任"规范从"一个概念"变为"一项原则"的标志,或者说已经开始从"一个理念"向"一个有着共同预期或共识的事实与行动"方向转变。他还认为,"保护的责任"实质上是摒弃了"国际共识"的武力干预选项,并将人权保护的范围严格限定在种族灭绝、战争罪、族裔清洗以及反人类罪四种罪行,且需要经过安理会合法授权进行强制性干预。他建议应更多地将"保护的责任"中军事干预的部分进行严格限定,建立多渠道应对策略,减少唯军事干预化的黩武

---

① Catern Stahn, "Responsibility to Protect: Political Rhetoric or Emerging Legal Norm?" *American Journal of International Law*, vol.101, no.1, 2007, pp.118-119.

倾向。[1]

由于"保护的责任"是在人道主义干涉理论基础上产生和发展起来的，因而对两者关系的研究也成为国外学者研究的重点，从中也能认识到"保护的责任"与人道主义干涉在内涵上的不同之处。一方面，有学者认为"保护的责任"明显不同于传统的人道主义干涉。例如，伊夫·马辛安（Eve Massingham）就提出，因为"保护的责任"确定了干涉的条件，也对干涉行动中武力的使用进行了限制，最关键的一条是"保护的责任"被联合国支持，而且将干涉行动置于联合国安理会的管理和框架之下，但仍然没有解决联合国安理会困境和缺乏政治意愿的问题，因而"保护的责任"作出的一些保证可能难以实现。[2]阿勒克斯·贝拉米在分析了苏丹的达尔富尔事件后，认为伊拉克战争使英、美等西方大国提出的人道主义干涉规范的可信度减弱，英、美等西方大国必须在联合国安理会授权的范围内展开行动。"保护的责任"可以限制可能发生的干涉行动。"保护的责任"可以被人道主义干涉的反对者和支持者应用，主权国家居于保护人权首要责任的地位限制了外部干涉的实施。[3]多罗塔·基尔里茨（Dorota Gierycz）在比较了传统的人道主义干涉和"保护的责任"之后，表明"保护的责任"不过是传统的人道主义干涉的

---

[1] Alex J. Bellamy, *Global Politics and the Responsibility to Protect: From words to deeds*, New York: Routledge, 2011.

[2] Eve Massingham, "Military Intervention for Humanitarian Purposes: Dose the Responsibility to Protect Doctrine Advance the Legality of the Use for Humanitarian Ends," *International Review of the Red Cross*, 2009, vol.91, no.876, pp.803-831.

[3] Alex J. Bellamy, "Responsibility to Protect or Trojan Horse? The Crises in Darfur and Humanitarian Intervention after Iraq," *Ethics & International Affairs*, vol.19, no.2, 2005, pp.31-54.

改头换面的说法是不恰当的。①另一方面，不少学者认为"保护的责任"有可能只是"新瓶装旧酒"。菲利普·坎利夫（Philip Cunliffe）认为，"保护的责任"同样陷入了人道主义干涉的困境，侵犯了许多发展中国家的主权，同时伴随着对民族自决权的破坏。"保护的责任"就像人道主义干涉一样有决定的权利，却只给出模糊的承诺。"保护的责任"甚至有可能比人道主义干涉更糟糕，大国可以随意利用却很少付出应有的代价。这只会让权力的使用更不负责任，强化大国对脆弱国家及其人民的优势地位。②弗朗西斯·阿比依（Francis Abiew）认为，"保护的责任"范围要比传统的人道主义干涉更加广泛，但也在客观上使人道主义干涉具有了合法性。③

其次，关于"保护的责任"的实施方式及内容方面的探讨。西方学术界多数倡导带有西方价值观倾向的诸如军事和强制性制裁等干涉手段。例如，加里斯·埃文斯（Gareth Evans，干预与国家主权国际委员会联合主席，报告主要起草人）就强调了军事干涉的必要性和重要性。他强调，我们永远不能犯过去的错误，与使用武力本身相比，在应当为保护人权而投身战场时选择漠视和放任才是更大的错误。④同时他进一步强调"保护的责任"实施的问题主要在于联合国安理会、错误的朋友、政治意愿和能力问题等。联合国安理会存在的问题主要是，当"保护的责任"的相关决议需要在安理会

---

① Dorota Gierycz, "From Humanitarian Intervention(HI) to Responsibility to Protect(R2P)," *Criminal Justice Ethics*, vol.29, no.2, 2010, pp.110-128.

② Philip Cunliffe, "Dangerous Duties: Power, Paternalism and the 'Responsibility to Protect'," *Review of Interoatianal Studies*, vol.36, no.S1, 2010, pp.79-96.

③ Francis Kofi Abiew, "Humarlitarian Intervention and the Responsibility to Protect: Redefining a Role for 'Kind-hearted Gunmen'," *Criminal Justice Ethics*, vol. 29, no. 2, 2010, pp.93-109.

④ Gareth Evans, "From Humanitarian Intervention to the Responsibility to Protect," *Wisconsin International Law Journal*, vol.24, 2006, p722.

通过时，需要在各国之间协商而进行妥协，结果最终报告与原报告的要求差距很大，也就起不到应有的作用；错误的朋友是，在实施"保护的责任"时，其会被其他国家利用而成为实现其自身利益的借口，结果就弱化了"保护的责任"承诺的信用；政治意愿则是指如何动员世界各国来真正贯彻联合国的相关决议；能力问题是实施"保护的责任"时缺乏应有的资源。[1]另一位美国学者阿里卡·博隆（Alica L.Bannon）认为，联合国安理会的固有缺陷导致其不能及时有效地承担"保护的责任"，因而尽管国际社会已经认识到单边主义干涉的不合理之处，他仍认为特殊情况下的单边主义干涉可以更加有效地实现"保护的责任"的目标。[2]

西方学者关于"保护的责任"实施的讨论较有代表性的是2013年《国际安全》春季和夏季两期的专题研究。这两期专题集中探讨利比亚战争和人道主义干涉。芝加哥大学教授罗伯特·佩普（Robert A.Pape）首先提出国际社会进行人道主义干涉要有更为实际且有效的标准，这些标准要尽可能地拯救更多的生命，而不应当仅仅局限于"保护的责任"所确立的标准。对此，埃文斯、贝拉米和撒库尔等学者纷纷对其观点进行了批评，认为其脱离了现实。[3]除此之外，阿兰·库普曼（Alan J.Kuperman）认为，北约干预利比亚为人道主义干涉和"保护的责任"的发展提供了很好的经验，这些经验足

---

[1] Gareth Evans,"From Humanitarian Intervention to the Responsibility to Protect," *Wisconsin International Law Journal*, vol.24, 2006, p726.

[2] Alica L. Bannon, "The Responsibility to Protect: the U.N.World Summit and the Question of Unilateralism," *The Yale Law Journal*, vol.115, no.5 2006, pp.1157-1160.

[3] Robert A. Pape, "Humanitarian Intervention and the Responsibility to Protect," *International Security*, vol.37, no. 4, 2013; Alex J. Bellamy. Robert A. Pape,"Reconsidering the Cases of Humanitarian Intervention, "*International Security*, vol.38, no.2, 2013; Gareth Evans. Ramesh Thakur,"Humanitarian Intervention and the Responsibility to Protect,"*International Security*, vol.37,no.4, 2013.

以形成一种新的国际干涉模式。①国际刑事法院助理卡登·斯塔恩认为,"保护的责任"的部分特征事实上已经包含在当代国际法规范中,如有关干涉的标准,而"保护的责任"将人类安全观与特定的义务相联系的做法具有创新性,但是又太"创新"了,这些特定义务甚至超出了国际法委员会所论述的国家责任范围,难以为各国所接受。②加里·诺特(Geory Nolte)则认为,"保护的责任"是一个很模糊的概念,将其作为法律用语是不妥当的。即便是"保护的责任"的支持者,也对"保护的责任"的前景表达了担忧。联合国强迫和非自愿失踪问题工作组成员杰里米·萨尔肯(Jeremy Sarkin)就认为,"保护的责任"现在只是一种理念,各国仍对人权保护中的强制性干涉存在较大分歧,"保护的责任"本身的含义和适用性还存在不确定性,尤其是成员国的政治意愿和人权观的差异将继续构成该理念实施的障碍。③

再次,关于"保护的责任"机制的构建与完善方面的讨论。埃文斯强调,"保护的责任"是一个复合的概念,预防和重建的责任是传统人道主义干涉所忽略的方面。"'保护的责任'包括多种干涉方式,它的实施主体和义务被拓展为三个方面,即预防、反应和重建的责任。"④克里斯托弗·乔伊勒(Christopher Joyner)也认为:

---

① Alan J. Kuperman, "A Model Humanitarian Intervention? Reassessing NATO's Libya Campaign," *International Security*, vol.38, no.1, 2013, pp.133-136.

② Carsten Stahn, "Responsibility to Protect: Political Rhetoric or Emerging Legal Nom?" *The American Journal of International Law*, vol.101, no.1, 2007, pp.99-120.

③ Jeremy Sarkin, "The Role of the United Nations, the African Union and Africa's Role of the United Nations, the African Union and Africa's Sub-Regional Organizations in Dealing with Africa's Human Rights Problems: Connecting Humanitarian Intervention and the Responsibility to Protect," *Journal of African Law*, vol.53. no.1, 2009, pp.31-33.

④ Gareth Evans, "From Humanitarian Intervention to the Responsibility to Protect," *Wisconsin International Law Journal*, vol.24, 2006, p709.

"'保护的责任'包括多个方面,因为它不仅包括有武力使用的责任阶段,也包括有效预防和干涉后重建的责任等阶段。预防的责任表明需要采取行动减轻国内民众的不满以及危及人民生命和财产安全的根源。这需要利用各种手段,包括政治、外交、司法和经济等手段以及必要时的使用武力。"[1]

有学者认为,从预防、反应到重建三个阶段的完整程度及由政治、外交等非强制性措施到军事干涉的逐步演变,"保护的责任"制度貌似已经相当完善,但实际上它回避了一些更为复杂的关键问题。卢克·格兰维尔(Luke Glanville)在论述了"保护的责任"中的"责任"——国家的责任和国际社会的责任之后,提出责任与义务两者之间关系没有得到明确,"责任"不应被视为必需的,其原因在于理想与现实总有差距,而且当前缺乏惩罚的制度迫使"责任"由国际社会承担。[2]杰雷米·李维特(Jeremy Levitt)则认为:"'保护的责任'报告并没有澄清'保护的责任'的几个要素应该如何相互作用,没有分析当前治理制度体现的结构很难从根源上承担预防的责任。"[3]

有不少学者认为,经济和社会发展对主权国家履行"保护的责任"有着重要的意义,建立和提升国家履行"保护的责任"的能力可以从根本上消除各种人权问题。比尔·理查德森(Bill Richardson)指出,美国等西方国家都应承担起国际保护的责任,并且美国

---

[1] Christopher Joyner, "The Responsibility to Protect: Humanitarian Concern and the Lawfulness of Armed Intervention," *Virginia Journal of International law*, vol.47, 2007, pp.708-709.

[2] Luke Glanville, "On the Meaning of 'Responsibility' in the 'Responsibility to Protect'," *Griffith Law Review*. vol.20, no.2, 2011, p49.

[3] Jeremy Levitt, "The Responsibility to Protect: a Beaver Without a Dam?" *Michigan Journal of International Law*, vol.25, Fall. 2003, p164.

在这方面应发挥带头作用,应当减轻发展中国家更多的债务并对其进行资金扶持,以实现整个社会稳定、经济增长和人自身的发展。①维林(J. Welling)在论证了经济发展与安全问题两者之间的关系后,认为国际援助是预防的责任的重要方面。②

也有学者认为,"保护的责任"机制的完善需要"保护的责任"发展成为完整的国际法规范。"保护的责任"制度的存在和发展不应仅仅局限于种族灭绝和反人类等特殊情形,它应当成为一种全新的国际法规范,需要对其进行拓展并适用于和"人的安全"及社会发展相关的更为广泛的人权保护领域的问题,因而避免使"保护的责任"变为对发展中国家进行军事干涉的借口,要促使"保护的责任"机制成为优化当前国际政治经济秩序的重要力量。③

也有一些发展中国家如印度、巴西、南非、俄罗斯等国的学者对"保护的责任"进行了研究。这些学者多站在发展中国家的立场,对西方利用"保护的责任"开展人道主义干涉行动表示了担忧,他们对"保护的责任"规范的未来发展、理念内涵、实施标准与西方发达国家有着不同的理解与预期,提出了一些补充性的框架,从发展中国家立场对西方国家可能会滥用"保护的责任"的干涉行为进行合理规制与限定。

正如一些国内学者分析的,"保护的责任"理论在支持和反对

---

① Bill Richardson, "A New Rights Agenda for the United States: New Realism, Human Rights and the Rule of Law," *Harvard Human Rights Journal*, vol.21. no.1, 2008, pp.303-304.

② J. Welling, "Non-Governmental Organizations, Prevention, and Intervention in Internal Conflict: Through The Lens of Darfur," *Indiana Journal of Global Legal Studies*, vol.14, no.1, 2007, pp. 161-163.

③ Michael Newman. "Revising the Responsibility to Protect," *The Political Quarterly*, vol.80, no.1, 2009, pp.92-100.

人道主义干涉的两派之间搭起了一座桥梁。①其一，该理论为人道主义干涉找到了法理基础，即主权国家有责任保护本国公民免受大规模人道主义灾难的威胁，如果主权国家不愿意或者无力保护，国际社会有责任干涉，因而受到那些支持人道主义干涉的人的支持，特别是受到西方国家的大力吹捧。其二，它主张军事干涉是人道主义干涉的最后选择，并为军事干涉设定了一些防御性原则进行限制。因此，这一理论受到了此前一些反对人道主义干涉特别是军事干涉的人的支持。其三，由于"保护的责任"是在《联合国宪章》范围内提出，并提升了联合国在军事干涉中授权的合法性权威，这是联合国大力倡导"保护的责任"的重要原因。

然而，自"保护的责任"提出以后，对于该理论的争议就一直存在，包括中国和印度在内的很多国家对于该理论提出了保留意见。中国政府指出，各国负有保护本国公民的首要责任。一国内乱往往起因复杂，对判定一国政府是否有能力和意愿保护其国民应慎重，不应动辄加以干涉。在出现大规模人道主义危机时，缓和和制止危机是国际社会的正当关切。有关行动须严格遵守《联合国宪章》的有关规定，尊重有关当事国及其所在地区组织的意见，在联合国框架下由安理会根据具体情况判断和处置，尽可能使用和平方式。在涉及强制性行动时，更应慎重行事，逐案处理。②

"保护的责任"的提出是联合国应对冷战后大规模人道主义危机的一种新思维和新的国际规范，但该理论也为大国干预小国、强国干预弱国留下后患。虽然非洲联盟（简称"非盟"）对于人道主

---

① 袁武：《冷战后联合国在非洲危机和冲突处理中的作用》，载张蕴岭主编：《西方新国际干预的理论与现实》，社会科学文献出版社 2012 年版，第 146 页。

② 《中国政府关于联合国改革问题的立场文件》，中华人民共和国外交部网站，http://www.fmprc.gov.cn/web/ziliao_674904/tytj_674911/zcwj.674915/t199083.shtml，2021 年 6 月 15 日下载。

义灾难的立场发生了转变，但是非洲国家对大国干涉非洲内部事务仍记忆犹新。因此，非洲国家对于强国可能以人道主义为借口来干涉非洲内部事务自始至终抱有警惕之心。在苏丹达尔富尔问题、利比亚问题上，已经看到了强国干涉弱国的影子。因此，非盟一直强调自身在解决非洲冲突中的自主权，特别是在利比亚问题上，非盟采取了与西方大国不同的立场。但西方大国在利比亚问题上的做法已经使得非盟处于边缘化境地。这将促使非洲对"保护的责任"进行反思。"保护的责任"作为一个新的国际规范，还未完全成形。2005年《联合国首脑会议成果文件》中关于"保护的责任"只有三个段落的内容，①里面并没有提到实施"保护的责任"的具体规则。

（四）有关新干涉主义的论述

新干涉主义既是冷战结束后产生于西方国家的一种社会政治思潮，又是美国等西方主要国家推行的对外政策主张。1993年1

---

① 相关内容分别为：每一个国家均有责任保护其人民免遭灭绝种族、战争罪、族裔清洗和危害人类罪之害。这一责任意味着通过适当、必要的手段，预防这类罪行的发生，包括预防煽动这类犯罪。我们接受这一责任，并将据此采取行动。国际社会应酌情鼓励并帮助各国履行这一责任，支持联合国建立预警能力。国际社会通过联合国也有责任根据《联合国宪章》第六章和第八章，使用适当的外交、人道主义和其他和平手段，帮助保护人民免遭种族灭绝、战争罪、族裔清洗和危害人类罪之害。在这方面，如果和平手段不足以解决问题，而且有关国家当局显然无法保护其人民免遭种族灭绝、战争罪、族裔清洗和危害人类罪之害，我们随时准备根据《联合国宪章》，包括第七章，通过安全理事会逐案处理，并酌情与相关区域组织合作，及时、果断地采取集体行动。我们强调，大会需要继续审议保护人民免遭种族灭绝、战争罪、族裔清洗和危害人类罪之害的责任及所涉问题，要考虑到《联合国宪章》和国际法的相关原则。我们还打算视需酌情作出承诺，帮助各国建设保护人民免遭种族灭绝、战争罪、族裔清洗和危害人类罪之害的能力，并在危机和冲突爆发前协助处于紧张状态的国家。我们全力支持秘书长防止种族灭绝问题特别顾问的任务。

月,克林顿入主白宫后不久,就提出了新干涉政策,宣称"世界上任何遥远角落的任何国家所发生的内部事务,都与美国的国家安全有关","美国不仅要为维护和推进美国的利益而战,还要为维护和推进美国的价值观而战"。1999年3月,北约以"维护人权、拯救人道主义灾难"为由,对科索沃发动军事打击,克林顿再次强调他的新干涉理论:"如果国际社会有力量阻止种族灭绝和民族清洗,我们应当加以阻止。无辜的平民不应当由于他们所属的宗教或民族或种族或部族而成为屠杀的对象。"[1]要"在世界范围内为制止民族清洗而进行干预",并提出新干涉主义的三项条件,即如果有一种动用武力的明显道义上的正当理由,如果动乱地点在战略上是重要的,如果可以在不需要付出沉重代价的情况下采取军事行动的话,美国就可以发动军事行动。[2]舆论将此称为"克林顿主义"。这种强调人权至上、"人权无国界"、人道主义干涉合理的"克林顿主义",成为新干涉主义的代名词。科索沃战争期间,西方国家政要对使用武力干涉所谓人权问题合理的辩护,对"人权高于主权""人权无国界"的推崇,引发世界舆论对新干涉主义的广泛质疑,其后围绕新干涉主义的政策争论和学术讨论持续不断。

1. 国内学术界相关研究

国内学者对人权、主权以及人权干涉等问题,从国际法、国际人权法、人道主义干涉等视角进行了广泛研究,取得了相当多的学术成果,出版了一批高质量的论著。关于新干涉主义,国内学者的研究主要围绕以下方面展开:

---

[1] 美国《华盛顿邮报》(1999年6月21日),载《参考资料》,1999年6月23日。

[2] Douglas Waller/Cologne, "The Three Ifs of a Clinton Doctrine," *Time Magazine*, 28 June, 1999.

第一，新干涉主义产生的背景。有的论著以美国为例，侧重于历史与实力背景，有的侧重于冷战后的国际环境，也有文章把新干涉主义放到更为广泛的西方国家国内政治发展的语境中进行讨论。①

第二，新干涉主义的理论基础。许多论著主要集中批驳"人权高于主权"这一论调，分析人权与主权的相互关系，认为享有国家主权是维护本国人民人权的先决条件，尊重别国主权是进行人权领域正常国际合作的基本前提，破坏和不尊重国家主权则是人权遭到国际性侵犯和人权领域的国际合作受到严重妨碍的首要根源。在人权与主权的关系上，正确的立场应该是尊重主权，维护人权，反对霸权。②

第三，新干涉主义的实质。论及新干涉主义的文章大都认为，新干涉主义是冷战后时代强权政治的新发展，霸权主义的新表现，是传统的帝国主义和殖民主义的当代复活，目的就是把西方的价值观强加于非西方国家，为资本的全球扩张扫清障碍。③

第四，新干涉主义的影响及前景。许多学者认为，新干涉主义对国际关系产生的恶劣影响非同一般，对中国安全的影响也不可忽

---

① 更多的讨论可参见徐学云、朱宪：《评新干涉主义》，载《现代国际关系》，1999年第8期；王辉：《美国对外干预的新趋向》，载《国际关系学院学报》，2000年第1期；中共中央党校战略研究所课题组：《西方人权外交理论与新干涉主义》，载《理论动态》，2001年第1518期，以及相关文章。

② 参见董云虎：《论国际关系中的人权与主权的关系——兼驳"人权高于主权"谬论》，载《求是》，2000年第6期；刘文宗：《论主权与人权》，载《人民日报》，1993年6月13日；梁守德：《冷战后国际政治中人权与主权的关系》，载《国际问题研究》，2001年第2期。

③ 中共中央党校战略研究所课题组：《西方人权外交理论与新干涉主义》，载《理论动态》，2001年第1518期。其他文章不一一列出。

视，其蔓延将对中国的国家安全构成威胁。①关于新干涉主义的前景，有学者认为，科索沃战争已成为新干涉主义的祭坛，美国和北约的新干涉主义政策将受到越来越大的牵制。②此外，还有学者以冷战后联合国的干涉行动为例，探讨国际干涉与国家主权的关系，其中《国际干预与国家主权》一书最具代表性。该书以冷战后联合国体系的干涉为例，探讨了国际干涉与国家主权的关系以及国际干涉的新特征，认为国际干涉处于失控的危险状态，提出应该规范21世纪的国际干涉。③《新挑战——国际关系中的"人道主义干预"》则是专门研究人道主义干涉及其相关问题的论文集。该文集既包括中国学者的论述，又收录了部分外国学者的文章，对于人们全面了解人权与主权、人道主义干涉的不同观点大有裨益。④《西方"人道主义干预"理论与实践》则对人道主义干涉的理论作了历史的回顾，对新干涉主义实践作了剖析，对其发展趋势作了前瞻性分析。⑤

　　从总体上看，以美国为主要代表的西方国家，不论政界还是学界，大多赞成并极力为新干涉主义辩护，力图把新干涉主义作为一种国际关系新理念推而广之，为政府的干涉政策提供理论支撑。即便是对新干涉主义的批评或质疑，也主要从干涉国立场分析其影

---

① 范跃江：《新干涉主义与中国安全》，载《太平洋学报》，2000年第3期；杨文幸：《论新干涉主义对世界的影响》，载《新疆教育学院学报》，2000年第4期；刘文山：《新干涉主义：21世纪初国际秩序的主要威胁》，载《吉林大学社会科学学报》，2001年第1期。

② 范跃江、程勤：《新干涉主义难遂其愿》，载《瞭望新闻周刊》，2000年第21期。

③ 刘明：《国际干预与国家主权》，四川人民出版社2000年版。

④ 杨成绪主编：《新挑战——国际关系中的"人道主义干预"》，中国青年出版社2001年版。

⑤ 魏宗雷、邱桂荣、孙茹：《西方"人道主义干预"理论与实践》，时事出版社2003年版。

响。中国回应新干涉主义的论文从数量上看不是很多,其中又多集中于对美国新干涉主义个案的剖析;对新干涉主义论点的批判也主要集中在"人权高于主权""人道主义干涉合法"上,对新干涉主义其他相关论点尚未展开系统的分析,对国际社会在人权武力干涉方面形成的初步共识尚缺乏足够认识。因此,很有必要对新干涉主义进行全面、深入、系统的研究,既要认识新干涉主义的危害,更要看到经济全球化的时代背景下国家主权及不干涉内政原则受到严重冲击的现实。

2.国外学术界观点

20世纪90年代以来,美国学术界围绕新干涉主义展开了激烈的争论,其主要观点概括起来可分为三大类。

其一,支持新干涉主义但不赞成过度干涉。

美国《外交事务》1992/1993第1期刊登的《新干涉主义者》一文,是较早专文讨论新干涉主义的文章。该文认为,所谓新干涉主义就是一种"积极的国际干预",这种学说既十分强调国际社会在道义上所承担的义务,又迫切希望联合国出面干涉世界各国的内部冲突,它表明美国也许会在世界事务中起更积极的作用,并指出美国如果不加考虑地奉行新干涉主义,必将日益具有扩张性,使美国及联合国卷入许多国家的内部矛盾。作者认为,新干涉主义学说是一些毫无把握的设想,告诫美国应向有选择的干涉方向发展,避免新干涉主义把美国引向全球每个角落而处于被动境地。[①]作者分析了新干涉主义的指导原则、基本实践、缺陷与弊端,同时也从政策的角度,提出了美国对外干涉应遵循的基本原则。约瑟夫·奈也不赞成美国推行积极的国际干涉。美国打响伊拉克战争后,

---

① Stephen John Stedman, "The New Interventionists," *Foreign Affairs*, vol.72, no.1, 1992.

他批评美国凭借此战显示了硬实力，但却丢掉了软实力，认为美国权力在21世纪面临的问题是，美国无法单凭自己的力量实现它最关键的目标，无论在国内还是在国外，美国都不具备足够的能力解决其他国家的内部冲突。他提醒美国，必须利用国际合作解决这些共同的威胁和挑战。①美国不能为所欲为。"9·11"恐怖袭击发生后，美国有学者提出，恐怖组织对美国的敌意更多源于美国的所作所为，即美国的政策和行动。整个世界，特别是伊斯兰世界的反美情绪在很大程度上是美国干涉主义对外政策的结果。作者从现实主义立场出发，告诫美国政府：在21世纪，美国越是减少干涉别国的内政，美国和美国人成为恐怖主义袭击目标的可能性就会越小。②

其二，赞成新干涉主义并为之辩护。

有相当一部分学者极力鼓吹新干涉主义并为之著书立说。主要有以下几种观点：一是否定不干涉原则。北约对南联盟实施军事打击后，美国参议院外交关系委员会前法律顾问迈克尔·J.格伦农撰文，高调赞颂新干涉主义，为美国及北约对科索沃实施的人权武力干涉进行辩解。他宣称，随着20世纪的消逝，在何时卷入他国内政的国际一致性也随之消逝了，美国和北约抛弃了《联合国宪章》严格限制的对国内冲突进行干涉的旧有规定无须经过讨论。③哈斯在《"规制主义"——冷战后的美国全球新战略》一书中，要求美

---

① Joseph S.Nye.Jr, "U. S. Power and Strategy After Iraq," *Foreign Affair*, July / August, 2003. 此外，基辛格警告美国不要干预与美国重大利益无关的事务，亨廷顿认为让美国士兵在其他国家的内部冲突中冒生命危险，"在道德上是不合理的，在政治上是站不住脚的"，他们都不赞成美国武力干涉他国出现的所谓大规模屠杀或内战。

② 〔美〕查尔斯·佩纳：《布什的国家安全战略是个错误的提法》，载《参考资料》，2003年1月25日。

③ Michael J.Glennon, "The New Interventionism," *Foreign Affairs*, May/June, 1999.

国明智地承担起领导世界的责任，提出若联合国成为美国对外干涉的掣肘，美国就可以抛开联合国采取单边主义行动。①

二是主张人道主义干涉合法。哈斯的《新干涉主义》一书是详细论述 1994 年以来美国主要对外军事干涉行动的著作。作者在五年后的修订版中，进一步对美国对外军事干涉的经验教训作了全面总结，对美国是否进行军事干涉、如何进行军事干涉提出了建议。②尼古拉斯·惠勒在《拯救陌生人——国际社会中的人道主义干涉》一书中，一方面承认不能对每一个人权问题都采取干涉，另一方面认为所有形式的人权干涉都是合法的，包括武力干涉，在正义与秩序之间，正义优先，在主权与人权之间，人权优先，认为如果一个国家随意侵犯其公民的人权，它的主权就不应该受到尊重。因为广泛地、明显地践踏人权现在是国际社会关心的正当问题，使用武力去防止或阻止这种侵犯人权是合法的。③还有学者认为，国际社会已经进入人道主义干涉的时代，现在不是干涉或不干涉的问题，而是如何吸取教训采取措施使国际干涉能够成功。④

三是提出责任主权论。哈斯提出了责任主权论。他认为，主权是附带条件的，是同一个政府如何对待其公民联系在一起的。当一个政府证明不能够或者不愿意保护其公民时，那么，国际社会就会采取行动，要么通过外交途径（利用说服、制裁或者援助），要么

---

① 〔美〕理查德·N. 哈斯：《"规制主义"——冷战后的美国全球新战略》，陈遥遥、荣凌译，新华出版社 1999 年版。

② 〔美〕理查德·N. 哈斯：《新干涉主义》，殷雄、徐静译，新华出版社 2000 年版。

③ 〔英〕尼古拉斯·惠勒：《拯救陌生人——国际社会中的人道主义干涉》，张德生译，中央编译出版社 2011 年版，第 28 页。

④ Jon Western, Joshua S. Goldstein, "Humanitarian Intervention Comes of Age: Lessons From Somalia to Libya," *Foreign Affairs*, vol.90, no.6, 2011.

以人道主义干涉的名义采取武装行动。①他提出三种情况下应该实施武力干涉：当一个国家自己犯错误或未能阻止恐怖分子在本国灭绝和屠杀人类；当一个国家煽动、支持和庇护国际恐怖分子，或不能在其领土内控制恐怖分子活动；当一个国家采取很明显的威胁世界安全的行为，它就要冒丧失主权的风险。不干涉原则不再不可侵犯。②布鲁斯·琼斯、卡洛斯·帕斯夸尔、斯蒂芬·约翰·斯特德曼在《权力与责任——构建跨国威胁时代的国际秩序》中论证了"负责任主权"，认为"负责任主权"就是"对本国国民和其他国家均负有义务和责任"，"所有国家对自己那些产生国际影响的行为负责任，要求国家将相互负责任作为重建和扩展国际秩序基础的核心原则、作为国家为本国国民提供福祉时的核心原则"。"负责任主权"还意味着"世界强国负有积极的责任，帮助较弱的国家加强行使主权的能力"。作者认为，不能把主权用来当作某些政府逃避自己行为责任的挡箭牌。③

四是强调人权干涉合乎道义。德国著名学者哈贝马斯在《兽性与人性——一场法律与道德边界上的战争》一文中极力为科索沃战争辩护，认为北约的空中打击不是"一场传统的战争"，空袭如"外科手术般精确"，有计划地保护了平民，"确实具有高度的合法意义"。北约的军事打击，"在古典国际法框架下，意味着干涉主权国家的内政，即违反不干涉禁令。但在人权政治的前提下，这一国

---

① Richard N.Haass, "What to Do with American Primacy," *Foreign Affairs*, vol.78, no.5, 1999.

② Richard N.Haass, "Sovereignty: Existing Rights, Evolving Responsibilities, "http://usinfo.state.gov, 2018 年 1 月 14 日下载。

③〔美〕布鲁斯·琼斯、〔美〕卡洛斯·帕斯夸尔、〔美〕斯蒂芬·约翰·斯特德曼：《权力与责任——构建跨国威胁时代的国际秩序》，秦亚青、朱立群、王燕、魏玲译，世界知识出版社 2009 年版，第 8—9 页。

际社会许可的（虽无联合国授权却也是默认的）干预应该理解为用武力实现和平的使命。按照这一解释，科索沃战争将意味着从国家间的古典国际法向世界公民社会的世界公民法演变过程中的一个飞跃"①。作者强调，在今天这样一个人权政治、世界公民的历史时代，人权干涉合法合理。美国学者伊沃·达尔德、迈克尔·奥汉隆在《丑陋的胜利——解剖科索沃战争》一书中专门探讨了科索沃战争的得与失，结论认为，北约在科索沃的战争虽然"无论从外交上还是军事上说，都远不是什么十全十美的成就"，但是，"北约的事业是值得的，动用军事力量从道义上和战略上说都是正确的"。维护人权和减轻人道主义灾难是美国国家安全政策的目标，这么做有助于人们更加相信美国不只是为了自己才对动用武力感兴趣，美国是想促进稳定和安全并传播某些普遍性原则和价值观念；美国及其盟国特别有意在欧洲维护这些价值观念；除了这些人道主义标准和理论外，传统的国家利益也支持北约在巴尔干动武。作者认为，科索沃战争虽然在许多方面不能令人满意，但这绝不是最后一仗。②作者并不认为科索沃战争是新干涉主义的终点。

其三，反对新干涉主义并质疑。

乔姆斯基公开批评美国及北约军事干涉科索沃，认为这是一场制造人道主义灾难的战争。针对有人把新干涉主义称为是"为了维护价值观"，有学者撰文指出，如果人道主义干涉是"维护文明和正义的价值观"的"人道主义战争"，那么至少存在三个令人不安的问题：第一，哪个国家的人权值得发动战争去捍卫？第二，如果富国认为为保护受压迫者而对任何地方实行干涉都是正当的，

---

①〔德〕尤尔根·哈贝马斯：《兽性与人性——一场法律与道德边界上的战争》，载《读书》，1999年第9期。

②〔美〕伊沃·达尔德、〔美〕迈克尔·奥汉隆：《丑陋的胜利——解剖科索沃战争》，沈建译，新华出版社2001年版，第14—15页。

那么它怎么能够避免被指责为帝国主义呢？第三，应该怎样发动人道主义战争？[①]作者对"维护价值观"名义下的人道主义干涉表示了明确的反对立场。针对科索沃战争，日本《东京新闻》也发表社论，强调不能依靠武力干涉来解决他国民族冲突，认为北约企图通过武力来解决民族冲突是有问题的。[②]日本共产党机关报《赤旗报》社论也明确指出，科索沃问题主要是南联盟内部的民族问题，北约采取武力干涉政策导致问题得不到解决，北约发动的空袭南斯拉夫的战争是残酷践踏《联合国宪章》和国际法的野蛮行为。[③]还有学者以西方联军对利比亚的军事打击为例，论证人道主义干涉的不合法性，认为西方国家对利比亚的军事行动超越了1973号决议的授权；利比亚日益加剧的冲突属于国内冲突，它并不会破坏国际和平与安全；《联合国宪章》并没有允许以武力的方式实行人道主义干涉。这样的干涉背后是现实主义的考量。[④]

三、研究方法与创新

本书采用多种研究方法，对人道主义干涉及其相关的伦理问题进行分析。

（一）研究方法

本书采用历史分析法，用规范和实证结合的方法对国际人道主

---

① 《"价值战"的启示》[美国《新闻周刊》（提前出版）]，载《参考资料》，1999年6月24日。
② 《东京新闻》(1999年6月12日)，载《参考资料》，1999年6月14日。
③ 《赤旗报》(1999年6月12日)，载《参考资料》，1999年6月14日。
④ Marjorie Cohn, *Stop Bombing Libya*, http:// www.huffingtonpost.com, 2018年3月21日下载。

义干涉是否有效以及其实质进行探究。本书分别从干涉者和被干涉者的角度出发，对人道主义干涉的困境进行分析。通过对大国霸权使用武装力量以及现实的政治安排等进行讨论，本书总结得出西方所谓的人权理论的自相矛盾之处，指出干涉者追求自身利益的目的与宣称的道义之间是矛盾的。通过对人道主义干涉的历史进行回望，本书认为西方国家对人道主义干涉权利的滥用，将会给被干涉国带来灾难性后果，给国际秩序的稳定带来威胁，导致霸权主义和强权政治，国际道义衰败倒退。

本书将演绎方法和归纳方法相结合。一方面，通过理论和逻辑推演对人道主义干涉及其相关的伦理道德问题进行系统分析；另一方面，通过对一些干涉实例的剖析，归纳出历史上曾经发生过的干涉行为所具有的特征，并在此基础上总结出相关结论。人道主义干涉研究不是空泛抽象的理论问题，而是应当基于历史事件和国家行为进行概括和总结，并提出有助于学术界理解人道主义干涉的伦理问题的观点，以及有助于中国在国际上开展人权外交的政策路径。

本书采用案例分析的方法。选取冷战结束以后特别是 21 世纪以来比较典型的人道主义干涉案例——伊拉克"禁飞区"计划、科索沃危机、利比亚战争，以此为线索，具体考察这些干涉实践是在什么情况下进行的，有无联合国授权，过程中是否遵循人道主义精神，导致了什么样的伦理后果。

本书还运用了比较分析的方法，对东西方伦理观进行了全面系统的比较和探析。西方伦理观是相当长的时期内主导人道主义相关问题研究的理论和价值观。但是，以美国为代表的西方国家所开展的人道主义干涉行动，已经被证明加剧了新的危机的产生。通过对比，不难发现，东方伦理观特别是基于中国传统文化的中国伦理道德理念，可以为国际人道主义事业提供一个新的范式。比较分析能够全面系统地展示两种价值观的观念基础、内容和伦理导向，并有助于人们认识其差别。此外，基于西方伦理观的既有干涉行动，从一个侧面反映了西方伦理观在求解人类普遍性问题过程中存在的不足，这也有助于进行解决方案的对比分析，在此基础上提出以人类命运共同体为基石的新路径。

具体而言，本书通过对人道主义干涉理论与实践的回顾，用还原人道主义危机干涉的过程来对人道主义干涉的根本性质进行分析，对人道主义干涉是不是实现国际道义的途径这一问题进行讨论；通过研究西方对武装干涉给各方带来的影响，对"人权和民主"与"保护的责任"在理论上和实践上的悖论进行研究。

（二）研究创新

首先，既有的对于人道主义干涉的研究主要集中在国际关系和国际法领域，从伦理学角度对这一问题进行系统研究的文献还比较少见。伦理要素长期以来在国际关系研究中被忽视甚至无视，或者只是作为次要因素被偶尔提及。本书的研究试图将伦理学引入到人道主义干涉的研究中，推动实现国际关系研究的伦理"回归"。干涉问题从起因上讲就是伦理议题，干涉的过程也存在着与伦理道德密切相关的重要问题，被干涉国家在"后干涉"时期经历着伦理问题的困扰。国际社会不能单纯将目光聚焦于被干涉国家的"非道义"问题，更应当关注实施干涉的国家的"非道义"问题。对于后者的伦理问题，由西方国家主导的国际舆论长期无视，这是当前以及未来国际社会亟待解决的一个紧迫的伦理问题。

其次，本书试图超越对人道主义干涉研究的哲学和权力政治的视角，从伦理学的视角提出新的观点：人道主义干涉所引发的危机是伦理的重大危机，而不仅仅是国家间关系和国际格局调整的问题。人道主义干涉不仅干涉了他国的主权，强行推动"人权高于主权"理念，而且也严重干扰了国际社会的人道主义共识和伦理共识，破坏了伦理秩序，大大增加了其他国家模仿并违反国际伦理的可能性，使国际法体系和国际伦理价值观都遭受严重挑战。对人道主义干涉的纠正和再思考应当是伦理层面的反思，从伦理上超越对干涉的路径依赖，重构人道主义危机的解决路径是解决人道主义危机的必由之路。

再次，本书将理论研究与实践表现结合、历史回望与现实关照结合、逻辑演绎与归纳总结结合，选取了人道主义干涉实践中有代表性的几个案例，分析美国人道主义干涉的行动，并提出美国的人道主义干涉实践被证明不仅未解决人道主义危机，反而制造和加剧了新的危机，人道主义变成其实现国家利益的借口和筹码，西方伦理观在道德取向和代表性上都存在严重的缺陷。人道主义领域亟须能够反映广大第三世界国家立场和诉求的新伦理观。西方伦理观在人道主义领域长期处于主导地位，导致了一系列负面后果，已经被事实证明并不是解决人道主义问题的有效的理念。国际社会不仅需要国际政治经济新秩序的重建，更需要全球伦理观的重建。

最后，本书提出基于传统文化和思想积累的中国伦理观可以为人道主义危机的解决提供一条新的路径。这条新路径以人类命运共同体为目标，以日益崛起的中国国际影响力为支撑，以超越人道主义干涉的全球价值追求和伦理关怀为终极导引，将会为国际秩序的重建和全球善治的浮现提供新的动力。很多国家建议国际社会在寻求解决人道暴行之前应当首先解决贫穷问题和不发达问题，因为很多产生人道主义危机的国家都是贫困和不发达国家。因此，要根本上解决人道主义暴行、解决人道主义危机，就要从贫困和发展问题入手。人类命运共同体的理念建立在共同发展、共同协商、共同命运基础上，不以一国发展牺牲他国利益，不以邻为壑，不强加本国模式于他国，这种伦理价值取向是应对人道主义危机新的路径。人道主义问题不是靠武力和暴力就能够解决的，而需要国际社会共商共谋，以外交手段协商解决，以共同命运为指引将相关国家融入到国际社会中，协助其实现国内治理能力的提升和对全球事务的正常参与。

第一章
批判与辩护：人道主义干涉概念及争议

二战结束以来，特别是冷战后，人道主义干涉成为一个在国际关系领域引起广泛争议的话题。"毫无疑问，人道主义干涉问题是当今国际政治中最具有争议的问题之一。近年来，由人道主义干涉所引发的国际新闻报道逐年递增。"[①]由于经济全球化趋势和世界相互依存程度的不断加深，世界范围内大规模战争发生的可能性不大；相反，针对人道主义的地区与国家之间的冲突却持续发生。"人道主义干涉问题构成了当代国际政治中引发纷争的原因之一。"[②]波斯利亚、海地、卢旺达、索马里、扎伊尔、东帝汶、科索沃、亚丁湾、利比亚等地的人道主义干涉问题备受世人关注。在目前学界关于人道主义的相关讨论中，人道主义干涉、人道主义援助、人道主义干预等概念经常处于相互交叉的混淆使用之中，需要从理论上对上述概念的逻辑边界作出清晰的界划。在此基础上，才能对后冷战时期人道主义干涉存在的两种发展路径作出清晰的透视。

---

① Jan Nederveen Pieterse, *World Orders in the Making: Humanitarian Intervention and Beyond*, London: Macmillan Press Ltd., 1998, p1.

② 杨成绪主编：《新挑战——国际关系中的"人道主义干预"》，中国青年出版社2001年版，第179页。

一、人道主义由来及内涵

人道主义概念的界定一直困扰着学界和政界。胡乔木指出，人道主义一方面是作为世界观和价值观出现，一方面是作为道德规范和伦理原则出现。[1]只有明确并把握好这两个层面的区分，才能正确认识人道主义，正确判别人道主义干涉问题。在西方国家，有些政客所谓的"人道主义"，完全是粉饰帝国主义、攻击人民和社会主义的工具。只要不触及资本主义剥削制度这个根本，人道主义的伦理原则很大程度上只能成为政治家获得权力、迷惑世人的谎言。而只有作为伦理原则和道德规范出现在社会生活中的，才是真正的人道主义。本书的人道主义概念和人道主义干涉概念都是建立在这种区分基础之上的。

有关"人道主义"一词的起源，海德格尔在考证历史的基础上给出了答案："人道主义最初是一种特殊的罗马现象，罗马人用人道的人与野蛮的人相对立。人道的人是指接受了希腊教化的罗马人，这种'教化'被译作'humanitas'（人性或人道）。"[2]人道主义不是教条，它有多种形式，被赋予多种含义。[3]随着人类社会的不断发展，人道主义的内涵也经历了存在和实证的多重发展，有一个不断丰富和发展的变化过程。

（一）政治哲学中的人道主义

人道主义作为对社会发展产生广泛而深刻影响的一种思想运动

---

[1] 胡乔木：《关于人道主义和异化问题》，人民出版社1984年版，第5页。

[2] 〔德〕马丁·海德格尔：《海德格尔选集》（上卷），孙周兴选编，三联书店1996年版，第365页。

[3] 〔美〕保罗·库尔茨：《保卫世俗人道主义》，余灵灵、杜丽燕、尹立、吴素玲等译，东方出版社1996年版，第31页。

和思想潮流，出现于 14 世纪、15 世纪的欧洲。①在欧洲文艺复兴时期，人们开始广泛关注一系列有关人的本性、人的地位、人的尊严和人的价值的问题。新兴资产阶级为了批判有神论这一封建神学思想，开始提倡人道主义。通过"关注"个人、"尊重"个人、"解放"个性等宣传，来提倡保护人的尊严、人的自由与权利，从而使人类真正实现生命的价值。"以意大利诗人但丁、作家薄伽丘、费齐诺、雕刻家米开朗其罗，英国空想社会主义者托马斯·莫尔，剧作家莎士比亚等为代表的人文主义者倡导以世俗的人为中心，用人性取代神性，把人的一切现实要求作为个人自由与个人幸福的要求，主张任何人都是以个人的自由与幸福为人生目的与行为的指南。"②

文艺复兴以后，人们对世界的认知、对人性的认识受到人道主义精神空前的影响。启蒙的人道主义、空想社会主义的人道主义、费尔巴哈的人道主义等思想，均有了不同程度的深入和推进。17 世纪至 18 世纪，西方人道主义的发展逐渐演变为以自然人权为核心的自然法和自然契约。斯宾诺莎、伏尔泰、卢梭、狄德罗、洛克、拉美特利等哲学家，认为人权是不可剥夺的个人基本权利和基本自由，每个人都应该享有。他们通过"自由、平等、博爱"等口号描述了人的自然权利。黑格尔已经给了 humanismus 更广泛的含义，试图超越必然与自由之间的界限、有限世界与无限精神的藩篱。不同于康德的"大同世界"的理念，黑格尔希望维持事实和价值的统一、物质世界本质和人类本性的一致。他把人道主义解释为

---

① 目前学界一般把 humanism 一词，翻译为人文主义。但是人道主义和人文主义二者之间既有相互一致性，同时也存在着差异，具体所指要视人道主义的发展阶段的历史形态而定。

② 周辅成主编：《从文艺复兴到十九世纪资产阶级哲学家政治思想家有关人道主义人性言论选辑》，商务印书馆 1966 年版，第 4—6 页。

人类的精神努力，肯定人的高贵境界、人之为人的生命价值和人的精神物质功能，主张充分展现人的个性。19世纪50年代以后，西方国家普遍确立了政治哲学意义上的人道主义概念。"作为政治哲学的人道主义起源于支持个体自然自由的人道主义，发展至规范过度膨胀的人道主义，主体在有规则话语的地方生存，即没有主体就不可能有规则。同样，没有规则也就没有主体时已经进入一个难以自拔的困境。"[①]自此，国际人道主义法应运而生。

（二）《日内瓦公约》与战争中的"道德原则"

人道主义在国际法的意义上出现，可以追溯到国家间的冲突。1864年，《关于改善战地陆军伤者境遇之日内瓦公约》（简称《日内瓦公约》）签署，标志着国际人道法的诞生。这项法律旨在保护战时伤员，表明国际红十字运动及其在武装冲突中的特殊作用已被国际社会正式认可。虽然《日内瓦公约》只有10项内容条款，但在人类历史上却具有里程碑意义。随着时代的变化和作战手段的日益残酷，遭受战争的人群也在增加，因此，《日内瓦公约》也逐渐地修订、扩充和补充。1867年，国际红十字大会第一次会议在巴黎举行，1864年，《日内瓦公约》通过的人道主义原则将战俘也作为人道主义保护的对象。自此以后，随着以红十字会为代表的国际人道主义运动影响的不断扩大，人道主义被写入国际公约。1899年，在海牙和平会议第一次大会上，《日内瓦公约》的原则和适用范围扩大到海军行动中，人道主义原则得到进一步巩固。1929年，国际社会又对《日内瓦公约》进行了补充和修订，此次修订以保护囚犯为主要内容。从以上《日内瓦公约》国际人道主义法的产生和发展历程

[①]〔美〕科斯塔斯·杜兹纳：《人权的终结》，郭春发译，江苏人民出版社2002年版，第258页。

可以看出，在关键时期，特别是战争时期，人道主义保护已经受到国际社会的高度关注。

第二次世界大战后，联合国的成立标志着人道主义在政治哲学和国际法双重意义上的统一，把人道主义对人和人的价值的保护变成人类社会的共识。《联合国宪章》第一条第三款明确规定了对人道主义问题要有解决办法。自此以后，许多国际公约都重申了人道主义原则。

1949年，日内瓦第四公约《关于战时保护平民之日内瓦公约》获得通过。该公约由159个正文和3个附件组成，是对前3个公约的补充和发展。该公约的主要内容包括：冲突或战争发生时，对敌方平民要予以人道主义对待，即允许平民离境、暂时未离境者应被善待等；对平民居住的城镇和村庄不得进行打击和破坏；不得杀害、胁迫、虐待、驱逐敌方平民；不得对被保护的敌方平民采取身体疼痛措施，如谋杀、酷刑、伤害身体或者进行违法的医学或科学实验等；不得使敌方平民受到任何形式的暴力、身体威胁和侮辱；不得强迫敌方平民加入武装部队或辅助军队服务；不得集体惩罚和劫持人质，等等。由此可以看出，以《日内瓦公约》为代表的国际人道主义法，其核心在于保护那些没有参加或最初参与武装冲突后来退出的平民。虽然国际人道主义法不是停止战争或减少冲突，但是因为它是一种关于战争或冲突的法律制度，在削弱战争的残酷性、减少战争对人类的损害等方面发挥了重要作用，因而对国际法和国际关系将产生深远的影响。

（三）国际人道主义思想：关于人的伦理

随着国际人道主义法的发展，人道主义的内涵也逐渐丰富起来。《大英百科全书》把人道主义解释为"把人和人的价值放在第一位的概念","指任何一种承认人的价值或尊严,把人作为一切,或以某种方式和利益作为研究对象的哲学"。而《美国哲学百科》认为:"人道主义于14世纪后半期发端于意大利,随即扩展到欧洲其他国家,成为近代文化的重要因素之一。凡是承认人的价值或尊严,以人为万物尺度,或以人性、人的限度、人的利益为主题的所有哲学,都被称作人道主义。"[1]在我国,《中国大百科全书》将人道主义定义为"关于人的本质、使命、地位、价值和个性发展等的思潮和理论"。从政治哲学的角度来说,人道主义是指:"诉诸基本人性的概念或可借以确定和理解人类的共同基本特征。"[2]近代以来还有一种观点认为,"人道主义是指这样一种思想:它以人自身为中心,提出有关人的最终本性的问题,并试图在人自身的范围内来解决这些问题。就此而言,人道主义思想意味着人的修养、人的自我培育、自我发展丰富的人性"[3]。

从上述人道主义定义可以看出,它具有以下内涵:

第一,人道主义是人类社会发展和人类伦理思想进步的积极体现。人道主义作为人权保障和公平正义的基本内容,已成为全人类的共识。人类社会发展的整体意义在于促进人道主义保护的精神得到重视。"在经济全球化时代,人道主义观念更是得到国际社会普遍认可的基本道义准则。人类历史犹如一条蜿蜒曲折的长河,其间经历了无数的反复和倒退,但不容否认的是:总的趋势是走向道德、正义和人权。"[4]

---

[1] *The Encyclopedia of Philosophy vo14*. London: Macmillan and Free Press, 1972, pp.69-70.

[2] 〔英〕凯蒂·索珀:《人道主义与反人道主义》,廖申白、杨清荣译,华夏出版社1999年版,第7页。

[3] Lasilo Verenyi. *Socratic Humanism*, New Haven: Yale University Press, 1963, p1.

[4] 〔美〕诺姆·乔姆斯基:《人道主义的价值》,载《马克思主义与现实》,1999年第6期。

第二，人道主义内涵极其丰富，"它既包括作为世界观和历史观的人道主义，也包括作为伦理规范和道德原则的人道主义，还包括作为政治学说和社会理想的人道主义"①。因此，要理解人道主义的内涵，既要看到其作为人类社会共识的一面，具有跨学科、超时空特征，也要看到学科间的描述性差异。有些西方国家把人道主义的政治语境和伦理道德语境相混淆，一面拿人权白皮书等打压发展中国家不讲人权与人道；一面挥起人道主义干涉的大旗，对其他国家横加干涉。这是需要引起我们警惕的。

第三，人道主义的核心是以人为本、尊重人、保护人的生命、维护人的尊严、不丧失人性、维护人的基本人权。人是世界上一切事物的核心，一切权利归根到底要为人服务，人道主义是人类社会的共同发展趋势。无论是在文艺复兴初期还是在当今经济全球化时代，生命权是人道主义价值的重要组成部分，关爱生命权等人权是人道主义的基本要求。"生命权是一个人之所以被当作人类伙伴所必须享有的权利"②，这是人道主义的人权基础。

第四，人与外界互动的状态是人道主义概念的基本关切，这种状态通过一定的理论和实践，形成了一种特殊的价值关系和世界性的道德判断尺度。因此，本质上，它是一种"应然"的方向，即人道主义是如何使当前不完美的世界走向正确、自由、美好。它包括两个基本要素：一方面，批判现实世界中的杀戮和不人道行为；另一方面，肯定人类对人性自由和解放的追求。

第五，人不仅是历史的创造者，也在被历史塑造。因此，人道主义的理解应视为人与自然、社会的互动建构过程。一方面，人类

---

① 谷盛开：《西方人道主义干预论批判与选择》，载《现代国际关系》，2002年第6期。

② 〔英〕A. J. M. 米尔恩：《人的权利与人的多样性——人权哲学》，夏勇、张志铭译，中国大百科全书出版社1995年版，第158页。

社会的每一次进步和发展都推动着人道主义内涵的演变，从生命权到发展权、自由权和财产权，人道主义的发展离不开现实世界；另一方面，人道主义的规范性和制度性力量，在无数次的挫折中促进了人类社会的更好发展。

总之，对人道主义精神和思想的不同阐释，有着共同的主题和关切，即以人为中心的基本关切。然而，不同的人道主义理论，因为其立足点不同，立场和出发点以及行为方式也大为不同，西方人道主义理论是"干涉"的理论，在这里，人道主义不是作为目的出现，而是作为干涉的借口。中国等广大发展中国家更加注重发展权，以发展权作为维护基本人权的出发点，这才是人道主义关怀的根本所在。

二、人道主义干涉的概念界定

如果要深入了解人道主义干涉，那就要对其概念进行界定。

（一）人道主义干涉的定义

当前，在国际法和国际关系学界，主要以行为目的来界定人道主义干涉的概念。比较权威的国际法辞书——《国际公法百科全书》给人道主义干涉所下的定义是："一个国家由于另一个国家自己不愿意或不能够保护其公民的生命和自由从而对该国使用武力。"[①]斯坦利·霍夫曼认为："人道主义干涉是从非政治立场出发，为终止一国国内大规模侵犯人权的行为，未经该国许可而运用强制

[①]〔德〕马克思·普朗克比较公法及国际法研究所主编：《国际公法百科全书·第三辑·使用武力、战争、中立、和约》，中山大学法学研究所国际法研究室译，中山大学出版社1992年版，第339页。

手段尤其是军事手段的一种干涉。"①西恩·墨菲在承认人道主义干涉具有多重动机、并不单纯限于人道目标后,给出了如下定义:"人道主义干涉是国家、国家集团或国际组织针对目标国使用或威胁使用武力的行为,其目的主要在于保护目标国国民免遭剥夺国际公认的人权。"②赫尔兹格瑞夫则比较全面地从干涉主体、干涉目标和干涉手段进行了界定:"人道主义干涉是国家或国家集团跨国界地使用或威胁使用武力的行为,其意在预防或者阻止针对非本国公民的大范围严重侵犯个人基本人权的问题,且其行动没有取得目标国的同意。"③

对人道主义保护行动产生的原因,学者们有不同的解释,基本包括从对生命安全的具体保护到相对模糊的"国际公认的人权"等。但是,学者们基本上把人道主义干涉和侵犯基本人权的"震骇人类良知"行为放在一起。在干涉手段上,大部分学者都认为使用武力或威胁使用武力是人道主义干涉的一个基本特点。

《国际公法百科全书》认为,人道主义干涉应当满足下列四大要件:干涉只是通过武力开展的干涉,并不包括经济、外交与宣传等方面的干涉行为;指一国对于另外一国所进行的干涉,并不包括一个国家内部不同力量彼此间的干涉;其目的在于维护民众生命安全与个人自由,也就是出于人道精神所开展的,并不包括为保障民众经济、政治、文化等方面权利所开展的干涉;作为被干涉国家本

---

① Stanley Hoffmann ed., *The Ethics and Politics of Humanitarian Intervention*, Notre Dame: University of Notre Dame Press, 1996, p8.

② Sean D. Murphy, *Humanitarian Intervention: The United Nations in an Evolving World Order*, Philadelphia: University of Pennsylvania Press, 1996, pp. 11-12.

③ John Helzgrefe, "The Humanitarian Intervention Debate," in John Helzgrefe and Robert Keohane ed., *Humanitarian Intervention*, New York: Cambridge University Press, 2003.

身并不认可这一干涉,不包括主动认可他国干涉的情况。[1]

综合以上有代表性的几种人道主义干涉的定义,本书认为理想化的人道主义干涉定义应该包括以下部分:出现"震骇人类良知"的人道主义灾难,且该国已失去控制能力或该国政府纵容乃至直接从事该行为是触发干涉的先决条件。[2]所谓人道主义灾难是指"平民因天灾而大量丧生、流离失所,或因战争或种族清洗等人祸遭受大规模屠杀、迫害和驱逐"[3]。干涉的根本目的是通过使用或威胁使用武力改变该国的对内行为而非对外行为。[4]

综上,本书对人道主义干涉概念的界定是:国际行为体为制止某个国家发生的"震骇人类良知"的人道主义灾难,在未得到东道国同意的情况下使用或威胁使用武力。

以下行动同人道主义干涉有关,但不属于人道主义干涉行动:其一,被某国政府主动要求的干涉行动。这类干涉并没有违背国家主权这一基本原则,反而属于国家履行主权的一种体现。其二,联合国准许或者支持的人道主义援助或者维和行动。人道主义援助和人道主义干涉有根本区别。人道主义援助实际上是直接协助某个遭受战争或自然灾害侵袭的国家的民众,具体包括物资提供、医疗援助等,而干涉是对于某个国家政府或是别的武装力量所进行的军事打击。关于这一点,下文会有详细介绍。由于性质不同,联合国维和行动也不属于本书讨论的范围。因为这种行动是建立在缔约

---

[1] Jennifer M. Welsh, "Introduction," in Jennifer M. Welsh ed., *Humanitarian Intervention and International Relations*, New York: Oxford University Press, 2004, p3.

[2] Stanley Hoffmann ed., *The Ethics and Politics of Humanitarian Intervention*, Notre Dame: University of Notre Dame Press, 1996, p24.

[3] 张睿壮:《"人道干涉"深化与美国意识形态》,载《南开学报》(哲学社会科学版),2002年第2期。

[4] Stanley Hoffmann, "The Problem of Intervention," in Hedley Bull ed., *Intervention in World Politics*, Oxford: Clarendon Press, 1984, p10.

国签订条约或协定基础上的。其三,为保护本国海外侨民而采取的武力行动。这是对其国民基本人权的干预和保护的实施,与人道主义干涉在法律性质、权力危机等方面都不同。其四,不以人道主义为目的的战争,如反侵略、反独裁统治等,都与本书的讨论无关。

综上所述,传统国际法对人道主义干涉的概念并没有定论,仍然存在着争议;在实践中,一些武装行动自称是人道主义干涉,但却没有得到国际社会的认可。

对人道主义干涉概念和行动的争议,其本质是为了掩饰对他国干涉的实际动机,有意模糊人道主义干涉的概念,为事实上没有法律依据的行动寻找注解。国内学界的通常看法是,人道主义干涉指的是未获得被干涉国政府许可的情况下基于人道主义考虑而对该国所采取的武装干涉或是用武装干涉进行威胁。[1]由此可以看出,这一界定与本书的定义是基本一致的。

(二)人道主义干涉与相关概念

厘清人道主义干涉与相关概念的区别和联系,是十分必要的。

1. 人道主义干涉与人道主义援助

人道主义援助是联合国的一项使命,当人道主义灾难或严重的自然灾害在一国大规模发生时,联合国有义务对正在遭受困难的普通民众或国家进行援助。过去的历史经验表明,联合国实行的这类援助,其对象与范畴很宽泛,比如突发自然灾害、各类事故、战争导致的难民和难以维持基本生存的民众,都属于援助对象范围。这些人往往最根本的人权乃至生命健康权都难以得到保证。就人道主义灾难来说,联合国所进行的援助包括救灾物资、医疗服务等多个方面。

---

[1] 杨泽伟:《人道主义干涉在国际法中的地位》,载《法学研究》,2000年第4期,第34页。

人道主义援助和干涉两者间有区别也有联系。为大量人权受到侵害的普通民众提供帮助是两者最重要的、最基础的关联。联合国安理会对基于人道主义考量所授权的武装活动，通常是在冲突国政府不能成功地实施人道主义援助，有必要用武力行动来保证援助时而实施的。

二者之间的区别也很明显：一是方式不同。人道主义干涉指使用武力的干涉行动，而人道主义援助的方式主要是提供物资和其他非军事救助。二是对象不同。人道主义干涉是针对一个政府（如果政府本身或其他武装力量是一国人道主义危机的发起者），而人道主义援助往往针对普通民众，给予其维持生计的必要援助，如食物、医疗用品等各种生活物资。三是是否存在争议。人道主义干涉没有任何国际法则规章制度的依据，在实践中为所欲为，不经联合国授权，因此其合法性受到广泛质疑。

对人道主义干涉和人道主义援助概念加以区分有着重要的意义。混淆二者将会使国际社会对这类行动产生困惑，从而掩盖一些国家或国家集团打着人道主义旗号的种种恶劣行径，为人道主义干涉披上道德的外衣，从而使其干涉的真实目的被人道主义外衣所掩盖。

2. 人道主义干涉与人道主义干预

这里有一个翻译的问题。在中文表述里，interference 有时翻译为"干预"，有时也翻译为"干涉"；中文的"干涉"既可以是英文的 intervention，也可以是 interference。为了作一个相对的区分，本书将 intervention 翻译为"干涉"，interference 翻译为"干预"。

在英文语境中，"干涉"（intervention）和"干预"（interference）多数情况下区别不大，在少数情况下，尤其是当二者同时使用时，"干预"的范围比"干涉"更加广泛，而"干涉"的程度比

"干预"更为严重。一些学者和一些国家的文件中经常使用"干预"来界定"干涉",比如认为一种专横的"干预"即为"干涉"。有的文件将"干涉"和"干预"并列使用。例如,在1981年的联合国大会文件《不容干涉和干预别国内政宣言》中,就将"干涉"和"干预"并列使用。再如,1955年万隆会议提出的十项原则规定,不得干涉或干预别国内政。虽然上述文件没有规定"干涉"和"干预"的概念,但目的是扩大不干涉所涵盖的范围。

学术界将干涉国实施干涉的手段分为六类,其强度从低到高可排列为:第一,心理施压,包括对一国执政党和政府加以谴责和批判,对反对势力给予道义支持等。第二,政治方式,比如认可、拒绝认可或是撤销对某个国家政府的承认,乃至阻挠国际组织接受某一国家或将其从该组织驱赶出去等。第三,经济方式,包括供应或取消贷款、经济与军事上的援助,采取贸易惩罚措施等。第四,直接的军事干涉,如军事威胁震慑、有限制的军事活动与大规模军事进攻等。第五,准军事干涉,这种干涉通常是扶持他国反政府武装,从而可以于无须直接军事干涉时颠覆该国原有的政府。第六,秘密方式,包括秘密宣传、操控他国选举、谋杀他国政治领袖等。这种情况下,"干预"范围比"干涉"的范围大。[1]然而,到目前为止,国际惯例表明,对"干预"和"干涉"作为法律术语之间的区别没有统一的意见。

在中文表述里,人道主义干涉有广义和狭义之分。广义上的干涉,泛指任何形式的干涉,包括强制手段和其他任何非强制手段的一切形式的干涉;而狭义的干涉,指使用武力进行的干涉,往往会以发动战争的形式进行。这种狭义的干涉往往包含强制性的某种指

---

[1] Peter J. Schraeder ed., *Intervention into the 1990s: US Foreign Policy in the Third World*, London: Lynne Rienner Publishers, 1992, p131.

令，如果被干涉国不答应这种指令或要求，就会导致武装干涉或威胁使用武装干涉。很显然，本书采用的是人道主义干涉狭义的、更为精准的界定。

三、批判与辩护：冷战后人道主义干涉的两种视角

以东西方国家为代表的，对于冷战后人道主义干涉的争议是显而易见的。广大发展中国家对未经联合国批准的人道主义干涉行动加以批判，认为其是美国等西方发达国家实施霸权主义和强权政治的手段之一；而西方发达国家则对此批判加以辩护，认为人道主义干涉是基于对人类和人权的义务，拯救陌生人于水火之中。这种批判与辩护为我们提供了看待人道主义干涉问题的两种视角，也成为本书研究的基本出发点。

（一）人道为名干涉为实

冷战结束以来，以西方国家为主导的人道主义干涉大行其道，很多行动未经联合国安理会授权，其合法性广受质疑。从传统的国际法来看，人道主义干涉是不合法的。虽然19世纪以前传统的国际法承认国家有权诉诸战争，但基于人道主义原因的干涉从未得到国际社会的普遍认可。第二次世界大战之后，以这种"国家有诉诸战争的绝对权利"为基础的传统干涉理论被彻底否定，人道主义干涉更是丧失了其所谓的"合法性基础"。从现行国际法的角度看，根据现有的国际法文件，无论是在《联合国宪章》《世界人权宣言》等国际人权文件中，还是在区域人权文件中，都没有明确支持人道主义干涉。相反，人道主义干涉违背了在《联合国宪章》中

作出明确规定的国家主权原则、不干涉内政原则和禁止使用武力原则。

西方国家主导的所谓人道主义干涉,是否具有正当性?人道主义干涉批判者的观点是,从其目的和结果来看,其行为不但非法,而且也是极不道德的。从目的上看,西方国家仍然以国家利益为基础,人道主义只是其进行对外干涉的借口。从结果上看,武力干涉只会导致更为严重的人道主义危机,比如北约在南联盟的军事行动造成了比它们称之为"科索沃人道主义灾难"更为严重的人道主义危机。

(二)"正义的人道主义关怀"

以美国为首的西方国家认为,人道主义干涉是正义的人道主义关怀。随着国际关系和国际法的发展变化,西方国家为使人道主义干涉具有正当性,理论上提出了很多新的观点,归纳起来主要有以下几种:

第一,《联合国宪章》并不禁止因人道主义目的而使用武力,因为这种干涉没有损害被干涉国的领土与主权。

第二,特定情形之下,最低限度冲突所要实现的两项目标同人权法律保护两者间一定要存在适度的平衡。当出现了极为严重的非人道现象时,应该坚持实现对人权的保护,并非严禁动用武力。

第三,人道主义干涉是行使个体和集体自卫权,包括"预先自卫"这一权利。在某国出现种族矛盾或战争问题威胁到了相邻国家或区域和平安全的时候,相关国家或是组织能援引《联合国宪章》进行干涉。

在这一时期,随着国际人权事业的发展,作为当代国际法的新内涵,一系列强调人权、保护人权和国际社会干预权的思想被写入国际法的相关法律文件中，例如《普遍人权宣言》《经济、社会、文化权利国际公约》《公民和政治权利国际公约》以及其他全球人权准则。至少在原则上，人权概念作为一个词汇和原则为国际社会所接纳，并体现在国家宪法中。而且国际法、国际制度和外交的主题都包含了人权和人道主义保护的内容。而在国际社会，许多实际问题确实存在，如种族或宗教专制和暴政、难民问题以及基本人权受到严重侵害等。这都是国际社会和各国人民不愿看到的不公正的事实，而这正是人道主义干涉宣称所关注的问题。

因此，人道主义干涉理论有了新的法律和伦理基础。一些西方政客和学者也纷纷发表言论，强调人道主义干涉的必要性、合法性、正当性，并提出了所谓"人权高于主权""主权过时论""主权有限论""人权无国界"等一系列被称为新干涉主义的观点。一些人甚至认为，随着经济全球化的不断发展，国与国的界限已经弱化，国家的内核已经被打开，国家主权已经失去了过去至高无上的地位。随着全世界的互动和相互依存的加强，国际政治和国内政治联系日益密切，人权已超越国界成为全球性话题。因此，他们提出，保护人权没有国界，人权高于国家主权。

第二章
人道主义干涉的东西方伦理观

从过去到现在,人们对人道主义干涉的反思从未停止,当然,其中也不乏试图从不同角度为其寻找理论支撑的种种尝试。在国家主权观念确立并深入人心的当下,"人权优先"还是"主权至上"的争论仍不时出现。在不同的历史时期,在不同的宗教、文化背景下,因应不同的政治经济诉求,东西方对人道主义干涉有着不同的伦理观。

一、西方人道主义干涉伦理观

西方国家往往从道德哲学方面为人道主义干涉辩护,主要从人的自然权利和相关义务的角度论证人道主义干涉的伦理基础。

(一)"人权高于主权"的道德前提

西方国家所谓的"人权高于主权"论调,认为人权不仅在国内法、区域法和国际法的层面具有至高无上的正当性,而且在上述层面之上还有一个更高的层面,即人权的绝对正当性。也就是说,人权的合法性和正当性不取决于任何真正的法律，而是通过理性分析就应该得出的结论。这种绝对人权观已成为人道主义干涉几乎无可争辩的理论核心，使人道主义干涉在国际政治中占据了前所未有的"道义制高点"。

西方国家甚至鼓噪主权概念淡化论、过时论，认为人权是世界上最值得关注的问题，关心人的苦难、犯罪、社会冲突、环境污染远比保护国家领土完整和维护国家利益重要得多。于是，西方提出了大规模侵犯人权不是内政问题的观点，认为主权不能成为国际社会保护人权受害者的障碍，也不能成为镇压人权的保护伞。

1. 从自然权利到人民主权

人权与国家主权原则的冲突是人道主义干涉所遇到的第一个理论问题。冷战结束以来的国际社会，国家主权平等和不干涉内政已经成为国际关系调整的前提和基础，同时也因为符合各国的基本国际主张而为世界各国所遵守。而西方国家却在人权与主权的关系上做文章，以此达到为人道主义干涉辩护的目的。

国家主权是将一个国家称之为国家的根本，在国际法上意味着"最高权威，这个最高权威并不是高于其他所有国家的法律权威，而是在法律上并不从属于任何其他世俗权威的法律权威。因此，依照最严格和最狭隘的意义，主权含有全面独立的意思，无论在国土以内或在国土以外都是独立的"[①]。国家主权具有两个特征：国家内部的最高权力和对外部世界的独立权利。现代国际法就是在平等主权国家相互作用中逐步形成的。它是主权国家之间的一项法律，因此主权也是国际法主体的必要条件。国家主权原则不仅成为国际法的核心，而且绝对主权理论长期以来一直处于支配地位。

---

① 〔英〕詹宁斯·瓦茨修订：《奥本海国际法》（第1卷第1分册），王铁崖等译，中国大百科全书出版社1995年版，第92页。

主权观念的萌生和发展，最初是在国家内部的最高权威这一意义上提出的，因此首先是对内主权的产生和确立，随后才有对外主权概念在国家间得到承认。[1]直到1648年签订了《威斯特伐利亚和约》，这一进程才得以结束。至此，主权原则作为国家间处理国际事务最高原则得以确立。法国政治思想家让·博丹首先明确使用主权的概念，并赋予其现代意义。根据让·博丹的定义，主权成为"统治权"的同义词，明确了君主"不受法律限制的对臣民的最高权力"[2]。让·博丹认为，主权是永久的、无须授权的且不受法律限制的，君主是至高无上的，国内的法律也必然受君主指挥。但同时，让·博丹也承认神权、自然法和国际法对君主权利的限制。17世纪，霍布斯提出的主权观比让·博丹更为激进，霍布斯认为，君主政体没有任何束缚，有超越一切的力量，甚至可以超越宗教。

然而，后来洛克等得出了人民主权的理论，这一理论是从自然状态和自然权利出发，其中自然状态是在国家建立之前的一种理想化形态。洛克所说的这种自然状态是"一种完备无缺的自由状态，他们在自然法的范围内，按照他们认为合适的办法，决定他们的行动和处理他们的财产和人身，而无须得到任何人的许可或听命于任何人的意志"[3]。当然，如果这种自然状态存在，那么是没有国家概念存在的余地的。相反，洛克认为，自然状态本身就是社会形态之一。在这里，人们行为的规范和生产关系由自然规律所决定，人们自然而然就获得了自由意志。洛克还认为："这也是一种平等的状态，在这种状态中，一切权力和管辖权都是相互的，没有一个人

---

[1] 任晓：《论主权的起源》，载《欧洲研究》，2004年第5期。
[2] 〔法〕让·博丹著，〔美〕朱利安·H.富兰克林编：《主权论》，李卫海、钱俊文译，邱晓磊校，北京大学出版社2008年版，第35页。
[3] 〔英〕约翰·洛克：《政府论》（下篇），商务印书馆2020年版，第5页。

享有多于别人的权力。"①也即，自然法设定了在权力分配中是人人平等的。在自然法中，任何人都可以执行法律，所以每个人都是惩罚破坏者的法官，没有人比其他人更有权力。

那么，在洛克看来，国家是如何诞生的呢？他指出，人类构建起政治社会之前，人实际上是处在以上所言的那类自然状态里的，一种完善的没有缺陷的绝对平等自由的状态，是和平、善意与安全的，并非霍布斯所言到处是敌视与暴力斗争。不过，洛克也指出，该自然状态因为存在着诸多缺陷、不便和危险，导致其非常不稳定。在自然状态下，为了惩罚违背或者不遵守自然法的人，每个人在这个过程中都必须既是裁判员又是执行者。这样可能导致惩罚变得不合理甚至会因为私利或偏爱而导致报复，进而造成无秩序和进一步的混乱。考虑到这样那样的弊端和困境，洛克想到的解决办法就是：通过社会契约的方式来组建政府，由政府来行使公共管理职能。那么政府行使职能的权力就来源于每个人的自然权利让渡。自然状态下的人们"一致同意联合成为一个政治社会，而这种同意，是完全可以作为加入或建立一个国家的个人之间现存的或应该存在的合约的。因此，开始组织并实际组成任何政治社会的，不过是一些能够服从大多数而进行结合并组成这种社会的自由人的同意。这样，而且只有这样，才会或才能创立世界上任何合法的政府"②。

从自然状态过渡到社会契约状态中的人，只是让渡了自然法的执行权，其生命权、财产权和自由权仍属于个人。人们契约组成国家，在国家中一切组织的基础仍是自然法，国家只是执行自然法的要求。除了保护人的自然权利外，政府没有别的需求。由自然状态到政治状态的演变是洛克政治思想最重要的组成部分。洛克对自由

---

① 〔英〕约翰·洛克：《政府论》下篇，商务印书馆2020年版，第5页。
② 〔英〕约翰·洛克：《政府论》下篇，商务印书馆2020年版，第61—62页。

主义的贡献在于他的学说奠定了自由主义理论的两大基石：一是个人自然权利的理论；二是政府的合法性基于被统治者同意的理论。①因为人民是权力的最终委托者。

相较于洛克而言，卢梭更加明显地主张主权在民。在《社会契约论》中，卢梭指出，"主权……不外是公意的运用"。其之所以主张人民自然而然就享有国家的主权，主要有以下三个原因：

其一，从国家主权的来源上看，国家主权是人们与国家共同体之间为促进社会更好发展而订立的契约，从这个意义上看，国家主权不属于任何个人或组织，而是属于全体人民。

其二，主权是不可转让的，因为主权是人民的全部意志的集合，而个人人格是不能转让的，所以作为由全体个人联合而成的公共人格的主权也是不能转让的。

其三，在卢梭直接民主制的政治蓝图中，人民直接参加国家管理，任何政府都是可以撤换的，任何法律都是可以废除的，一切皆取决于民意。②

从思想发展脉络而言，西方自由主义在人权与主权这一对关系上，指出主权合法性实际上是源自人的总体意志。国家拥有的各项权力，包括主权在内，都是人民所赋予的。假如存在超出主权的事务，则当属人权。假如主权无法尊重与保护人权，它不仅丧失了合法性的基础，而且不能享有不受干涉的权利。如果主权成为迫害人民的枷锁，如果被侵犯或受迫害的人不能自救，那么，依靠外部力量进行外部干涉就是正当的，即使使用武力。

---

① 李强：《自由主义》，东方出版社2015年版，第55页。
② 〔法〕卢梭：《社会契约论》第2卷，何兆武译，商务印书馆1980年版。但由于在卢梭那里，公意永远都是公正的，并具有绝对性，因此，卢梭的人民主权思想在理论和实践中可能导致"多数人的暴政"，这样反而与其自由主义前提背道而驰。

2.基本权利与人权的道德范畴

西方有些人道主义干涉支持者不满足于论证自然权利是一种道德权利,企图通过人的基本权利来论证人权。例如,贝茨就曾指出,通过自然权利去看待人权是一种误导,这样容易使人权的哲学基础不牢固,从而引起争议,应该通过社会正义去理解人权。

"根据社会正义模式,人权是人们满足其各种利益的权利,这些利益的满足将保证他们成为一个符合社会正义原则的团体的成员。"[1]这种观点体现出了把人权作为基本权利的一种思维方式。从字面上看,所谓的基本权利是人民享有的最低权利,或者说是人的根本利益和需求的满足。

在国际关系领域,基本权利与自然权利难以区分,因为现行国际法实际上并不具有与主权国家国内法同样的法律地位,而且也不能说《世界人权宣言》中规定的所有人权都是基本权利。所以,虽然某些人道主义干涉支持者将人权界定为基本权利,但在很大程度上更像是道德权利,不过,不管是基本权利还是道德权利,显然比完全抽象的自然权利更有说服力。

于是,20世纪80年代,就有学者开始从基本权利的角度为人道主义干涉行动做辩护,约翰·文森特就是其中之一。他在早期认为,主权原则属于维持国际社会的最重要的基础纽带,因此认可主权就要秉持不干涉内政这一基本准则。后来,他却又将文化价值观的问题由国际社会扩展至全球社会,指出个体与非国家实体都属于整个全球政治内的政治实体,国家是历史的产物,将来不一定始终保持优势地位。对于人权所作的分析探讨,缩小了国际社会和世界社会两者间的差距,指出人权理念属于由国际政治朝着世界政治方

---

[1] Jack Donnelly, "Human Rights as Natural Rights," *Human Rights Quarterly*, vol.4, no.3, 1982, p392.

向转化的中介，自然权利与人权具备了某种被广泛使用的内部推动力量，推动国际社会朝着全球市民社会转变与发展。

文森特提出，所谓人权实际上是所有人因为具备了人这一属性而且按照生而平等原则所拥有的权利。[①]可是，各种文化对于人权所作的理解实际上是有差别的，其本身就代表着多元化形态的论点。而且，文森特认为可以达到一种平衡，不仅认为人都会由于自身的本性而拥有人权，还认可上述权利的存在、内涵与重要价值都有争论。这一平衡点实际上即为所有人都拥有的基本权利。这一基本权利变成了文森特社会连带主义国际社会理论的关键内核。这里所说的基本权利实际上指的是人作为社会中的人应当拥有的最基础的权利，包括生存、不受暴力欺压的安全等权利，而且生存权是作为所有权利之首被考虑的。这一权利论点的内核就在于不仅认可国际社会的统一性，更认可国家构成的国际社会所具有的多样性，也就是基本权利只限定了下限，并不限定上限，下限之上的所有行为都是所有国家自身的职能。基本权利成为整个国际社会道德最低限度的界限，在文森特的理论体系中是判定一国是否合法的重要指标之一。

文森特进而提出，只有一国极大地损害了基本权利，国际社会才具备进行人道主义干涉的权利。人道主义干涉要具备合法性与有效性两大特性，需要满足下列三个条件：个人于整个国际社会是具备独立地位的；这一地位在国际法中得到确认；这类干涉在自国家内部获得相应支持。

亨利教授（Henry Shue）也尝试构建基本权利理论，其指出三类基础权利，即安全、生存与自由这三项权利。其中，安全权包括

[①]〔英〕R. J. 文森特：《人权与国际关系》，凌迪等译，知识出版社1998年版，第23页。

确保人不会遭到谋杀、伤害、暴力袭击、强暴的权利。维持生计权是要确保人们拥有最低限度的经济安全。[①]当一个国家或政府无法为人民提供基本的经济制度或适当的政策来保障他们维持生命的基本条件时，它即威胁了国内人民基本的人权。而自由权利方面，他认为必须在一个国家建立起民主制度，以保证任何情况下可避免侵犯公民权利事件的发生，特别是言论自由和集会的权利。

亨利教授由此认为，基本权利并不像国家主权那样有某些假定的契约，逻辑上并不依赖于个人必须是某一特定社会的组成分子，所以，这些权利是普遍的，也必须具有相应的道德意义。其一，个人拥有基本权利在道义上是正当的；其二，其他人对这些权利的干涉在道义上是不被允许的。

也就是说，基本权利是人权的最低标准，一旦这些基本权利被一国国家主权侵犯，国际社会就可以对目标国实施干涉。进一步说，哪怕是国家主权失职导致国内民不聊生，外部势力的干涉也具有正当性。这是西方国家维护人道主义干涉的逻辑之一。

（二）人权保护的责任伦理

近年来，西方国家的人道主义干涉支持者开始较多地关注人道主义干涉对人权保护所产生的实际效果，从这个角度展开新一轮的伦理辩护，特别是对1994年卢旺达大屠杀事件的反思。大屠杀刚开始时，联合国安理会未能及时派遣维和部队进行干涉，结果造成90万人被屠杀的惨剧。这一事件成为国际社会普遍的哀痛，但同时也为西方国家所利用，就此认为国际社会对一国及其国民负有某种道德上的责任。

---

① Henry Shue, *Basic Rights*, Princeton: Princeton University Press, 1996.

1. 人权保护义务的道德属性

从法律上来讲，权利与义务是一对相互转化的概念。义务，有"应还债务"的意思，意味着可以向义务人索要。而对债权人来说，这就是权利。伯林将自由分为积极自由和消极自由，那么如果把义务也分为积极义务和消极义务的话，积极义务是指债务人必须向债权人采取具体行动，而消极义务则是指债务人不向债权人采取具体行动。在权利论者看来，人权所产生的，更多是积极意义上的某种义务。布坎南的一段话对此作出了很好的诠释："如果人们拥有某些权利，那么他人就不应该仅仅通过不伤害他们的方式来表达对他们权利的尊重，还应该为确保他们的权利不受侵犯而进行某些积极的安排。"[1]因此，一旦基本人权如生命安全受到侵犯或威胁，人们可以应其他人或者其他国家对他们的保护义务，要求得到某种帮助。

康德这一义务论哲学大家，把义务区分成了完全与非完全两类。[2]其中，前者是与一种权利相对应的，例如，人们有义务不杀害囚犯和战俘，因为囚犯和战俘有生命权。而非完全的义务并无权利和它相呼应，比如行善。人应当行善，可是并不代表他人能够命令别人为其服务。所以，这两类义务也能够被分别叫做正义义务和美德义务。

很长一段时间，国际社会更流行的观点是，将不干涉他国的消极义务看成一种一定要履行的正义义务，而把类似人道主义干涉的积极义务视为非完全义务。之所以是非完全义务，原因在于并没有将其清晰地分配到相应的行为主体或是组织身上，没有道德强制，

---

[1] Allen Buchanan, "The Internal Legitimacy of Humanitarian Intervention," *Journal of Political Philosophy*, vol.7, no.1, 1999, p84.

[2] 〔德〕康德:《纯粹理性批判》，商务印书馆 2006 年版，第 46 页。

也没有人一定要去履行它。人道主义干涉支持者指出，如果按照这一逻辑，大屠杀的受害者就不是人道主义一定要救援帮助的对象，不存在相应的国家或国际组织一定要对这一情况负责，其后果必然是让人极为担心的。"第一，假如所有人都认为人道主义干涉属于非完全义务进而不肯给予帮助，那么整个国际社会之中的人权就会荡然无存。第二，如果国家可以任意地决定是否干涉，这实际上为它们谋取私利提供了可能。最后，它意味着在任何情况下，国家中立在道德上都是可以接受而不受谴责的。"①

人道主义干涉支持者认为，反抗对基本人权的侵犯不只是一种行善的义务，或者说它并非是人能够随意决定是否履行的义务，其实际上是源自对于人性所具有的尊重、于道德方面具备了实施强制特性的完全义务。人权，比如生命、安全等权利对人来说是拥有理性而且实行理性行为不可缺少的。只要承认人性，它对于评价保护义务来说就具有非常重要的意义。依照康德的哲学观点，人性实际上属于人发展为人类道德共同体一员或是具备道德人格的判断指标，②其让人拥有了尊严，更让人变成了价值的源头。

人道主义干涉支持者从权利和义务两种角度论证人道主义干涉的道德基础，不论采取何种思路，他们都倾向于主张人道主义干涉应该成为当代国际社会所有国家和国际组织的完全义务。③

---

① Carla Bagnoli, "Humanitarian Intervention as a Perfect Duty: A Kantian Argument," http://www.Uwm.edu/~cbagnoli/hi.pdf, 2018 年 3 月 10 日下载。

② 在康德哲学中，人性与道德人格是同义词，参看 Carla Bagnoli, "Humanitarian Intervention as a Perfect Duty: A Kantian Argument," http://www.uwm.edu/~cbagnoli/hi.pdf, 2018 年 3 月 10 日下载。

③ 这只是一个道德命题，在实际情形中，到底谁有保护责任毫无疑问地涉及保护者的能力问题。一个特定的国家有采取行动的特殊责任可能是因为它的军事实力或地理位置，因此与别国相比，它是最佳候选者。

2. 保护义务与第三方中立的道德问题

在人道主义干涉情形中，积极义务和完全义务都可以界定为保护的义务。①对大部分人来说，人权的保护义务这一主张是非常难以接受的。这一主张认为，当一个国家发生人道主义危机时，该国就已经丧失了领土完整和主权独立的国家合法外壳，因而不享有国际法规定的不受干涉的权利。而旁观国家有保护人权的义务，如果诉诸保护的义务，就意味着旁观国家丧失了其保持中立的权利，义务要求它们必须诉诸人道主义保护甚至干涉。这是让其他国家很难以接受的。

因此，旁观国家是否有保持中立的权利，成为人道主义干涉支持者必须回应的一个质疑。一般来说，国家主权有权不受干涉，也应有权保持中立。有学者认为，侵犯人权国家和旁观国之间存在着重要的道德差异。前者的主权可以被剥夺，后者不能。因为前者使它失去了自己的主权，后者却没有。

人道主义干涉支持者认为，这一观点错误地理解了人道主义干涉的道德基础："并不是说实际的侵犯人权行为本身颠覆了侵犯人权国的主权，而是人权没有得到保护的事实颠覆了它的主权。允许干涉是由权利产生的避免伤害的义务；同样地，给第三方所施加的采取行动的义务是由权利产生的保护义务。"②也就是说，人道主义干涉的目的是为了人权保护，而不是惩罚国家主权。这就否定了旁观国置身事外的合理诉求。

人道主义干涉支持者进而辩称，当某国政府失职或不能保护国民免遭严重的侵犯时，也应该受到干涉，这种干涉并不是针对国家

---

① Kok-Chor Tan, "The Duty to Protect," http://international-political-theory.net/tan/protect.doc, 2018年3月5日下载。

② Kok-Chor Tan, "The Duty to Protect", http://international-political-theory.net/tan/protect.doc, 2018年3月5日下载。

主权，而是保护处于混乱状况无能为力的普通人。在这个意义上，一旦某些国家出现大规模人道主义危机时，不管由什么原因引起，该国的领土完整和国家主权是完全可以超越的。

实际上，所谓保护的义务是对国家主权原则的双重否定。本来国家根据主权原则可以不加入任何一场战争，哪怕是人道主义战争。但是一旦给国家套上了保护的义务而要求国家必须参与干涉，那么就一方面否定了侵犯人权国的主权，另一方面也否定了旁观国保持中立的权利。

（三）"干涉例外论"的道德假设

《正义论》的发表引起了关于正义问题的大辩论。20世纪70年代的辩论基本局限于新自由主义内部，罗尔斯的主要对手是罗伯特·诺齐克（Robert Nozick）。80年代出现了一大批反对新自由主义、反对个人主义、倡导公共利益的"社群主义"者。其主要代表人物为麦金太尔（Alasdair MacIntyre）、桑德尔（Michael Sandel）、泰勒（Charles Taylor）和沃尔泽（Michael Walzer）。[1]罗尔斯认为，社会制度的首要价值是正义，而正义意味着平等。现代政治最重要的价值是自由和平等。对于西方发达国家来说，自由问题从理论到实践都已解决，该到解决不平等问题的时候了。通过税收进行收入再分配是解决不平等问题的唯一途径。诺齐克同意正义的首要性，但认为正义的含义是权利。权利是神圣不可侵犯的，而任何再分配都意味着对个人权利的侵犯。[2]

1993年罗尔斯出版了《政治自由主义》一书，试图重新建立现

---

[1] 参见〔英〕路易斯·麦克尼：《福柯》，贾湜译，黑龙江人民出版社1999年版，总序，第3页。

[2] 〔英〕路易斯·麦克尼：《福柯》，贾湜译，黑龙江人民出版社1999年版，总序，第6—8页。

代国际关系新纪元的法律，从而把他的政治理论扩展到国际政治领域。罗尔斯从一个广为西方国家叫好的问题入手，即非自由民主国家和政府的道德地位是怎样的？罗尔斯为了解答这个问题，首先把世界上的政治制度分为三种，即自由民主制度、等级制度和专制制度，进而认为，只有自由民主制度和等级制度国家才能构成有效的国际体系。因为，自由民主国家和等级制国家都赞同国际法的理性原则，它们都会同意禁止战争而对本国的主权加以一定的限制。

根据康德和其他自由主义者的原理，罗尔斯设立了自由国家之间的关系准则，也就是自由主义的道德观。除了自卫以外，禁止战争、主权平等、不干涉，这些原则基本上和康德《永久和平论》中维护的原则一致。

对不干涉原则作出限定，可以说是罗尔斯的一大重要观点。他认为，专制国家政府是不合法的，国家主权独立原则和上述所有原则都无法作为其抵制谴责和干涉的挡箭牌。这种谴责和强制行动需要由联合国安理会授权。罗尔斯认为，自由民主国家的联合是国际社会稳定的前提，因为，自由民主国家之间不会发生战争，这种观点和所谓的"民主和平论"如出一辙。

通过契约正义化，罗尔斯在其构建的国际法中把等级制国家包含进来。他认为，自由民主国家的公民接受自由主义的道德假设，这种道德假设坚信人类是自由的、平等的、理性的、道德的。然而，国际理论和国际法不能建立在这种自由主义的假设之上。其目的是把在其他文化中盛行的非自由国家也包括进来。

相对于自由民主制的国家来说，等级制国家中公民的道德直觉就差一个等级，它们并不是建立在人人平等、自由民主的假设之上，信仰的是黑格尔把共同体或者国家看成基本的道德单元的观点。在等级制国家中，共同体利益至上，个人只是实现共同利益的手段。考虑到这种社会形态也是有序的，所以国际法体系应该包括这种社会形态。不过，这是有前提条件的，即这个国家应该向往和平而不是侵略，不应该强加别国自己的理念。应该或者至少应该有政治协商体制，应该尊重基本人权。这些权利可以归纳为生存权、少量的自由权、个人财产权和形式上的正义权，不包括言论自由权。

罗尔斯主张重新界定基本人权概念，依据各国不同的历史和文化特点来进行界定。从自由主义观点来看，作为西方宗教战争产物的人权是不具有普遍性的。如果要形成广为接受的国际正义法则，就应该引入更加宽泛的自由主义者或非自由主义者都接受的理性概念，和自由主义相联系的个人自主权必须被抛弃。等级制国家也应该享有不受干涉的权利，但是，当它沦为专制国家时，尤其在严重违反人权时，就可以被干涉。

在这个基础上，"干涉例外论"提出正义国家有权利对不正义国家进行干涉。其中，正义国家指的主要是西方国家。像马克·R.威克奈尔（Mark R. Wicclair）和费南多·特桑（Teson）这样的罗尔斯主义者，以及罗尔斯本人都认为，不干涉原则只适用于正义国家，而对于非正义国家，就适用于干涉的例外原则。

干涉的例外原则也为新干涉主义所用。这种论调承认不干涉原则是基本的国际关系准则，但认为应该设置例外情况。其代表人物是布莱恩·海尔（J. Bryan Hehir）。他认为，应该从道德角度提出一个假设。这个假设反对武力干涉，但允许存在特殊的例外情况。这些例外是由道德标准决定的。为什么要考虑使用武力？什么时候可以武力干涉？如何使用武力？应该允许多种道德标准来回答这些问题。他还认为，古典干涉的道德理论应该加以改造。在这个过程中，需要解释例外的条件，扩大干涉的正当性的道德标准，限制单方面干涉，制定衡量标准。

由于在实践中西方国家实施的人道主义干涉越来越频繁,"规则"中"例外"过多,"规则"和"例外"就会相互转化,干涉就可能从"例外"移向"规则"。海尔认为,干涉主义体系是不利于国际社会的稳定和国家间正义的。由于国家在形式上的平等并没有消除它们之间实际存在的强权和实力上的巨大差别,一些大国可能以人道主义、防止核扩散和解决环境问题等为借口进行干涉。干涉可能是必要的,但是不能使之太容易进行,所以基本假设前提仍然应该是不干涉原则。

随着干涉的频繁化,"干涉例外论"者认为,在当代国际法中,最好对例外划出更加宽泛的范围。但是,因为干涉所产生的混乱已经威胁到人权和国际秩序的稳定。而西方强国打着道德的旗号进行人道主义干涉的情况比比皆是,因此在经过修改的干涉伦理中,应该将多边授权作为一种规范。这里并不是简单地增加干涉者的数量就能够使干涉行为更具有正当性,而是要通过这样一种规范,特别是联合国安理会的框架,使强权和霸权受到限制。

二、中国等发展中国家人道主义干涉伦理观

冷战结束以来,国际社会出现了多起人道主义干涉事件。1999年的科索沃危机和北约大规模的轰炸没有得到联合国的授权,针对塞尔维亚的战争侵蚀了有关不干涉原则适用范围的认同。[1]进行这种人道主义干涉根本就无须进行军事动员,也无须证明采取军事干涉是和平手段用尽之后的被迫之举,只需宣布本行动之人道主义目

---

[1] Michael Newman, *Humanitarian Intervention: Confronting the Contradictions*, London: Hurst & Company, 2009, p38.

的，就可以大张旗鼓地出兵干涉。人道主义干涉完全成为了一个国家对别国使用武力的借口。

在中国等发展中国家看来，这种所谓的人道主义干涉无异于历史上的西方殖民主义行径，必须予以坚决反对和抵制。所谓的人道主义干涉在133个国家首脑参加的77国峰会上曾经受到了一致的反对和道德上的谴责。西方发达国家动辄指责广大发展中国家不讲人权，希望人道主义干涉合法化，无非是想在文明的当今世界继续维持旧的不合理的剥削和霸权。美国学者诺姆·乔姆斯基说："在世界上占统治地位的国家以人道主义为借口，为的是获取他们通过其他渠道难以实现的地缘战略目标，更加具体地说，就是美国要利用人道主义干涉来实现自己的国家目标。"[1]

一些当代学者将格劳秀斯作为人道主义干涉的鼻祖，引述他在论说国家与国民的关系时的一种提法，即"如果一个统治者如此迫害其臣民，以至于受到此迫害的人无论是谁，都无法使自己作为一个人类生灵得到保障，那么人类社会作为一个整体，就可以行使其天然共同权利去反对这种迫害"[2]。但与此同时，格劳秀斯还曾提醒过世人："由于基于人道的不完全的义务以及其他相同的美德在法庭上都是无法被受理的，所以对它们的执行就不能通过武力的强迫来实现，因此一项义务的道德特性并不能使其得以实现，必须有一方具有法律上的权利来执行此项义务。这一权利为道德义务增加

---

[1] Noam Chomsky, *A New Generation Draws the Line: Kosovo, East Timor, and the Standards of the West*, New York: Verso, 2001. Tariq Ali, *Masters of the Universe? NATO's Balkan Crusade*, New York: Verso, 2000.

[2] H. Lauterpacht, "The Grotian Tradition in International Law," in Richard Falk, et al., eds., *International Law: A Contemporary Perspective*, Boulder, Colo.: Westview Press, 1985, p28. 转引自时殷弘、霍亚青：《国家主权、普遍道德和国际法——格老秀斯的国际关系思想》，载《欧洲》，2000年第6期。

了额外的分量,所以要使一场战争具有正义性,就必须将道德义务与法律权利结合起来。这样说来,一个人在帮助他人后,严格而言并没有要求回报的权利,因为这样将会使一向出于好心的行为变成契约行为。"[1]由此可见,格劳秀斯认为,正义战争的理由完全可能被滥用,因此,他区分了道德的动机与利益的企图。循着格劳秀斯的理论路径来看,所谓的人道主义干涉只是"挂羊头卖狗肉"式的掩耳盗铃。

中国等广大发展中国家对人道主义干涉的批判性伦理观主要源于三种规范:主权的神圣性和平等性、不干涉内政、禁止使用武力。

(一)主权的神圣性和平等性

在以主权国家为最基本单元的国际社会,主权的神圣性和平等性无疑是维护国际社会稳定的基石。20世纪,伴随着国际社会中的主权国家纷纷建立并独立自主,国家主权原则被确立为国家之间及国际社会法律关系的基础,这标志着国际法由传统走向现代。无论是《国际法原则宣言》,还是《联合国宪章》,都明文规定了国家主权原则是国际法的根本。在国际社会的交往中,国家之间特别是广大发展中国家,非常注重主权原则的贯彻和执行,以此为根本遵循,保证在国际交往中受到平等相待。

当然,一些发达国家、某些大国强国为了打开主权国家的坚硬外壳,干涉他国内政,相继对主权原则作了另类的解读,包括相对主权、"人权高于主权"甚至主权虚无等。对此,广大发展中国家认为,一定要坚定立场,维护主权原则的神圣不可侵犯,既要坚持

---

[1]〔荷〕格劳秀斯:《战争与和平法》,〔美〕A.C.坎贝尔英译,何勤华等译,上海人民出版社2005年版,第334页。

国家主权的独立自主不可侵犯性，又要坚持主权国家不论大小、强弱的平等性。

第一，国家主权是神圣不可侵犯的。主权主要本质属于一国内部的事务，其他国家或者国际组织不得干涉。《联合国宪章》《国际法原则宣言》《欧洲关于指导与会国间关系原则的宣言》和其他国际法文件都将主权原则视为处理国与国关系的基础，维护国家平等、国际体系稳定的基石。如"本宪章不得授权联合国干涉在本质上属于任何国家国内管辖之事件"[1]，"每一国均享有充分主权之固有权利"[2]，"主权平等，尊重主权固有的权利"[3]，足以见得国际社会对国家主权原则的重视程度。

但是，在对国家主权的理解上，有一种倾向是特别典型的，那就是对国家主权原则过于绝对化的理解，即只强调本国的主权，而罔顾他国主权，横加干涉。这是不正确的理解。德国就是一个典型例子，并且造成了非常惨痛的后果。在19世纪的德国，盛行一种绝对主权的思潮，当时"德国的国际法学家把主权学说发展到几乎完全毁灭国际法的程度"[4]，这种极端绝对化的国家主权观导致了两次世界大战血的教训。

从这种血的教训中，我们认为国家主权应当受国际法限制，至少包括以下两种情况：一种是国与国发生矛盾或利益纠葛时，如果一国主权不受限制，随便就可以侵犯别国，那么国际社会将是无序的和混乱的，国家主权将名存实亡；另一种是某国与人类整体利益产生矛盾，如果不对国家主权加以限制和制约，人类的整体利益和

---

[1] 参见《联合国宪章》第二条第七款。
[2] 参见《国际法原则宣言》。
[3] 这是《欧洲关于指导与会国间关系原则的宣言》规定的首要原则。
[4] 赵建文：《当代法与国家主权》，载《郑州大学学报》，1999年第9期，第21页。

长远利益就无法得到保证。在这个意义上说，主权原则既是神圣不可侵犯的，同时也不能绝对化地理解国家主权，有些情况下对一国主权的限制就是对其他国家主权的最好保护，但是这种限制必须在国际法的规范下进行。

第二，国家不论大小、强弱一律平等。近代国际法以国家平等作为基本原则。在国际社会中，国家有事实上的大小和强弱之差，但是在国际法中，国家之间是完全平等的，不能以大欺小、以强凌弱。国家主权平等是国际法赖以存在的基础，也是国际法中最重要的基本原则。

当前，在经济全球化日益加深的大趋势下，国家之间相互交流交往交融愈加频繁，国家在经济合作、国际反恐等传统和非传统领域让渡部分主权以促进国际合作已经成为国际社会的现实。这种部分让渡主权的现象是国家为了发展与安全作出的主动让渡，但是这并不意味着对主权的放弃。因此，广大发展中国家认为，必须对那种利用主权让渡现象来淡化国家主权观念的理论或实践保持警醒，对那些利用强大的政治经济优势操纵别国主权的现象保持清醒。主权让渡或者托管，实质就是瓦解主权原则的神圣性，把主权从弱小国家手中夺走，如果我们让渡了国家主权，最终将两手空空、受制于人。

（二）不干涉内政的伦理内涵

不干涉内政原则是主权原则的根本所在，是处理国家间事务的基本要求。任何国家不得以任何理由对别国进行干涉，不得干涉他国内政，不得干涉他国政治制度、宗教信仰，等等。长期以来，不干涉内政原则在维持国际秩序的基本稳定、维护国家独立、民族多元发展方面发挥了不可磨灭的关键作用。在当今国际政治现实中，那种明目张胆的侵略扩张行为已不多见，但打着人道主义旗号而进行的干涉却并不少见。这反映出国际社会对不干涉内政原则存在一定程度的共识，但个别国家巧立名目意欲干涉别国内政。

1. 不干涉内政原则——主权国家交往的伦理基础

不干涉内政原则不是第三世界国家首先提出来的，最早源自西方国家。1965年联大会议发布的《关于各国内政不容干涉及其独立与主权的保护宣言》提出："任何国家，不论任何理由，均无权直接或间接干涉其他国家之内政、外交，故武装干涉及其他任何方式之干预或对于一国人格或其政治、经济及文化事宜之威胁企图，均在谴责之列。"[①]1981年颁布的联合国《不容干涉和干预别国内政宣言》指出："任何国家和国家集团均无权以任何方式或任何理由干涉或干预其他国家的内政和外交。"[②]上述规范成为当今国际法的基本前提。

然而，似乎一夜之间，上述铁律就成了争论的核心，不干涉内政原则遭受到巨大挑战。"干涉例外论"把人权视作这一原则的例外，认为假如某个国家出现了严重的大量的侵害人权现象，则人权原则应当是比不干涉原则拥有优先地位的，而且认定其干涉的是内乱，而不是别国内政。如果某个国家出现内乱必然会带来溢出效应，就必须对其进行干涉。

为推动这类人道主义干涉拥有合法性地位，西方社会很多人都在拼命地鼓动对国际法进行修订，修订《联合国宪章》里最为基础的主权平等与不干涉内政两项根本原则。美国政客格伦农提出，那种落后的反对干涉的机制与理念已然无法同现代社会的正义理念相匹配，反对非正义的法律，即可有效地强制实行正义的或合法的机

---

① 转引自刘文宗：《论人权与主权》，载《人民日报》，1993年6月13日。
② 转引自刘文宗：《论人权与主权》，载《人民日报》，1993年6月13日。

制。新干涉主义也在大声疾呼要求修订国际法，实质是要从根源上打破主权这层保护壳。假如这层保护壳不复存在，那么干涉者将毫无顾忌、没有约束。

国家主权原则以及据此形成的不干涉内政原则，不仅为《联合国宪章》所明确规定，更是建立在国际社会无政府状态上的实际考量。遵循上述基本原则属于国际法的必然要求，更是所有主权国家实际国际交往中的最重要的伦理准则。想象一下，假如摒弃上述基础原则，那么很多强国就可以随意地假借某些理由对于他国的内政加以干涉，乃至推翻他国现有政府，而中小国家必然面临严重生存危机！

2. 人道主义动机能否成为武装干涉的理由？

国家领土和主权完整与不容侵犯是一个国家的基本权利，基于人道主义考量，强国是不是就可以打破这些基本权利和原则，对一个国家进行武装干涉呢？迈克尔·沃尔泽从共同体权利与个人权利关系的角度出发，对这一问题作出了回答。他提出："并不是每一次对人权的侵犯都能成为人道主义干涉的理由。专制统治的凶残、传统社会实践中日常的压迫，这些都不是实施干涉的情形，它们应该由本地了解自己的政治并实施或抵制这些实践的人民来处置。即使这些人民不能轻易地或迅速地减少类似的凶残和压迫，也不能成为外国干涉他们国家的充分理由。外国政治家和士兵极有可能误解他们所处的形势，或者低估改变这些局面所需要的力量，或者会激发当地为捍卫野蛮统治和压迫实践的'爱国主义'反应。社会变革最好从内部实现。"[1]

在沃尔泽的理论框架里，任何一个共同体只要有自己的集体认

---

[1] Michael Walzer, "The Argument about Humanitarian Intervention," *Dissent*, vol.49, no.1, 2002, p29.

同，并且有建立国家形态或捍卫共同体独立自主的意愿和能力，这个共同体就可以享有充分的民族自决权。这种对于民族自决权的理解为我们在国际法之外提供了一个新的视角，即从道德哲学的视角认定了自决权属于国家共同体所固有的文化和道德权利。这段话清楚地表明沃尔泽在人道主义干涉问题上的态度。

以色列学者耶尔·塔米尔也指出："对于民族自决权的文化阐释把这种权利解释为个体表达其民族认同的权利，以及个体保护、维持、培育他们作为一个独特实体的民族的生存权利，民族自决权只是文化权利的特殊情形。从这个角度看，民族自决权是个体把自己联系于一个特定民族群体并公开表达这种联系的一种自主决定。"①这些权利决定了国家所应享有的道德地位。

战争给人类带来无尽的灾难，和平是人们永久的渴望，战争伦理作为古老而又常新的话题，不断考验着人类的理性和智慧。正义战争理论为我们提出了一系列对于战争的限制条件，虽然在实践中很难对战争双方加以限制，但在理论上还是作出了一些贡献，如果用这些原则来严格限定人道主义干涉，在当前的国际关系中依然具有重要的现实意义。

（三）禁止使用武力的伦理价值和法典化

对于禁止使用武力原则，国际社会早已形成了共识，《联合国宪章》就对此作出了明确规定，国际社会禁止使用武力或武力威胁。这一原则在理论上已经成为国际社会的一项强行法。但是随着国际社会实践的变化，禁止使用武力原则也面临着一些困境。某些西方发达国家把人道主义干涉当成禁止使用武力原则的一个例外。

---

① 〔以〕耶尔·塔米尔：《自由主义的民族主义》，陶东风译，译文出版社2005年版，第66—67页。

1. 禁止使用武力或武力威胁原则

近代和现代以来，战争大量出现的国际社会现实，让人不断地看清战争的残暴性、危害性，意识到禁止使用武力或武力威胁的巨大伦理价值。所以，全世界各个主权国家都在不断地试图借助国际条约去约束武力的使用。"1899、1907年的《海牙国际争端和平解决公约》，第一次以国际条约的形式限制了国家使用武力的权利。第一次世界大战结束后，在巴黎和会上签署的国际联盟盟约禁止了一些战争，并对其他战争规定了限制条件。"[1]国际联盟盟约指出："对'从事战争者'，其他各会员国应立即与它断绝各种商业上或财政上的关系。"[2]然而，国际联盟盟约并没有对战争的界定与具体的限制措施作出明确规定，而且这种制裁还附带前提条件，即必须所有成员国都同意方可制裁，这样一来对于侵略的制裁就变成了空谈。

1923年，国际联盟制定的《互助条约草案》将发动侵略他国的战争定性为犯罪，但无奈这个《互助条约草案》没有通过。1928年8月27日在巴黎签订的《白里安—凯洛格[3]公约》，是历史上第一个明确规定废弃战争的国际条约。英、美、法、比、德、意、波、捷、日等15个国家签署该公约，到1933年底，63国签署该公约。公约序言指出："缔结本公约的各国深信彼等相互关系的任何变更，只可用和平方法及和平途径实现，此后若缔约国中有企图借战争以增进其国家利益者，即不能享受本条约所给予的优惠。"[4]公约首条

---

[1] 晓丘：《"克林顿主义"应运而生》，载《世界知识》，1999年第15期。

[2] 王绳祖主编：《国际关系史》，法律出版社2000年版，第330页。

[3] 美国国务卿凯洛格1928年在美国国际法学会上发表演讲时也认为，的确，国联盟约可解释为在某种情况下足以认可战争的，但这只是认可而并非积极的要求。见王绳祖等编选：《国际关系史资料选编》（17世纪中叶—1945）（修订本），法律出版社1988年版，第639页。

[4] Anthony Clark Arend, Robed J. Beck, *International Law and the Use of Force*, New York: Routledge, 1993, pp.25-26.

提出，缔约国反对通过战争处理国际冲突，而且彼此承诺不使用战争来作为本国利益实现的工具。公约的第二条规定：缔约各方承认"它们之间可能发生的一切争端或冲突，不论其性质或起因如何，只能用和平方法加以处理或解决"①。该公约同时确定了两类例外情况，即国际联合制裁或自卫战争不在此限。

1939年到1945年发生的第二次世界大战，带给人类巨大的伤痛和惨重的教训，推动全世界进行反思，并决定不惜一切代价限制战争。制定《联合国宪章》的各国在探讨条款时，在使用武力方面设置了非常严格的标准，可以说超越了其他任何一部条约。在《联合国宪章》中，对战争作出了更为严格的限制，将"禁止战争"改成"一般性禁止武力使用"，其力度可见一斑。《联合国宪章》第二条第四款明确指出："各会员国在其国际关系上不得使用威胁或武力，或以与联合国宗旨不符之任何其他方法，侵害任何会员国或国家之领土完整或政治独立。"②自此，在国际法中，正式确立了不得使用武力或者威胁使用武力的规定。

当然，在国际政治经济快速发展的大背景下，《联合国宪章》规定了使用武力的例外条款。《联合国宪章》第五十一条明确指出："当前的《联合国宪章》当中任何内容都不得破坏在发生针对联合国成员国的武装威胁而联合国安理会还未做出维护国际和平与安全的应对措施时的单独或集体自卫权。"③

---

① 王绳祖主编：《国际关系史》，法律出版社2000年版，第330页。
② 转引自王虎华、丁成跃编：《国际公约与惯例》，华东理工大学出版社1994年版，第418页。
③ 转引自胡炜、徐敏：《关于国际法与武力使用的几点思考》，载《世界经济与政治》，2004年第1期。

2.人道主义干涉不能成为禁止使用武力原则的一个例外

有学者认为，禁止使用武力原则在遇到以下情况时应例外对待：一是不同的社会制度和意识形态——人民的选择；二是人权危机与人道主义干涉；三是恐怖主义、反恐怖主义与国际法；四是非法的干涉与非法的反干涉——以"魔"卫"道"；五是新问题的产生——先发制人。[1]这里面就包括了发生危机时的人道主义干涉问题。

人道主义干涉拥护者们也提出对禁止使用武力原则给予"限制性解释"，把人道主义干涉当作禁止使用武力原则的例外。美国学者费尔南多指出："《联合国宪章》第二条第四款中对于使用武力并没有完全否定，它明确指出只有以下三种情况下禁止使用武力，也即如果使用武力会破坏其他国家的领土完整、政治独立，以及与《联合国宪章》规定不相符合的时候。"[2] "9·11"事件之后，西方国家将恐怖主义、大规模杀伤性武器和违反人权列为人类面临的主要威胁，进而提出将其列到《联合国宪章》第七章"对于和平之威胁、和平之破坏及侵略行为之应付办法"，提出需要重新界定使用武力的范围。这些国家还提出联合国安理会需要通过一项决议，只要满足下列三种情况的任何一条就是对世界和平极大的威胁，所以使用武力理由充分：一是具有杀伤性武器，或者拥有足够的证据证明其使用或者企图使用这些武器；二是有计划地侵略人权，表示这类国家欠缺限制政府行为的内部机制；三是种种迹象表明有侵犯他国的企图。

此外，还有一些国际法学者持相似观点。他们认为，《联合国宪章》第二条第四款中的禁止性规定，并不是禁止使用武力，而是

---

[1] 转引自胡炜、徐敏：《关于国际法与武力使用的几点思考》，载《世界经济与政治》，2004年第1期，第45页。

[2] Fernando R. Teson, *Humanitarian Intervention: An Inquiry into Law and Morality*, New York: Transnational Publishers, 1988.

禁止以非法的方式使用武力。因为人道主义干涉并没有侵犯他国领土，也没有侵略他国政治主权。人道主义干涉只是为了消除人道主义危机，而且和国际法中对使用武力的规定相符合，并且满足经济、时效、合法等要求，人道主义干涉不仅遵守了国际法，而且还弥补了国际法无法干涉的领域，发挥了巨大作用。[①]

本书认为，人道主义干涉不应成为禁止使用武力原则的一个例外，西方国家对人道主义干涉的"限制性解释"的观点无法成立。实际上，《联合国宪章》指出禁止使用武力只有三种例外情况：一是安理会有权认定是否存在和平之威胁、和平之破坏、侵略行为，并对此提出意见或者实施行动；二是成员国在受到武力干涉的时候，有权进行单独或集体自卫；三是获得安理会允许的情况下，可以利用区域办法或者区域机构来应对和平之威胁、和平之破坏、侵略行为。[②]除这三种情况以外，以任何其他方式使用武力[③]都是对《联合国宪章》第二条第四款的违反。

而国际社会对《联合国宪章》的解释，除了"限制性解释"之外，还存在着"一般性解释"。"限制性解释"认为，因"正当目的"而使用武力等行为，不在《联合国宪章》第二条第四款的禁止行为之列，因而就是合法的。而"一般性解释"则认为，应该严格按照《联合国宪章》所规定的字面意思去解释这一条款，也就是除了《联合国宪章》第五十一条、第七章的规定之外，第二条第四款

[①] Stanimir A. Alexandrov, *Self-defense Against the Use of Force in International Law*, Kluwer Law International, 1996, p204.

[②] 参见《联合国宪章》第三十九条、第五十一条及第五十三条。

[③] 如果自卫使用武力，在这里必须指明的是，必要性与相称性原则是至关重要的。虽然这一原则没有被明确写入《联合国宪章》第五十一条中，但它作为习惯国际法，对《联合国宪章》第五十一条的解释具有重大影响。自卫必须是在迫切的、压倒一切的必要、别无其他选择，也没有时间作周密考虑的情况下进行的。武装自卫行为不能有任何不合理的和过分的成分。

所作的规定意指一切形式的使用武力或者威胁使用武力。"一般性解释"较之"限制性解释"得到了更多国际法学者的认可,相关的国际法判决和联大决议中都不同程度地对"一般性解释"予以肯定。

以"限制性解释"为代表的对《联合国宪章》中禁止使用武力原则的种种解释,不能说完全是出于为战争寻找借口的目的,但一定程度上是存在的。因为《联合国宪章》本身已经对禁止使用武力原则的例外情况,也就是允许使用武力的情况作出了规定:一是《联合国宪章》第十七章规定的过渡办法;二是区域机构的执行行动;三是安理会采取的武力执行行动;四是安理会授权会员国采取的武力行动;五是自卫权。超出这五种情况之外的,都必须严格执行禁止使用武力原则。

也有观点认为,在无政府状态的国际关系中,国际法的法律地位、威信与国内法完全无法相提并论。但是,不可否认的是,越是在这样的国际体系中,诸如禁止使用武力这样的原则越是反映出了国际社会多数国家的价值诉求和期望,也就具备了正当性和合理性。可能个别国家出于自己特殊的利益,在个案执行上需要差异性适用或相异性解释,为其行动的合法性张目,但是,这种解释是站不住脚的,如果国家实践并不符合国际法和国际法基本原则,但却为其行为寻找例外的情形,则难以从个别的偏差实践而推论该规范具有国际法律效力。

总之,中国等广大发展中国家认为,人道主义干涉只是以正当、合法为幌子,最终都是以实现本国利益为根本目标的单边主义和强权政治。探究其实质,人道主义干涉的本质依然是干涉。

(四)中国对人道主义干涉的立场

在众多国际关系事务和重大场合中,中国的官方立场一直十分坚定清晰："国家主权是人权最根本的保障，国家主权这一主体不可侵犯。只有将'人的安全'和国家主权统一起来，才能够真正实现'人的安全'。"换句话说，中国外交政策中始终坚持国家主权原则。

2005年6月7日，中国政府发表了《中国关于联合国改革问题的立场文件》。该文件在谈到有关人道主义干涉和"保护的责任"问题时，明确指出："各国负有保护本国公民的首要责任。一国内乱往往起因复杂，对判定一国政府是否有能力和意愿保护其国民应慎重，不应动辄加以干预。在出现大规模人道危机时，缓和和制止危机是国际社会的正当关切。有关行动须严格遵守《联合国宪章》的有关规定，尊重有关当事国及其所在地区组织的意见，在联合国框架下由安理会根据具体情况判断和处置，尽可能使用和平方式。在涉及强制性行动时，更应慎重行事，逐案处理。"[①]

2005年6月21日，中国常驻联合国大使王光亚在谈"保护的责任"这一问题时说："对如何判定一国政府是否有能力和意愿保护其公民，应研拟国际社会普遍同意的综合评定标准，不应由少数国家或机构自行制定，进而鼓吹干涉。国际社会在缓和和制止大规模人道危机时，应严格遵守《宪章》，尊重当事国及有关区域组织意见，由安理会根据具体情况判断和处置，尽可能使用和平方式。在涉及强制性行动时，更应慎重行事逐案处理。"[②]12月9日，中国常驻联合国副代表张义山大使在安理会探讨"武装冲突中保护平民问题"时指出："在发生大规模人道主义危机或大规模严重违反人

[①]《中国关于联合国改革的立场文件》，中华人民共和国外交部网站，http：//newyork.fmprc.gov.cn/ziliao_674904/zt_674979/ywzt_675099/2005year_675849/zgylhg_675873/200506/t20050607_9288805.shtml，2018年3月11日下载。

[②]《王光亚大使在联大磋商9月首脑会议成果文件草案时的发言》，中华人民共和国外交部网站，http://www.fmprc.gov.cn/mfa_chn/ziliao_611306/zyjh_611308/t200843.shtml，2018年3月11日下载。

权情况时,迅速采取措施加以缓解和制止,是国际社会的普遍共识和正当要求。安理会应根据具体情况,作出判断和处置。与此同时,要避免匆忙搞强制干预,使问题更加复杂化,甚至对无辜平民造成更多伤害。"①

2006年6月28日,中国常驻联合国副代表刘振民大使在安理会"武装冲突中保护平民问题"公开辩论会发言认为:"(安理会)第1674号决议中重申了2005年《世界首脑会议成果》中关于'保护人民免受大屠杀、战争罪、种族灭绝和反人类罪的责任'的表述。中方认为,这不同于单纯的'保护的责任'概念。很多国家对这一概念仍有关切,《世界首脑会议成果》中用了相当长的篇幅进行阐述。有关该问题的讨论仍需要在联大继续进行,充分听取不同意见,澄清疑惑。在这方面,安理会不应,也不能替代联大的作用。"②

进入21世纪,中国在安理会决议讨论过程中,态度坚决地反对西方国家以安理会的名义进行军事干涉。以叙利亚问题为例,自2011年1月,叙利亚内的反对派和政府间就冲突不断,最后上升为叙利亚内战。自2011年10月,安理会将叙利亚问题纳入其框架内。2011年10月4日,法国、德国、英国、葡萄牙将S/2011/612号决议草案递交给安理会,要求安理会严禁军火运送到叙利亚地区,以30天为期限,考察叙利亚的态度"并考察各种选择,其中也包括了《联合国宪章》第七章中的其他强制性行动"。"各种选择"这种说法其实是为使用武力"投石问路"。中国坚决反对这一

---

① 《张义山大使在"武装冲突中保护平民问题"公开辩论会上的发言》,中华人民共和国常驻联合国代表团网站,http://www.china-un.org/chn/zgylhg/jjalh/alh-zh/wzctpm/t200660.htm,2018年3月12日下载。
② 《刘振民大使在"武装冲突中保护平民问题"公开辩论会上的发言》,中华人民共和国常驻联合国代表团网站,http://new.fmprc.gov.cn/ce/ceun/chn/lhghywj/fyywj/wn/2006/t260631.htm,2018年3月10日下载。

决议草案，俄罗斯也持反对态度，并且声明尊重叙利亚主权、安全和领土完整。

2012年以后，叙利亚问题不断升级。同年2月4日，第S/2012/77号决议草案提交安理会并进行讨论。依据草案内容，决议中"并没有授权依据《宪章》第四十二条规定采取行动"。即便如此，中国和俄罗斯还持反对态度，坚决不同意此决议通过。7月，就叙利亚问题的外交对峙依然继续。7月19日，美国、欧洲四国共同向安理会提交草案，这一草案引用了《联合国宪章》第七章，提出要重新组织联叙监督团，最少要配置军事观察员，并且要求叙利亚撤军。中国再一次投出反对票，并且俄罗斯也持反对态度。经过投票以后，中国代表李保东大使指出这项决议草案纯属"单方施压"，对叙利亚不公平。[①]

中国关注叙利亚问题并不只是局限于安理会框架，还有主动尝试用和平外交的方式帮助叙利亚解决问题。这主要包括：中国四次派中方大使到叙利亚；和阿拉伯国家联盟（简称"阿盟"）进行积极沟通交流，尽最大努力消除中国投反对票带来的误会；邀请巴林国王对中国进行访问；借助各种外交场合发表声明，提出要尊重叙利亚主权、运用政治的方式来解决叙利亚问题，等等。

中国在安理会上有关叙利亚问题上表现出来的反对言论和行为，反映出中国一直坚持的是国家主权原则、不干涉内政原则、绝不使用武力原则，不让安理会变成少数大国使用武力侵犯他国主权的工具。并且，中国一直都在积极努力成为一个参与者，一直在寻找正确的方法解决问题，制止某些西方大国的错误行为。

---

① 《安理会第S/PV.6810号会议记录》，联合国安全理事会网站，http://www.un.org.zh/documents/view_doc.asp?symbol=S/PV/6810，2018年3月5日。

三、马克思主义对人道主义干涉的伦理认识

学者们在解读战争现象时,通常以西方古典主义战争理论、宗教神秘主义理论、西方虚幻人性理论为依据进行分析。这种分析方式下的伦理道德是抽象的,也难以真正找出干涉的经济根源和政治本质。马克思主义以唯物史观为根本方法,解读战争的正义性,能够从阶级性、经济基础事实、历史实践的具体评判、人类解放等角度出发,深刻地分析战争的正义与否。这种观点对于评价人道主义干涉的伦理正当性极具现实意义。

(一) 马克思主义与战争的正义性

马克思主义者在认识社会现象时,根本办法就是采用历史唯物主义方法。在理解战争的正义性时,列宁强调,应当从战争所处的具体历史环境考察战争的正义性。战争所处的具体历史环境以及战争对于历史时代的作用,才是真正能够说明战争正义与否的关键变量。从整个人类历史发展的长河来看,战争对于历史的作用不一而足,有些战争确实能够推动人类社会的进步,而有些战争却是社会进步事业的绊脚石。学者们在分析美国南北战争时,通常会将其看成是关税战或维持联邦的战争,但事实上,南北战争是自由劳动制度和奴隶制度之间的战争,最终美国废除了奴隶制度,从这一角度来看,战争就是推动了人类社会的进步。鸦片战争致使中国沦为半殖民地,就是典型的侵略战争。

在马克思和恩格斯看来,能否推动社会历史的进步,是判断一个战争正义与否的根本。解放战争或防御战争就是一种典型的推进社会进步的战争,这种战争也应当被看作是正义的战争。与之相反的是,当战争带有掠夺和侵略性质时,就会导致人类社会退步,那

么这种战争就是非正义的战争。

斯大林和列宁在分析战争的历史作用时,从阶级属性的角度探讨了民族解放战争的正义性,他们认为正是因为民族解放战争的存在,才能够反抗国内的阶级压迫,反抗帝国主义列强的压迫,这是捍卫祖国和平的正义的战争。那么什么样的战争是非正义的呢?那些反革命的战争,即剥削阶级为维护阶级统治而发起的,或者帝国主义战争,都是非正义的,甚至可以说是罪恶的。

毛泽东同志也曾强调,"历史上的战争分为两类,一类是正义的,另一类是非正义的,一切进步的战争都是正义的","一切阻碍进步的战争都是非正义的"。①

战争有可能会对历史发展带来促进作用,也有可能会阻碍历史的进步。战争性质会受到历史环境中诸多要素的影响,尤其是政治因素。马克思主义者在理解战争正义性这一概念时,认为必须从战争发动者的政治目的这一角度来进一步剖析战争的正义性。列宁指出:"如果忘记一切战争都不过是政治通过另一种手段的继续,那在理论上是完全错误的。"②毛泽东认为,在分析一场战争时,必须将战争性质和政治目的紧密结合起来,换言之,战争性质应当由政治目的所决定。毛泽东在1939年明确提出:"战争的性质是根据战争的政治目的而定的……掠夺,这就是帝国主义战争的唯一的政治目的。"③对于第一次和第二次世界大战,毛泽东认为:"这两次战争的目的都是为了掠夺,丝毫也没有其他的目的,丝毫不利于其本国与他国人民,这就是战争的掠夺性、非正义性与帝国主义性"。"只有民族解放战争与人民解放战争,以及社会主义国家为了援助

---

① 《毛泽东选集》第2卷,人民出版社1991年版,第476页。
② 《列宁军事文集》,战士出版社1981年版,第293页。
③ 《毛泽东军事文选》第2卷,军事科学出版社1993年版,第466页。

这两种战争而战的战争，才是正义的战争。"①毛泽东指出，那些战争发动者口中所宣称的战争动机和目的，往往与真相不符。因此，人们必须进一步深刻地理解发动战争者的真实政治目的与动机，才能够洞察战争的实质。

此外，马克思主义者还从历史唯物主义出发，认为经济利益会反映战争的政治目的，主张用经济的眼光审视战争的性质。恩格斯在分析战争的本质时强调："暴力仅仅是手段，相反地，经济利益是目的。目的比用来达到目的的手段要'基础性'得多。"②马克思主义者认为，一切历史冲突都根源于生产力和交往形式之间的矛盾。③从这个角度来看，"私有制引起了战争，并且永远会引起战争"④。毛泽东认为，正是因为私有制阶级和工人阶级之间存在矛盾，才会爆发战争，当利益集团和利益集团之间存在利益冲突时，就会爆发战争这种高级的斗争模式。帝国主义战争实质上是帝国主义资本积累达到某种程度以后，为了追逐更大的利益而选择不断扩张和争霸的结果，帝国主义战争的实质就是资本主义商品输出、资本输出和金融输出，在这场资本输出的过程中一旦遭遇反抗，就必然会爆发战争，这种战争就是存在某种政治目的和经济利益的。由此可见，帝国主义战争实质上就是掠夺民族国家原料和利润的侵略战争，某种程度上是因为分赃不均而引发的战争，这些战争都是非正义性的。

通过以上的梳理可以看出，马克思主义者在分析战争的性质时，往往从历史唯物主义出发，分析背后的政治和经济目的，并且结合当时的历史环境，坚持正确的真理观和价值观，去认识战争的本质。

---

① 《毛泽东军事文选》第 2 卷，军事科学出版社 1993 年版，第 467 页。
② 《马克思恩格斯军事文集》第 1 卷，战士出版社 1981 年版，第 5 页。
③ 《马克思恩格斯全集》第 3 卷，人民出版社 1973 年版，第 83 页。
④ 《列宁军事文集》，战士出版社 1981 年版，第 622 页。

（二）用马克思主义立场观点方法分析人道主义干涉问题

当今社会，随着战争原因与形态的多样化，人们对于战争本身性质的界定与划分愈发困难。二战之前以及冷战时期发生的各类战争，其本身有着比较明确清晰的正义与否的划分标准，可是随着苏东剧变，部分地区冲突与战争无法通过简单的正义与否的标准加以划分。例如，一些大国强国干涉他国内部事务，要么扛着联合国这面大旗，要么自认是为了保障人权，出于人道主义。部分地区的冲突与战争，从某些角度来观察，看起来是对恐怖活动或是霸权主义活动的惩治，或是开展维和行动，取得了世界主流舆论的认同与支持，但是换个角度来观察，明显带有干涉他国内政的特征。此外，战争中的双方皆在不断地声称自身处在正义一方，甚至故意模糊战争性质区分的标准，把本身的侵略活动宣扬为正义的举动；一些战争方根本不顾国际公约要求，把自身利益当作了判定战争性质的唯一标准；一些战争方把军事活动的直接目的当作判断战争性质的标准，掩藏本身的实际目的等情况屡见不鲜。

实际上，面对当今社会战争原因多样化的趋势，想要准确地判定其性质，还需要坚定不移地运用马克思主义战争观加以判定。这主要从以下几方面着手：

1. 要从马克思主义立场出发认识战争性质

列宁在批驳"保卫祖国"观点时，阐述了应当站在无产阶级角度去分析战争性质的观点。一战时期，作为当时第二国际修正主义领袖之一的考茨基，曾于《新时代》上撰写文章，指出各个国家自身发展所存在的客观情况使得彼此间出现了容易引发战争的冲突，面对这一情形与背景，各个国家社会民主党皆有保卫祖国的权利与义务。列宁指出，"保卫祖国"实际上属于帝国主义战争阶段关于战争性质非常关键与核心的政治问题之一。与此同时，想要真正区分战争的性质,必然要站在无产阶级立场上,"立足于无产阶级解放,从社会主义无产阶级及其争取自己解放的观点出发……以促进世界无产阶级革命的观点来推论,不应该从'自己'国家的观点来推论"①,不然,必将变成对社会主义的嘲讽与欺骗人民的说辞。这是由于战争本身就属于阶级社会的产物,带有显著的阶级特性,处在各自阶级角度将会对战争的性质形成不同的看法。列宁提出:"从无产阶级观点看来,承认'保卫祖国'就是为现在的战争辩护,承认它是合理的。而由于这场战争是帝国主义战争(不论是在君主国或在共和国,不管此刻敌军是在我国境内或在他国境内),所以承认'保卫祖国'实际上就是支持帝国主义掠夺的资产阶级,就是完全背叛社会主义。"②列宁从战争政治实质这一视角进行了研究与论述,指出一战诞生的历史背景,此时资产阶级已经转变为反动阶级。就交战双方而言,战争其实就是奴隶主为了维护奴隶主利益而进行的战争:重新进行殖民活动,获得压迫其他民族的"权利",获取更多的资本和特权,用极其残忍的手段来镇压各国工人的反抗运动。因此,交战国有关"保卫祖国"的观点,其实都是资产阶级在欺骗人民群众。交战国不管是任何一方获得胜利,都不能保证世界各民族都能获得自由、平等,而且也不能确保工人阶级能够保持他们现有的,哪怕是极其微小的文化成果。

  毫无疑问,马克思主义者对战争性质进行划分的时候,有着鲜明的伦理维度,即总是与遭受欺压剥削的民族保持统一,总是与劳苦大众保持统一。对于国内战争来说,所有为了打破阶级统治与剥削的战争都具有正义性,反之所有为了取得和维持阶级统治与剥削的战争皆属于非正义性的;对于国和国之间爆发的战争来说,所有

---

① 《列宁军事文集》,战士出版社 1981 年版,第 506—507 页。
② 《列宁军事文集》,战士出版社 1981 年版,第 501 页。

遭受欺压剥削的民族与国家所开展的民族解放与反抗外国入侵的战争都是正义战争，而那些为压迫、干涉、掠夺他国而发动的战争都是非正义战争。在纷繁复杂的战争动机和借口面前，只有坚持马克思主义对于战争性质划分的观点，才能正确地区分战争的性质。

2. 要根据政治目的区分战争性质

根据马克思主义对战争性质进行区分的理论，在区分和界定战争性质时，一定要有意识地将现象与本质、言论与行为加以区分，一定要擅长根据政治目的来研究战争双方最真实的目的。列宁提出："从马克思主义的观点来看，在每个个别情况下，特别是对于每一次战争，都必须确定它的政治内容。"[①]比如，一战属于何种政治的延续呢？准确来讲，属于帝国主义政治，也就是不断衰亡的资产阶级为了攫取殖民地以及欺压剥削其他民族的政治的延续。换言之，一战属于帝国主义战争，是奴隶主之间爆发的为了实现资本掠夺目的的一场战争。"当前这种战争的真正实质不是民族战争，而是帝国主义战争。换句话说，战争的起因不是由于其中一方要推翻异族压迫，而另一方要维护这种压迫。战争是在两个压迫者集团即两伙强盗之间进行的，是为了确定怎样分赃和由谁来掠夺土耳其及殖民地等而展开的。简单地说，在帝国主义大国（即压迫许多别国人民，迫使他们紧紧依附于金融资本等的大国）之间进行的或同它们勾结在一起进行的战争，是帝国主义战争。简单地讲，'世界霸权'是帝国主义政治的内容，而帝国主义战争是帝国主义政治的延续。"[②]

列宁同时着重阐述，一战属于资本主义各国组成的两个大型的军事联盟——德、奥两国为首的同盟国与英、法、俄为首的协约国

---

① 《列宁军事文集》，战士出版社1981年版，第314页。
② 《列宁军事文集》，战士出版社1981年版，第289页。

彼此间为争夺世界的霸权、再次划分殖民地与各自势力范围的，于全世界之内所开展的一次帝国主义战争。应当注意到："首先是两个资本主义国家集团这样的联盟，是世界上几个最大的资本主义强国——英国、法国、美国、德国；它们几十年来的全部政治就是不断地进行经济竞争以求统治全世界，扼杀弱小民族，保证已囊括全世界的银行资本获得三倍和十倍的利润。这就是英国和德国的真正政治……我们必须全面地研究和了解资本主义强国的两大集团（互相厮打的英国集团和德国集团）在战前整整几十年间的真正政治。不然的话，我们不仅会忘记科学社会主义和一切社会科学的基本要求，而且会根本无法了解这次战争。"[1]

基于此，在划分当今社会战争的性质时，依然要坚持政治目的划分方法，了解战争各方政治上的根本原因。虽然当今社会的战争爆发原因多样，各类外在现象遮掩了战争的真实目的，可是坚持政治目的划分方法，就可以透过现象把握战争的政治本质，可以于繁复的背景之下发现战争性质。比如，第一次海湾战争，应当关注各个参与战争国家的真实政治目的，从而可以有效地把握它们相应的战争性质。

3. 要依据具体情况区分战争性质

列宁说过，因为国家间爆发战争的动因多样，所以想要划分其性质，一定要根据实际情况"分析每次战争，以便弄清楚能不能认为这场战争是进步的，有利于民主或无产阶级的，在这个意义上是合理的、正义的，等等"[2]。每场战争里面的敌我两方，通常来讲都存在正义与否的差别，然而不是所有战争都应当划分正义与否。如果战争双方的政治目的都是妨碍历史进步的，那么就属于非正义

---

[1]《列宁军事文集》，战士出版社1981年版，第337页。
[2]《列宁军事文集》，战士出版社1981年版，第285页。

战争。一些战争可能促进了经济政治社会的进步，但同时也构成了对他国的入侵与劫掠，所以就有了正义与非正义两重特性。比如，拿破仑所进行的战争即属于具备两重特性的战争，他开始是为了保卫法国大革命成功，借助全新政治军事体制，构建了基于资本主义经济制度的健全的、具备强大战斗能力与意志的军事力量，击败了奥匈帝国、普鲁士与沙俄等封建反法同盟的攻击，捍卫了革命胜利果实，是典型的促进社会前进的正义之战。可是，此后拿破仑称帝，试图在欧洲大陆确立自己的霸主地位，开展了众多的侵略战争，包括入侵俄国等，这些穷兵黩武的行径不但使得本国民众负担巨大、阶级矛盾不断加剧，更是引发了其他国家民众的反对，最初的正义之战因为政治目的的变化从而沦为不义之战。

当前，以上性质的战争或军事对抗依旧没有消失，因此需要我们结合实际研究某次战争或军事对抗里两方所秉持的政治目的和政治立场去区分它的性质。有时不容易划分一场战争是否正义，绝大部分原因在于两方政治意图还没有展现，或对于藏在战争背后的本质没有弄清。不应只根据国家的大小、强弱去划分一场战争的性质，不应只按照国家性质判断战争性质，不应只按照战场是否位于自己国家来判断战争性质，不应只根据是不是获得联合国或是别的国际组织的同意去判断战争性质，因为扛着上述大旗进行的战争比比皆是，而且联合国决议有时被大国所绑架。唯有始终联系实际研究战争两方政治目的，才能拨开现象的迷雾发现其实质，从而准确地判定战争性质。

4.要依据时代特点多视角判定战争性质

按照马克思主义关于战争性质的理论，只要是反对阶级与民族剥削，寻求阶级与民族解放，维护国家的独立以及领土与主权安全，推动社会发展的战争，都是正义战争；只要是为推行阶级与民族剥削,为侵略别国与获取地区乃至全球霸权,妨碍社会前进的战争,都是非正义战争。这是当代划分战争性质的最根本的标准。然而,因为当今社会经济、政治军事不断变动,价值战争动因、形态等多样化,战争对于社会的作用出现了新的变化,所以需要基于马克思主义关于战争性质的理论,采取多重视角判断战争性质。

例如,应当根据是不是有助于世界和平发展去判断战争性质,换言之应该判断战争是不是能够推动世界和平与经济进步;应当根据战争目的是入侵他国还是保家卫国、战争手段是不是违背人道主义来加以判断,凡是侵略战争以及采取违背人道主义手段的战争,都是非正义战争;应当根据当前国际公约有关内容对战争作法律评判,也就是利用目前国际公约里关于正确处理国与国关系的规则特别是战争方面的内容,当作保卫世界和平、减少战争甚至判断其性质的有利根据之一,所有显然违背国际公约相关规定的暴力活动都属于非正义战争。另外,还需处理好当今社会战争正义性和合法性两者的关系,不仅不能忽视国际法,更需注意这类公约实际运用方面的复杂与局限之处,要辩证对待战争正义性和合法性二者的关联,利用法律手段体现战争正义性,获得道义认同。换言之,作为国家为保障统一与社会安定,进而采用暴力方式,即使具备了正义性,也应该注意合法性问题,实现两者的有效统一,最终取得道义上的正当性,掌握政治上的主动权。

(三)马克思主义伦理观下的西方人道主义干涉

就当今国际社会背景来看,导致战争爆发的原因不断多样化,直接的军事入侵越来越少,越来越多的武装事件打着领土纠纷调解、缓解宗教与民族矛盾、拯救人道主义危机等旗号出现。无论如何,马克思主义观点中关于判定战争性质的唯物主义历史观依旧有其价值,特别是他所提倡的有关战争正义性的观点对于分析目前的战争性质有重要的伦理价值。针对上述由于各类原因导致的武装冲突，还需要深入分析其中的经济与政治原因，客观地评判战争导致的结果，进而对其性质加以判别。

例如，美国在2003年未获得联合国安理会授权，单方面发动了第二次海湾战争，其所打的旗号与借口就是伊拉克藏有大规模杀伤性武器和同国际恐怖组织存在关联，不过究其根源在于美国要垄断伊拉克丰富的油气资源，从而谋求对中东地区的单独统治，构建起独自称霸的新的全球体系。所以，第二次海湾战争毫无疑问不具备正义性。而且，这场战争打破了伊拉克人民的平静生活，最终导致民族矛盾加剧、国家主权被侵犯、国际条约和秩序被打乱，同整个社会进步相背离。因此，从结果上来看，这也是一场非正义战争。

某些西方大国借助在早期资本原始积累获得的经济优势，逐步构建起政治和军事方面的优势，不断地推行霸权主义，炮制各种理由来发起战争，最终目的就在于掠夺与掌控他国资源，构建起对自身有利的国际政治经济格局。这类战争的后果肯定是会导致世界和平、经济发展、人权保障等惨遭毁灭，进而妨碍人类社会前进，使世界处于动荡不安之中。

马克思主义者对于目前这种全球格局与发展趋势有着清醒的认识。面对这种复杂的局面与态势，人道主义干涉活动要彻底杜绝政治干涉，坚守住道德底线，实际上是不切实际的。这是由于人道主义干涉本身即为构成国际政治的重要内容之一，是为了应对国际政治中的难题所设计的一类应对措施与机制，所以要对它的正当性加以判断，就必须结合当前国际政治现实进行具体分析。就现实主义者而言，这类国际社会治理实际上属于以权力为核心的斗争。斗争必然存在相互矛盾的双方利益，而这类利益也变成了矛盾爆发的根源，因此国际政治互动常见的形态即为矛盾与冲突。冷战结束以来，主权和人权的关系就成了国际社会热议的焦点，各种国际势力以此为中心进行了许多斗争，为缓解与解决这类永不停息的矛盾与冲突，一些政治理论人士构建起了人道主义保护与干涉两大概念。而困难在于，即使用来应对矛盾与冲突的道德原则，同样需要基于实际政治，无法同现实割裂。

第一，纯粹建立在人道主义基础之上的保护与干涉，实际上根本无法存在，必然夹带着干涉方自身的目的。

马克思主义认为，战争的政治目的决定其本质。ICISS提出，人道主义干涉第一目的即为阻止或防止出现人道主义灾难，作为武装干涉方所持的人道目的在确定上述活动的正当性方面具有重大意义。[1]可是，对于现实国际政治来说，本国利益始终是一国活动的根本目的，其政治决策同样是为本国利益服务的，"那种普世道德原则实际上是不可能对国家行为适用的"[2]。

因此，防止出现人道主义悲剧的论调与口号，看起来很有吸引力，可是假如这类悲剧同本国利益不存在关联，那么任何国家都不会愿意把该道德义务加诸己身。过去的国际干涉历史全面地阐述了上述结论：诸如北约入侵科索沃等，虽然都高举人道主义大旗，但是毫无疑问都是借着人道主义的名义来达成自身不宜对外公开、有利于本国利益的政治目的的。即使是参与联合国组织的维和或者干涉行动，参与国也是首先以维护本国利益为主。克林顿主政时期签发的第25号总统令实际上是确立了该国参加联合国和平行动的相

---

[1] James Pattison, *Humanitarian Intervention and the Responsibility to Protect: Who Should Intervene?*. Oxford University Press, 2010, pp.153-168.

[2] 〔美〕汉斯·摩根索著，〔美〕肯尼斯·汤普森、〔美〕戴维·克林顿修订：《国家间政治——权力斗争与和平》，徐昕、郝望、李保平译，王缉思校，北京大学出版社2006年版，第36页。

应标准，这当中首要的即为"美国利益处在危险状态"，其他的比如"世界和平遭受破坏""发生严重人道主义灾难"等只能排在后面。法国公开谴责第二次海湾战争，可在利比亚战争中却是带头冲锋，成为武装干涉的第一国。研究者一致认为，法国之所以如此决策，是因为利比亚对其存在着政治与经济等多重利益。

第二，这类干涉的选择性特征长期为广大公众所抨击，也从另一个角度表明了所谓国际政治中根本不存在绝对单纯的人道主义干涉。

以美国为首的西方国家罔顾卢旺达爆发的恐怖的种族屠杀事件，坚决反对派兵干预，究其原因就在于没有相应的地缘政治或是经济方面的利益。

有些人会辩解说纯粹的道德名声同样会被一些国家当作自身国家利益的组成部分，可是这类辩解看起来缺乏足够的说服力。国家依照重要性把自身的国家利益划分成了核心、根本、重要与次要等不同等级，就纯粹的道德名声来说，无论如何夸大其重要意义，即使某国领导人本人存在这种诉求，其本国的利益集团都不会准许其实现这种愿望。因为道德名声和政治、经济利益相比，属于相对虚无的评价，可是要获得它却需要花费本国的资源。当要求一国民众为了同自己毫无关系的他国民众耗费资源乃至生命时，本国民众是决然不会同意的。亨金曾经说过："任何国家总是存在侵犯人权的现象，许多国家存在严重的侵犯人权的现象，这可能成为入侵的前奏和理由，然而，实际上对一国仅仅是出于真正的人道目的而干涉的现象是罕见的。"[1]

总而言之，穿透现象分析实质，我们不难发现，当今国际上所

---

[1] Louis Henkin, *International Law: Politics and Value*, Dordrecht: Martinus Nijhoff Publishers, 1995, p120.

谓人道主义干涉，根本上都是假借这面大旗来实现武装干涉国自身政治与经济利益的行为。恰恰由于上述自身利益的存在，导致人道主义干涉自身的正当性受到削弱。

此外，通常来说为了所谓人道主义而采取武装干涉，最终导致的结果是同人类发展相背离的，无法满足人对于战争正义性的要求。马克思主义的观点是，区分一场战争是否正义，必须要看其是否推动了社会发展，也就是其历史作用决定了其性质。如果为尽所谓的保护义务而采取武力手段进行干涉，最终对被干涉国的经济社会安全造成极大的损伤，那么这种行为从本质上来说就是非正义的。

从古至今，人类社会在不断进步，在这个过程中，一些价值指标可以当作判定社会进步的标准，人权就是一个，这一概念本质上正是人类社会进入现代才出现的结果。古代社会，尤其是奴隶制社会中，人被视作牲畜一样的私人财产。文艺复兴以及法国大革命带来了人权思想，但丁首次提出了人权概念，之后的17世纪和18世纪西方资产阶级革命中逐渐构建起完善的人权理论体系，人权进入第一个发展时期。到了19世纪，欧洲各国和美国先后废止了奴隶制度等，成为人权与社会发展的里程碑，之后各个国家先后签署协议，确保战争中使用不人道的武器与方法等属于非法行为。二战变成了人权保护革命的重要转折点，战争期间，被占领国家遭受的暴虐对待和众多屠杀事件，使人权保护成为国际政治与国际公约亟待关注的重要内容，反人道罪成为《纽伦堡宪章》里面对于德国纳粹分子的一大指控，与此同时联合国也将尊重与保护人权当作自身的重要工作目标。[①]《世界人权宣言》《公民权利和政治权利国际公约》以及《社会、经济及文化权利国际公约》等使得全球各个国家拥有了人权方面的行为标准。从此，人权保护变成人类社会与国家

---

① 参见《联合国宪章》第一条、第五十五条。

进步的重要指标之一。

所谓人道主义干涉实际上是紧随上述发展大势而产生的，其将人权保护当作自身的根本价值追求，目的是要应对一国之内冲突造成的人道主义危机。可是，采取武力手段可以达成对人权保护的目的吗？众多历史经验无情地否定了这一观点，2011年，以美国为首的北约扛着拯救利比亚人道主义危机的大旗，攻击该国政府武装，最后打倒了卡扎菲及其政权。针对这次武装干涉，该组织对外宣称是成功的，可是其内部一致认为这次干涉的结果是灾难性的。单从人权保护角度而言，其采取的武装干涉实际上并不是人道主义救援，而是人道主义干涉。北约战机原本是要拯救利比亚民众的，并且在最初受到了民众的欢迎，可是很快大量民众由于北约的空中袭击受到伤害，让这种武装干涉从保护变成了屠杀。战争导致5万多民众不同程度受伤，过渡委员会宣布死亡人数达到2.5万人。毫无疑问，宣称保护民众的战争最终导致民众大量伤亡，并且战争之后利比亚人权状况更加悲惨，城市缺水缺电、物价飞涨、生活物资短缺、公共服务停止，民众生活在动荡与不安之中。同时，过渡政府缺少足够的控制能力，安全部队软弱无能，本国政治斗争激烈，各类恐怖袭击以及暗杀大量发生，民众生命财产遭受巨大威胁，战争之前的美好愿景全部破灭。

不仅在人权方面，北约对利比亚采取的武装干涉，对地区乃至全球和平也构成了巨大冲击，同人类进步相背离，严重地违反了正义的要求。比如，因为战争导致数量庞大的武器流散，战争之后周边地区恐怖主义盛行，对于非洲大陆和平构成巨大威胁，同时国际上因为这场战争放慢了国际裁军步伐，军备竞赛出现加速的情况。

可以说，通过武力方式应对人权问题，以暴制暴，更会使得暴力被滥用乃至升级，为了尽到保护义务而使用武力一般都会导致一些负面效果,进而导致民众安全面临全新威胁,乃至引发国际社会的恶性循环,即"次国家行为体叛乱—政府进行报复—国际干涉—叛乱取得胜利—引起新一轮叛乱",最终使得冲突不断蔓延与升级。亨金就说过,基于人道主义的"军事干涉将导致比试图结束人权侵犯本身对人类和人权带来的损害更大"[1]。

当今国际政治现实中,使用武力的形式千差万别,并且其理由与借口花样繁多,极少国家会直接采取军事入侵与劫掠行为,而是扛起人道主义或正义的大旗,这是部分霸权国家的惯用手段。在这种情况下,坚持马克思主义唯物史观关于战争性质的划分标准来分析战争的政治目的,始终秉持是否有益于人类社会进步的标准,就可以透过现象发现战争的本质。

---

[1] Louis Henkin, *International Law: Politics and Value*, Dordrecht: Martinus Nijhoff Publishers, 1995, p120.

第三章
冷战后的人道主义干涉及伦理反思

西方国家实施的人道主义干涉对冷战后的世界秩序产生了重要影响。"保护的责任"的概念被西方国家利用,成为干涉行动的理论支撑之一。西方国家为了让人道主义干涉具有法理依据和道德依据,还制造了新概念,"失败国家"便是其中广为人知的概念之一。

一、对"失败国家"的"拯救"与"保护":话语与现实

因为有"失败国家",所以需要"成功国家"加以挽救,这看似理所当然的逻辑,实际上暗藏了西方国家对第三世界的干涉野心。伊拉克、科索沃和利比亚的干涉案例突出反映了西方人道主义干涉的道德虚伪性和非人道性,西方国家制造的并不是"英雄史诗般"的拯救壮举,而是实实在在的国际伦理危机。

(一)"失败国家"概念的提出及其人道主义色彩

"失败国家"一词最早由杰拉尔德·赫尔曼(Gerald B. Helman)和史蒂文·拉特纳(Steven R. Ratner)提出,用于指代那些陷入严

重国内失序的国家，其国民的人权遭受大规模侵害。①

从表征来看，"失败国家"概念的产生从一开始是带有明显的人道主义色彩的。一些国家发生的种族屠杀和灭绝、族群纷争和暴力冲突、由政治危机引发的抗议运动及对抗议运动的大规模镇压、由于政府施政能力严重欠缺导致的国内难民问题、由于自然灾害和饥荒导致的死亡、由于政府应对不力导致的传染病肆虐以及由此引发的感染和死亡，等等，这些问题都是人道主义危机，都具有鲜明的人道主义色彩。从这一点上来说，"失败国家"所指的"失败"主要是因为政府溃败、涣散、腐败或政治混乱而导致的国内民众权益保护的"失败"。

但是，这一概念由西方世界提出，其操作也由西方世界所垄断。哪些国家是"成功"的，哪些国家是"失败"的，几乎都由西方世界来确定。这就使这一概念具有太多的主观性。那些不追随西方国家意志，不迎合西方国家要求，甚至对西方国家怀有抵触情绪的国家，一旦国内发生某些混乱，就容易被打上"失败国家"的标签。这就变成了国家"失败"与否，在很大程度上取决于西方国家的好恶。

由于这一概念具有太强的主观性和不确定性，第三世界国家普遍对其持警惕的态度。国家的发展都是长周期的，短期的危机和混乱不足以说明整个国家是失败的。况且，一个国家内部的政府和社会总会在博弈的过程中找到适合本国的发展道路和治理模式，尽管这个探索的时间长短不一。强行认定某些国家为"失败国家"不仅否定了这些国家内生性力量的作用，也等同于宣布这些国家的命运应该由外部世界来决定和左右。这实际上就让这一概念成为西方国

---

① Gerald B. Helman and Steven R. Ratner, "Saving Failed States," *Foreign Policy*, no.89, Winter 1992, p20.

家打压、贬低进而干涉和控制某些国家有了"自编自导"的法理依据。西方国家向这个概念注入了太多复杂的政治因素和战略考量，使之在现实中变成了西方国家对一些弱小的第三世界国家进行干涉和渗透的工具和筹码。

（二）"失败国家"的标签化及其话语权的丧失

2005年起，美国《外交政策》杂志和美国和平基金会（Fund for Peace）连续多年发布所谓的"失败国家指数"（Failed States Index）。2005年，有多达75个国家被列入"失败国家"的名单。"失败国家指数"即便在美国也遭到非常大的争议和批评。这一指标本身就被称为是"失败的指标"，因为它简单使用"失败"和"不失败"的二分法把国家进行分类，但是实际上"不失败国家"也有很多失败之处，"失败国家"也有某些可取的治国之道。[1]现在这一指数依然每年发布，不过已经更名为"脆弱国家指数"（Fragile States Index）。更名后的指数已经脱离了原来的"失败国家"的本意，已经不再聚焦哪些国家是"失败国家"，而是主要考量世界各国的脆弱程度。

"失败国家"这一标签不仅让贴标签者（也就是"正常国家"）成为凌驾于"失败国家"的处于优势地位的国家，也使其作为"患者"的医治权限和开处方的权力归入"正常国家"手中，形成了不平等的关系。[2]"失败国家"的标签化使这些国家在国际社会中的地位和形象被"固化"，让其他国家对这些国家逐渐产生恶劣的"刻板印象"，严重损害了这些国家的国际声誉，阻碍了它们自救和拓展

---

[1] Lionel Beehner and Joseph Young, "The Failure of the Failed States Index," July 17, 2012, http://www.worldpolicy.org/blog/2012/07/17/failure-failed-states-index.

[2] Mary Manjikian, "Diagnosis, Intervention, and Cure: The Illness Narrative in the Discourse of the Failed State," *Alternatives*, vol.33, no.3, 2008, pp. 336-343.

生存空间的步伐，使原本可以从失败阴影走出来的国家越来越难以摆脱困境。而且一旦负面的国际形象形成，在相当长的时期内就无法恢复和重塑，这对这些国家来说是极不公平的。"失败国家"标签化运动本身就是有违国际伦理道德的。由一些西方国家来指定哪些国家是"失败"的，相当于是授予或默认了西方国家超越其他国家的"审判官"权利，剥夺了被贴标签国家的声誉和地位，使其丧失了国际话语权，进而在"失败"的道路上越走越远，或者在走投无路的情况下不惜牺牲主权向西方国家妥协或求救，换取所谓的救助。这相当于人为地在国际社会中制造身份等级，是借人道主义名义之名行霸权主义之实。每个主权国家都有权在国际社会中寻求生存的机会和维护自身的权益，有权参与多边治理，并为自身的国家利益发声。一旦国家的国际话语权丧失，其主权、政权、政治稳定和经济发展将遭受重创。它们无法作为平等的一员被平等地对待，更无法获取对等的机会和权利。

"失败国家"的概念实际上是美国学界和政界联合炒作的产物。一些政客热衷于用这一概念粗暴地给一些第三世界国家定性，一些学术界人士则喜欢这一新概念带来的新的研究空间。美国政府更是不遗余力地给这一概念背书。美国 2002 年《国家安全战略》报告就称美国正在遭受"失败国家"的威胁。[1]事实上，不管是"失败国家"，还是所谓的"流氓国家"，都是美国政府基于自身的战略需求和与相关国家的双边关系，作出的满足一己私利的价值判断，既没有任何合法性基础，也没有任何权威性基础。如果一些国家在特定的发展阶段正在经历挫折和失败，就被打上失败国家的标签，那么包括发达国家在内的世界上许多国家经历过的黑暗时期是否也都应该被

---

[1] The White House, *The National Security Strategy of the United States of America*, September 20, 2002, pp. 1-16.

打上"失败国家"的标签？谁来确保一个国家的"失败"只是暂时的低谷，而不是长期的无法自拔的困境？谁来判定一个国家在解决了国内危机之后是否算是走出了"失败"的阴影，可以被撕下"失败国家"的标签？谁来为贴标签者给"失败国家"造成的国际声誉的损失作客观评判？如果一些国家因为被认定为"失败国家"而丧失大量的来自跨国公司和其他国家的投资，谁来为这些经济损失负责？西方国家善于炮制概念，但是却从来不善于为其他国家的利益和诉求作全面和充分的考虑，这背后是西方国家根深蒂固而又自诩合理的"同我者昌""异我者亡"的思想在作祟。凡是那些与它们发展道路不一致的国家，凡是那些与它们理念相左的国家，都会被无情地划归到"异类"的行列，而完全不考虑这种做法的国际后果。

一个国家失败与否，不应由某个国家来判定，更何况是并不代表官方意志的某些研究机构，即便是美国政府也不能成为"失败国家"的审判官。如果世界上真的应当评判哪些国家是失败的，也应当由受世界上大多数国家认可和尊重的国际机构（如联合国）来进行操作，并且基于非政治的目的、不带任何歧视和偏袒，仅仅从人道主义危机的程度上来进行评判。说到底，"失败国家"概念的出笼及其使用，从头到尾都是强权政治和西方优越感的体现。美国认定哪些国家失败，哪些国家就失败；美国认为哪些国家与美国相比过于落后和混乱，哪些国家就是失败的。这种逻辑不仅无法说服世界上大多数国家，甚至连美国国内的学界和政界也不能完全说服，只能是美国某些领导人和政客用作政治宣传的口号式的概念。

（三）对"拯救"与"保护""失败国家"的伦理反思

无论是"失败国家"还是新干涉主义，理论概念的生成和演化都不能脱离既有的国际关系传统，尤其是不能脱离国际伦理道德而变成片面地满足大国国家利益的工具。正如肯尼斯·汤普森警告的那样,如果我们丢掉了关于道德和正义的传统和智慧,我们就会付出巨大的代价。[①]人道主义本身应当具有普世意义,国际社会对何种行为是人道的、何种行为是不人道的有着基本的共识。人道主义准则和精神是国际社会之所以成为"社会"的基石之一。人道主义危机不应以发生地、发生时间、发生的形式作为其重要与否的判断标准,更不能以是否与经济价值、地缘政治价值或者军事价值有关作为判断标准。相比而言,联合国等国际机构对人道主义的普世关怀要远远强于极力鼓吹"保护的责任"的西方大国,尽管联合国体系受制于大国关系和权力政治,也存在着诸多缺陷和障碍。美国等西方国家对待人道主义危机的态度是高度实用主义的。凡是与美国利益和战略关系紧密的人道主义问题,就会成为美国聚焦和深度介入的问题,并在此过程中高举人道主义的旗帜,然后其目的却是异常复杂的,甚至最后脱离了人道主义的精神实质。那些急需国际社会关注并提供救助的人道主义灾难和危机,如果不牵涉美国利益和地缘战略,美国就会选择漠视或袖手旁观。这就导致人道主义干涉的错位。美国热衷干涉的对象国,无论是利比亚、科索沃还是伊拉克,无一不是具有重要地缘战略价值的地区,当然其中还掺杂着诸多经济利益上的考量。而刚果、卢旺达和索马里发生的更为严重的人道主义危机却被美国政府漠然视之,任由种族屠杀和侵犯人权的暴力横行。西方大国为何在这些地区反而不高喊"保护的责任",提供大量的援助或制止人道主义灾难的蔓延?

如果"保护的责任"被落实,刚果的悲剧或许不会发生,可是

[①] Kenneth W. Thompson, "Whither International Studies: The Problem of Justice and Morality," *The Review of Politics*, vol.40, no. 1, 1978, p134.

主要的大国不愿介入这样的人道主义危机。[1] 西方国家的人道主义干涉具有明显的选择性，导致了干涉的错位。这种选择性使第三世界越来越质疑人道主义干涉的道德基础以及其背后的政治野心和经济利益。[2]

西方国家在人道主义危机和干涉问题上的实用主义和功利主义恰恰将其道德虚伪性暴露无遗。西方国家在媒体上鼓噪的人道主义危机往往不是世界上最紧迫最严重和应当最优先得到关注和解决的危机，而是与其经济利益、地缘政治或者军事安全有着密切关系的危机，人道主义只不过是其进行舆论宣传的一个"噱头"，干涉行动本身并未将目标放在人道主义救援上，而是放在美国利益上。美国等国家一边站在"道德高地"，打着人道主义的旗号对其他国家进行道德捆绑，拉拢联盟，怂恿犹豫的国家加入其干涉行动；一边在筹划着与人道主义几乎毫无关系的军事行动和政治行动。这种道德虚伪性在国际社会中树立了极其负面的样板，使国际社会难以形成价值观共识，加剧了东西方国家之间的信任危机，同时也使所谓的西方人权观和伦理观虚伪的一面暴露无遗。

二、伊拉克禁飞区

海湾战争结束后，美国和英国在伊拉克设立了禁飞区，美、英

---

[1] Herbert F. Weiss, "The Democratic Republic of the Congo: A Story of Lost Opportunities to Prevent or Reduce Deadly Conflicts," in Richard H. Cooper and Juliette V. Kohler, eds., *Responsibility to Protect: The Global Moral Compact for the 21st Century*, New York: Palgrave Macmillan, 2009, p127.

[2] Mohammed Ayoob, "Third World Perspectives on Humanitarian Intervention and International Administration," *Global Governance*, vol.10, no.1, 2004, pp. 110-114.

战机在巡逻的同时还时常对伊拉克军事设施以及民用设施进行轰炸。禁飞区，顾名思义，是指禁止未经许可进入和飞越的航空区域。美、英尽管打着人道主义的旗号，宣称为了保护伊拉克难民，保护库尔德人和什叶派穆斯林免遭大规模屠杀，但是禁飞区本身的性质决定了它不可能也不会是贯彻道义准则的途径。禁飞区是一种作战模式，可以将威慑和灵活的打击相结合。禁飞区是战争的一方为了获取战争的主动权和优势采取的特殊手段，根本目的在于打击和遏制，而不是为了保护人权。况且，禁飞区内的空袭和反空袭本身就会带来大量的人员伤亡和财产损失，尤其是会牵涉到无辜平民。从这个意义上讲，禁飞区与人道主义保护的目标本身就是不统一的。更为关键的一点是，美、英的禁飞区并没得到联合国安理会的正式授权，不具有国际合法性，尽管美、英竭力打擦边球，过度援引联合国安理会的决议以证其合法性。

（一）伊拉克政府与反政府力量的对垒

海湾战争以伊拉克政府的失败而告终。战争削弱了萨达姆政权的军事力量和国内控制能力，伊拉克国内爆发了反对和推翻萨达姆的武装运动。一些城市游行示威和起义运动频发。北部的库尔德人主要聚集在两大组织麾下：一个是库尔德民主党，另一个是库尔德斯坦爱国联盟。库尔德人的反政府武装斗争由来已久，在战争结束后的初期，他们获得了一些领地。南部的什叶派穆斯林则通过武装斗争占领了巴士拉等城市。

1991年3月开始，萨达姆政府开始对南北两大区域的反政府力量进行残酷镇压，大清洗造成大量难民流离失所，他们涌向周边的伊朗和土耳其等国家。伊拉克军队在镇压南部反政府力量的过程中使用了武装直升机，而这一点在停火协议中是被禁止的。政府与反政府力量的冲突在南部地区至少造成了 80 万的伊拉克难民。由于北部库尔德人的反政府武装具有更强的实力，萨达姆政府在镇压过程中使用了包括导弹在内的武器。政府军和反政府军的对垒导致大量库尔德人逃离家园，难民受传染病和恶劣自然环境的影响，死伤惨重。

从人道主义危机的角度来讲，伊拉克在海湾战争结束初期，确实因为政府和反政府力量的较量，导致大量平民无家可归，相当一部分伊拉克人的基本生存权利和生命财产都遭受了大规模的侵害。在大清洗中，萨达姆政府对反政府武装人员进行搜捕和处决也制造了诸多骇人听闻的惨剧。毫无疑问，伊拉克的国内局势引起了国际社会的广泛关注。对人的生命和基本人权的尊重唤起了众多人权保护的国际机构和团体对萨达姆政权的严厉谴责和抗议。而当时的伊拉克政府，与其说是没有能力对平民的人权进行保护，更不如说是没有人权保护的意识，政府将主要精力放在武力镇压反政府力量上。

（二）禁飞区的建立与美、英的人道主义干涉

随着大量难民涌入土耳其和伊朗等与伊拉克毗邻的国家，难民所引发的安全问题逐渐引起相关国家的高度关注。联合国于 1991 年 4 月 5 日通过第 688 号决议，对伊拉克政府造成公民受迫害和大量难民涌入别国的问题予以谴责。这一决议还敦促伊拉克政府停止镇压，允许国际人道主义机构开展援助活动。美国政府也趁机大肆宣扬伊拉克政府对人权的侵害，批评伊拉克政府制造人道主义灾难。随后，4 月 17 日，在英国倡议下，美国和英国宣布在伊拉克北部北纬 36 度以北设立保护库尔德人的"安全区"。1992 年 8 月，美、英以保护什叶派穆斯林为理由，在伊拉克北纬 32 度以南设立了禁飞区。美、英严禁伊拉克军用和民用飞机飞入禁飞区，如有违

反，飞机将会被击落。伊拉克领空在除南部和北部两大禁飞区之后，只剩下 500 公里宽度的航空自由区域。伊拉克的空中主权被严重侵犯。

伊拉克禁飞区从 1991 年一直延续到 2003 年，在海湾战争结束后的时期里，禁飞区成为美、英遏制和削弱萨达姆政权的重要工具。在 2003 年的伊拉克战争中，禁飞区也发挥了关键作用，为美、英等国家赢得了战争的先机和主动权。

不容否认，禁飞区的建立使得一些国际救援行动得以开展，在某种程度上缓解了伊拉克的人道主义危机。美、英、法军队在禁飞区空投了食品和药品等物资，并建立了一些避难所。但是，在禁飞区内，伊拉克防空力量和美、英空中力量进行了严重对峙，频繁的交火造成大量人员伤亡和财产损失。禁飞区的人道主义借口变得越来越缺乏说服力。伊拉克政府多次向联合国抗议美、英侵犯伊拉克领空，但对美、英没有产生任何影响。伊拉克难民陆续从周边国家回流到伊拉克本土并逐渐安顿下来之后，伊拉克国内的人道主义救援需求已经不再强烈。禁飞区作为美、英战争工具的性质就更加毫无遮掩地显露出来。

伊拉克的禁飞区与其说是人道主义干涉，不如说是人道主义掩饰下的干涉。与伊拉克的人道主义危机相比，一些非洲国家的危机更为严重，为何不见美、英如此焦虑而煞费苦心地介入？伊拉克的地缘政治地位，其作为产油大国与美、英的利益纠葛以及伊拉克在中东事务中的重要性，才是美、英建立所谓禁飞区的根本原因。海湾战争后的中东，既有埃及等亲美国家，也有伊朗等反美国家。两伊战争后，萨达姆控制下的伊拉克是美国眼中对抗和牵制伊朗的难得的"人选"。故而禁飞区的建立，更多的是为了削弱伊拉克的军事力量，而不是推翻萨达姆政权。至于人道主义救援，只是美国为了勉强地赢得支持的表象。事实上，美、英并未对萨达姆的国内镇压进行有效的遏制。

从人道主义危机的定义来看，伊拉克当时的局势是否真属于无法控制的人道主义危机尚且存在疑问。当时的萨达姆政权，依然牢牢地控制着伊拉克，并没有出现政府的坍塌和国家能力的溃散，伊拉克国内的各种力量的斗争如果没有外部力量的介入是否会最终形成一个稳定的政治架构，不得而知。尽管人道主义救援在任何时候都是值得肯定和鼓励的，但是美、英在一个政权尚牢固的国家急于设立禁飞区的举动显然与人道主义的精神有很大的偏离。

美、英禁飞区的建立严重侵蚀了伊拉克的主权。美、英长期霸占伊拉克领空，很难用人道主义的伦理道德来作为依据，反而成为霸权主义的证据。通过禁飞区的建立，美、英逐步蚕食伊拉克的制空权。1996年，美、英甚至将南部的禁飞区进一步拓展，范围涵盖了首都巴格达郊外的上空。这更多呈现出赤裸裸的军事干涉和入侵，而非所谓的人道主义救援。作为海湾战争的延续，2003年的伊拉克战争之所以只用了44天就快速结束并推翻了萨达姆政权，与美国通过禁飞区对伊拉克制空权的入侵有着紧密的关系。2003年的那场战争之前，伊拉克几乎绝大部分制空权都已掌控在美国手中，战后的伊拉克变成美国的政治附庸。正如有学者指出的，美国事实上侵略了伊拉克，把它变成"美利坚帝国"的一个工具。[①]同样是禁飞区，1991年的伊拉克禁飞区是美国削弱伊拉克但又留住萨达姆政权的工具，因为美国需要伊拉克发挥在中东事务中的制衡作用，但是之后的事实证明，伊拉克并没有遏制伊朗，于是萨达姆政权逐渐成为了美国眼中的无用之物。于是，2003年的禁飞区就成了铲除萨达

---

① Eric Herring and Glen Rangwala, "Iraq, Imperialism and Global Governance," *Third World Quarterly*, vol.26, no.4-5, p667.

姆的得天独厚的战略优势。禁飞区的人道主义性质早已踪影全无，取而代之的是美国政府的穷兵黩武。与其说是禁飞区，倒不如称其为轰炸区或交战区。美国和北约的实际行为已经远远超出了禁止伊拉克飞机飞入的这一目的，而是在禁飞区对伊拉克军用和民用设施进行空袭，并与伊拉克方面进行空中对峙。

（三）对伊拉克禁飞区计划的伦理反思

伊拉克禁飞区的建立是一场美、英等国家自导自演的干涉行动。前任联合国秘书长布特罗斯·布特罗斯-加利（Boutros Boutros-Ghali）也质疑这一禁飞区的合法性。干涉的缘由是堂而皇之的所谓人道主义保护，美、英宣称是为了防止库尔德人遭受迫害。不可否认，在禁飞区美、英确实开展了一些救援行动。但是美、英给萨达姆政权留有一定的活动空间，美、英也希望利用萨达姆制衡伊朗。萨达姆政权对于当时的美、英来说，只是需要打压和削弱的对象，而并非是要对其进行铲除和推翻，萨达姆对于维持伊拉克的局面和保持中东的势力均衡有利用的价值。结果就是，伊拉克政府动用军事力量对反对派进行了大规模残酷镇压，美、英充耳不闻。人道主义借口之下，伊拉克禁飞区成为纯粹满足美、英大国私利和野心的工具，进行非人道的干涉。事实上，伊拉克禁飞区的建立只是为了迎合美、英的军事战略目标，在一定程度上削弱萨达姆政权，保持对中东地区的战略控制，维护在中东的战略利益。至于在镇压中发生的屠杀，美、英并没有采取切实有效的措施进行控制。禁飞区的设立导致伊拉克国内航班多年陷入荒废状态，禁飞区成了美、英战机自由飞行的区域，不仅伊拉克战机不得飞越该区域，伊拉克国内航空公司长期不得飞越禁飞区上空，这一状态至少持续到 2000 年前后，2000 年萨达姆政府尝试重新开启飞越禁飞区的国内航班。

陆续有一些国家对禁飞令不予理睬，安排十余架民航飞机直飞伊拉克。所谓的禁飞区，实质却是美、英部队10万次飞行和对伊拉克100多次的空中打击，波及了200多万伊拉克百姓的生活。①2003年的伊拉克战争，禁飞区成了美、英实施侵略的有利工具。然而，血腥的战争带来的是急需恢复重建的废墟和更深重的仇恨。②

美、英在伊拉克设立了南部和北部两大禁飞区，仅南部禁飞区就占伊拉克国土面积的1/3左右。在禁飞区内，伊拉克武装力量和美、英空中力量不断发生军事冲突，彼此之间的袭击造成大量人员伤亡，也波及了无辜民众。禁飞区内，美、英实施空中打击的对象不仅是伊拉克的防空军事系统，也包括通信指挥中心、民用设施。禁飞区成了事实上的美、英"廉价"军事实战的场所，美、英空中部队借此获得各种所谓的飞行经验和空中打击技能，并且成为包括精确制导武器在内的各种空中打击武器的试验场，进而评估其性能和杀伤力。这些打击行动，给伊拉克带来巨大的经济损失和人员伤亡。仅从1998年底至2000年8月，美、英战机就累计侵犯伊拉克领空两万余架次，造成300多平民死亡和1000多平民受伤。人道主义保护恐怕只出现在美、英官方的宣传说辞之中，在现实的军事冲突面前，并没有什么人道可言，军事目标和战略利益远远超越了伦理道德。

禁飞区的建立直接导致了伊拉克国内的严重分裂，尤其是北部库尔德人已经形成了事实上的国中之国。政治对立、宗教矛盾和分离主义倾向被禁飞区强化，并逐渐积累，成为制约伊拉克未来发展的重要障碍。时至今日，这些问题依旧严重。美、英在伊拉克的人道

---

① 胡思远：《日渐尴尬的"禁飞区"》，载《中国国防报》，2000年10月13日，第3版。

② Sukumar Muralidharan, "Iraq and Crisis of the U.S. Imperium: Of Dollar Hegemony, Debt and the English Language," *Social Scientist*, vol.31, no.3/4, p75.

主义干涉造成了极其恶劣的国际影响和后果。一方面，美、英借助禁飞区实现了伊拉克战争的速战速决，让包括发达国家在内的世界各国震惊，开始反思本国的领空安全和空中主权。伊拉克成为一个典型的负面例子，国家一旦丧失了制空权，其政权将迅速被摧毁。由此，引发了世界各国在制空权方面的"安全困境"，导致空中军备竞赛的愈演愈烈。而且，美、英的禁飞区恶化了国家间政治的氛围，使弱肉强食的"霍布斯文化"被再度强化。同时，禁飞区也让国际人道主义事业蒙羞。打着人道主义幌子的纯粹的军事干涉行为，造成了别国主权的丧失、国内分裂的加剧、无辜平民的丧生，使人道主义干涉成为"强权""不人道"和"残忍"的代名词，世界各国，尤其是第三世界国家对人道主义干涉更加警惕，也使真正的人道主义救援行动更加难以开展。

三、科索沃战争——人道主义干涉闹剧

对科索沃战争的人道主义干涉，实质上是一场闹剧。

（一）塞族和阿族的矛盾

科索沃问题实质是塞尔维亚族和阿尔巴尼亚族之间旷日持久、由来已久的矛盾。20世纪80年代，铁托去世后，在阿尔巴尼亚支持下，科索沃阿族的独立呼声日渐高涨，塞、阿两族之间的冲突和矛盾愈演愈烈。塞尔维亚族开始逐渐迁移出科索沃地区。阿族在科索沃200万人口中占比高达90%，作为塞尔维亚共和国的一个省，科索沃长期以来就是塞、阿两族矛盾的爆发地。大塞尔维亚主义使街头运动和镇压成为常态，流血事件不断发生。1986年，米洛舍维奇

担任塞尔维亚共产党总书记。1990年12月，米洛舍维奇当选为塞尔维亚共和国的第一任总统。他号召塞族联合起来开展民族主义运动，支持所谓的大塞尔维亚主义。这使塞族和阿族的矛盾更加尖锐。米洛舍维奇还取消了科索沃省的宪法否决权和自治权。这种对阿族的强硬政策引发了阿族更加猛烈的回击。1991年，南斯拉夫社会主义联邦共和国解体。同年，阿族在未经合法授权的全民公决基础上宣布成立科索沃共和国。1992年4月27日，塞尔维亚和黑山组成南斯拉夫联盟共和国。1996年阿族正式成立"科索沃解放军"（简称"科解"）。"科解"的成立让塞、阿两族的矛盾进入了一个更加大规模对峙的局面。"科解"从一开始就热衷于开展极端民族主义的行动，对塞族警察进行暗杀和偷袭。到了1998年该组织已经发展成为一支2万人的队伍。"科解"的行径极大地激化了与政府之间的对立和冲突，迫使塞尔维亚政府动用军队进行镇压，暴力运动和流血冲突不断升级。塞尔维亚部队与"科解"等阿族力量进行了残酷的斗争，内乱导致包括大量妇女和儿童在内的无辜平民伤亡。这给一直觊觎巴尔干地区主导权的美国一个口实。1999年1月15日，欧洲安全与合作组织驻科索沃观察员声称在科索沃南部地区的一处山谷中发现了45具阿族平民的尸体，引起西方世界的轩然大波。塞尔维亚政府强调这是造谣，这45具尸体并不是平民，而是被击毙的阿族反叛分子。但是西方世界对塞尔维亚政府的解释充耳不闻，坚持认为这是种族屠杀的新证据。随后几天北约就开始了战争的调动准备工作。2月6日，在美国和北约施压下促成了塞尔维亚政府和阿族代表的和平谈判。塞尔维亚政府反对北约部队进驻科索沃，绝不承认科索沃是个独立共和国，因此拒绝在谈判协议上签字。3月24日，以美国为首的北约以保护科索沃地区阿尔巴尼亚族不受屠杀为名，开始了对南联盟的空袭。

科索沃塞族和阿族之间的矛盾是一个民族国家内部的民族矛盾，尽管这一矛盾牵涉了外部力量（如阿尔巴尼亚）。民族事务是一个国家主权管辖范畴的事务，不应受到外部势力的干涉。科索沃地区出现的反政府运动和镇压的确造成了人道主义危机。在苏联时代，这种危机受中央集权体制的控制，没有爆发的条件。苏联解体之后，民族矛盾等原来被两极体系和东西方对峙所掩盖的非主要矛盾开始爆发和凸显。科索沃地区的人道主义危机，需要的是以联合国为代表的国际机构进行公正和真正出于国际伦理道义目的的干预和救援。事实上，在科索沃战争爆发前后，美国政府和北约早已准备介入这一地区的矛盾，以此促使巴尔干地区的地缘政治格局重新洗牌。保护人权和战争的导火索都是美国刻意寻找的借口和托词。科索沃战争从一开始就不是为了解决人道主义危机，战争也并未解决危机，反而加剧了危机。

（二）科索沃战争与干涉

早在1992年，美国总统布什就曾经警告米洛舍维奇，如果科索沃局势恶化，美国可能会动武干涉。1998年科索沃冲突不断加剧。而对于美国来说，需要寻找一个动武的合法性依据。联合国的授权既繁琐又充满不确定性，但是美国并没有完全抛开联合国。在对科索沃进行人道主义干涉的问题上，美国一直试图将联合国捆绑在美国一手打造的战车之上，甚至大有"挟天子以令诸侯"之势。1998年3月31日，在美国的强力推动下，联合国安理会通过了第1160号决议（中国投的是弃权票）。决议决定对南联盟实施禁运制裁，谴责对科索沃平民的伤害。同年9月23日，联合国安理会通过了第1199号决议。决议谴责针对一切人员的一切形式的暴力和恐怖主义，对在科索沃发生的人道主义灾难深表震惊，表示有必要防止人道主义局势的恶化，重申对南联盟主权和领土完整的承诺，应提高科索沃的地位和自治程度，通过对话和谈判寻求危机的政治解决方案。这一决议反映了南联盟的诉求和呼声，尤其是对阿族进行的恐怖主义活动的谴责。尽管如此，南联盟在国际社会中的声音极其微弱，以至于南联盟政府对事件的解释和描述既得不到传播，也得不到广泛承认。美国利用其在国际机构和新闻传播媒体中的特殊优势，大肆宣传科索沃的人道主义危机，谴责南联盟政府进行种族屠杀和清洗。经过美国政府和北约的宣传，南联盟在道义上越来越被动和失势。美国和北约集中火力攻击人道主义这一个方面，其目的就是要为后来的干涉行动（实际已筹划许久）作舆论铺垫，试图赢得道义优势，这样可以让更多的盟友坚定地站在美国一边，让美国的行动变成"正义之举"。

1999年3月24日，以美国为首的北约对南联盟开始进行大规模空袭，科索沃战争正式爆发，一直持续到6月10日。到4月中下旬，南联盟防空系统遭受沉重打击之后，米洛舍维奇开始转变态度，试图与美国和北约进行沟通和谈判。南联盟释放了3名美国战俘，并宣布从科索沃撤离一些军警。南联盟方面开始争取国际社会的同情和支持。与此同时，南联盟加紧对"科解"的打击。美国和北约则强化了对南联盟的全方位攻势。在空中打击方面加大了空袭的力度，在石油禁运的同时冻结了南联盟领导人的个人资产，并对俄罗斯进行外交游说。5月中旬，在南联盟方面依然不妥协的情况下，美国和北约开始商讨地面作战的可能性。北约在马其顿已部署了2.5万作战人员。克林顿政府表示已经作好了地面战争的准备。南联盟方面一方面奋起抵抗；另一方面也作好了各方面的准备，抵御北约可能发起的地面攻击。5月7日，美国为首的北约竟然将战火波及中国驻南联盟大使馆，一架美国B-2轰炸机向中国使馆投掷了3枚精确制导导弹，炸死3名中国记者，炸伤数十人，导致使馆馆舍严重毁损。这一严重违反国际法的野蛮行径遭到中国政府的强烈抗议和严厉谴责，引发了中国民众声势浩大的反美游行示威运动，中美关系急剧恶化。

到战争结束，北约共计动用了1000余架飞机，投掷了2.3万余枚导弹和炸弹，战争共耗费50亿美元。在为期78天的战争中，北约不仅将空袭目标对准军事设施，也空袭了电力设施、医院、桥梁、广播电视机构等民用设施，甚至难民车队也在轰炸目标之列。为了制造恐慌局面，北约甚至还空袭了贝尔格莱德附近的炼油厂和油库，造成了严重的环境污染。6月2日，米洛舍维奇接受了和平协议。6月9日，南联盟军队开始从科索沃撤离。战争导致南联盟经济发展水平严重倒退，国家处于分崩离析的边缘。高强度空袭和高精尖武器的运用，使美国为首的北约快速取得了战争的胜利；同时，也制造了1800名平民死亡、6000人受伤、100万难民的人间惨剧。

1999年6月10日，联合国安理会通过了1244号决议（中国投了弃权票），要求：南联盟停止暴力和镇压；在科索沃部署军事力量以强制执行停火；在科索沃建立临时行政当局，以使科索沃居民尽早恢复正常生活；鼓励开展人道主义救济。尽管美国的干涉造成了如此巨大和惨重的人道主义灾难，但是安理会的决议却并未对美国和北约提出什么严厉的批评，而战争爆发前决议一直对南联盟政府的暴行和人道主义危机进行谴责。这种鲜明的对比再次表明了美国强权政治的双重标准。

（三）对科索沃人道主义干涉的伦理反思

可以直截了当地说，美国在科索沃战争中的所作所为不仅没有伦理道德观，反而是在践踏人权、纵容和加剧迫害行为、制造仇恨和民族对立，为了战略目标，美国政府可以肆无忌惮地撕开其人道主义面具，利用人道主义干涉制造人道主义灾难。科索沃战争中，人们被政府和传媒的造假运动所蒙蔽，人道主义干涉成为时代的大倒退。①

1. 科索沃人道主义干涉是人道主义灾难

为了逼迫米洛舍维奇从科索沃撤军，美国领导的北约实施了恐怖轰炸，制造令人惧怕的战争气氛，击垮米洛舍维奇和南联盟军队的心理防线，营造一种北约部队已经以摧枯拉朽之势取得胜利的舆论。这种恐怖轰炸刻意选择电力系统、通信系统和交通系统。北约领导层明知这种轰炸会导致平民伤亡，可是为了制造恐怖效果，不惜将贝尔格莱德变成火海和废墟，目的就是要通过影响平民的生命财产安全和日常生活，让贝尔格莱德混乱起来，以向米洛舍维奇造成来自民众的压力。尽管战争中，有领导人对于会造成平民伤亡的民用设施是否应该成为空袭目标多次提出异议，但是最终他们还是在美国政府的坚持下妥协了。平民伤亡数量只是作为是否进行空袭的权衡要素之一，但完全不是决定因素。在北约的军事目的面前，人权已经成为笑谈。

当然，必须承认的一点是，米洛舍维奇领导下的南联盟政府在处理民族矛盾问题上存在着严重的政策失误和偏差。米洛舍维奇上台后大搞煽动塞尔维亚民族主义情绪的政治运动，加剧了塞、阿两族之间的对立。同时，南联盟政府对一些阿族力量的镇压，也确实制造了人道主义的危机，践踏了人权。第三世界国家必须从南联盟的例子中汲取教训，完善国内的法制体系和民族制度，强化不同民

---

① 肯尼、张阳：《新军事人道主义：来自科索沃的教训》，载《国外社会科学文摘》，2000年3期，第75页。

族之间的融合共生。南联盟人道主义危机的结果就是招致美国等国的军事干涉和介入，引发了更大的危机，而付出代价的是塞族和阿族的普通民众。

尽管美国政府在战前一直宣称南联盟军队迫害阿族人权，但除了战争，并未见美国政府出巨资对遭到迫害的阿族进行人道主义救援。战争结束后，面对大量难民问题和后续发生的流血冲突，也未见美国政府动用资金对相关受害者进行救援，反而是把这些棘手的难题统统交给联合国。

美国以人道主义为名，行侵略战争之实，严重违反了《联合国宪章》第一条关于禁止侵略行为的原则。以美国为首的北约，战前作了充分的舆论动员、军事部署和调动，战争期间动用了大量战机和高精尖武器，对科索沃军事设施、民用基础设施以及与战争毫无关系的设施（如医院）进行了大规模的空袭。空袭造成了巨大的人员伤亡和财产损失，使南联盟经济凋敝，国家分裂。战后美国和北约获得了在科索沃驻军的权力。这一切都是侵略战争的表现。在没有联合国授权的情况下，北约根本不具备借国际法名义对南联盟实施干涉的资格，而且当今世界真正的正义原则在国际法体系中缺位，道德往往受制于强者利益。[1]

美国对中国驻南联盟大使馆的轰炸严重违反了《维也纳外交关系公约》，制造了本不该发生的人间惨剧。不管美国政府出于何种目的，这种既违法又践踏人权的行径都是彻彻底底的制造人道主义灾难的行为。一国的驻外使馆的馆舍是其主权的延伸，不容侵犯。美国的炸馆行为严重侵犯了中国的国家主权，同时也开了一个极其恶劣的先例。美国正在为这个先例付出代价。当今世界，全球各地

---

[1] Allen Buchanan, "From Nuremberg to Kosovo: The Morality of International Illegal Reform," *Ethics*, vol.111, no.4, 2001, pp. 701-703.

的反美主义运动(包括激进的武装攻击和导弹袭击)开始把美国驻外使领馆作为靶子。

美国为一己之私利,刻意寻找借口,操纵国际舆论,对别国主权进行肆意践踏,是对国际社会公认的主权原则的严重挑战。科索沃战争证明了霸权主义和强权政治是残酷行为和不人道行为的温床,是人道主义灾难的罪魁祸首。多极化目标和国际政治经济新秩序,应当建立在反霸权和反强权基础上,第三世界若想获得稳定和有利的发展环境,防止霸权国肆意在本国制造人道主义灾难,必须增强自己的经济、科技等实力,提升国内治理的水平,并与其他第三世界国家联合起来共同遏制霸权主义。

2. 被置于伦理道德之上的美国战略需要

在美国政府看来,美国的战略需要高于伦理道德。国际伦理即便拥有普世性,也是为美国价值观和利益服务的工具。美国领导人在各种国际场合所兜售和宣传的那些价值理念和道义精神,都被科索沃战争所暴露出来的真实目的戳破。

冷战结束后,美国失去了头号劲敌苏联,"一超多强"的世界格局下,缺乏对美国的制衡和束缚。在原来的冷战体制下,世界上任何一个地方发生的战争都会搅动整个世界,两极时代结束后,美国可以干涉一些局部问题,而不必担心会引发全球后果。[1]巴尔干地区与欧洲、俄罗斯都有着千丝万缕的联系,具有十分重要的地缘战略地位。美国如果能将其军事力量部署在科索沃,就可以在欧洲事务和北约东扩问题上拥有更大的主动权,同时也可以近距离遏制俄罗斯,蚕食俄罗斯的传统势力范围。科索沃战争前,谈判之所以破裂,最主要的原因就在于米洛舍维奇拒绝北约军队部署在科索沃

---

[1] Seyom Brown, *The Illusion of Control: Force and Foreign Policy in the Twenty-First Century*, Washington, D.C.: The Brookings Institution, 2003, p11.

地区。米洛舍维奇深知，一旦接受这一条件，就意味着科索沃将成为脱离南联盟的一块事实上的美国控制下的地带，南联盟将丧失对科索沃的主权。而谈判过程中，美国和北约以不容辩驳的口吻要求南联盟必须接受这一条件，否则就动用武力。可见，科索沃战争的根本目的并不是为了保护阿族的人权，而是美国在科索沃的军事部署和对科索沃的军事控制，美国的强硬立场表明，其战略需要就是要凌驾于国际伦理道德之上。

国际干涉只有联合国安理会授权下才具有合法性，美国为了避开安理会机制下的复杂性和不确定性，既利用联合国又绕开联合国。利用联合国安理会的决议，强行将自己的意志变成国际意志，把安理会变成其宣传炒作的工具。中国在安理会中所投之弃权票，就是对美国这种利用并架空联合国做法的不满和反击。在联合国1244号决议问题上，中国代表给出弃权票的原因就是，这个决议对美国和北约在科索沃的空袭所造成的人道主义灾难视而不见，没有任何话语对美国和北约进行批评和谴责。科索沃战争严重削弱了联合国的国际权威性和声誉，极大地侵蚀了联合国多年来通过维和和参与全球治理所积累的影响力。联合国变成美国玩弄权力政治的舞台。

科索沃战争是美国推行"人权高于主权"理念的一次实践。但是这一理念本身就不是美国政府真正的国家理念，只不过是宣传口号而已。一个连主权都丧失殆尽的国家，如何通过政府保障国民的人权？如果外部力量的介入可以超越主权而保护人权的话，美国为何不在种族屠杀和清洗最严酷的国家进行保护人权的大规模实践？而偏偏纠集北约盟友耗费巨资关注科索沃这个地区的人权？既然"人权高于主权"，为何不见美国政府对其盟友国内的人权问题横加指责，偏偏对第三世界国家指手画脚，充当世界警察？

美国的战略需要远远不止控制科索沃和在科索沃部署军队这么简单。1999年1月1日，欧元正式发行，成为欧洲一体化运动又一个具有划时代意义的成果。欧元作为超国家货币，严重冲击了美元的全球霸权。科索沃战争的最终结果证明，美国暗藏着阻击欧元的目的。由于巴尔干与欧洲发展和安全密切相关，科索沃战争爆发后，对欧洲安全形势的担忧导致欧元对美元的汇率下跌，国际市场对欧洲的信心下降；相反，寻求避风港的国际资本大量涌入美国。科索沃战争不仅实现了美国的军事目的，也在某种程度上完成了经济和金融目的。借人权的旗号对一个主权国家狂轰滥炸，并最终让主权国家分崩离析，这是美国在科索沃战争中的所作所为。

3.战争阴谋和虚假的人道主义

从战争的整个进程来看，美国和北约早有预谋。战争以人道主义说辞开始，以人道主义论调结束。米洛舍维奇作为苏联解体后少见的依然在任的布尔什维克领导人，是美国政府的眼中钉。在美苏两极时代，美国无法将力量有效渗透到东欧地区，无法左右东欧国家领导人的更替。但苏联解体之后，美国就开始了对东欧国家的强力渗透。美国政府一直在寻找合适的时机和借口给米洛舍维奇扣上一项罪名，并在全球范围广而告之，让他成为国际社会千夫所指的"罪人"，并打着为了南联盟和科索沃福祉的旗号进行所谓的基于人道主义目的的干涉。欧洲安全与合作组织驻科索沃观察团的团长沃克尔就是美国人，科索沃战争的导火索也就是美国和北约发动战争的最主要的借口，就是沃克尔宣称发现了45具阿族平民的尸体。塞尔维亚政府邀请了诸多国际机构和专业法医进行了鉴定，这些人都是身着便衣的阿族武装分子。美国和北约抓住这个借口不放，极力在国际社会上进行鼓吹和炒作，制造迷惑人的假象，可谓为了发动侵略战争不择手段。美国的这一举动与2003年伊拉克战争如出一辙。当时美国政府宣称伊拉克拥有大规模杀伤性武器，并以此作为"道德"借口悍然绕开联合国发动了战争。然后，战争硝烟过后，包括国际原子能机构在内的国际组织调查的结果显示，并没有充足的证据证明伊拉克拥有大规模杀伤性武器。为了实施战争的阴谋，美国想方设法制造虚假的人道主义干涉借口，屡次挑战国际社会的常规认知，严重破坏了法治精神、道义基础和社会共识。

美国政府深知"科索沃解放军"是一个作恶多端的犯罪组织，杀掠、强奸、走私、贩毒，无恶不作。但美国中央情报局依然保持与该组织的密切联系，通过"科解"获取南联盟军事情报。在"科解"与南联盟政府军对峙并节节溃败之际，美国政府出动轰炸机对"科解"进行救援。这也和美国在世界各地曾经扶植过的一些声名狼藉的组织有着相似之处。这些组织在美国认为有利于国家利益时就被拉拢过来作为美国的"马前卒"，一旦失去利用价值，美国政府就会义正辞严地宣布这些组织为非法或者为恐怖主义组织。美国不顾国际伦理道德，与罪恶深重的非法组织相勾结，以共同完成其军事目标，再度证明了其所谓的人道主义原则和目的的虚伪性。

4. 科索沃战争与人道主义干涉的恶果

科索沃战争后，科索沃由联合国托管，名义上塞尔维亚拥有对科索沃的主权，但是科索沃的独立倾向越来越明显。2003年南联盟更名为塞尔维亚和黑山。2006年黑山独立，科索沃从法理上归属于塞尔维亚。2008年科索沃宣布独立，得到包括美国在内的众多国家的承认。塞尔维亚坚决反对科索沃独立。中国等国家不承认科索沃的主权。2012年，美欧25个国家组成的指导小组宣布结束对科索沃的监督。科索沃宣布独立不过是美国和北约重新布局巴尔干的一个环节而已，科索沃变成美国和北约的一个战略棋子。但是，科索沃战争不仅没有给科索沃带来和平和安宁，反而使问题变得更加复杂。一方面科索沃地区长期腐败，治理能力低下，贩卖人体器官、有组织犯罪、暗杀等问题依旧存在，并且在缺少塞尔维亚政府严厉打击的情况下，这些问题会变得更加失去控制；另一方面，还有少量塞族生活在科索沃，塞、阿两族的流血冲突并没有停止。科索沃有变成治理真空地带的风险，将会成为周边各国的各种危险势力藏匿和进行训练的隐藏地。

科索沃战争成为阿族和塞族难以忘记的战争创伤，战争的痛苦记忆和失去亲人的悲惨遭遇将严重激化本已长久存在的民族矛盾。科索沃战争使塞、阿两族的民族仇恨雪上加霜，民族和解之路遥遥无期。而且只要有一点风吹草动，塞、阿两族之间的旧仇加新怨就会喷薄而出，形成大规模的冲突，人道主义灾难时有发生。比如2004年3月17日，有传言说塞族人用狗追逐一群阿族少年，导致他们坠河身亡，结果引发阿族的强烈抗议，焚毁了数百座房屋和教堂，塞族和阿族的暴力冲突导致19人死亡、900余人受伤。

从被干涉到自行宣布独立，近20年时间里，科索沃的前途几乎都掌握在以美国为首的北约手中。科索沃成为现代世界历史中一个典型的负面案例，即一个主权国家的一部分地区，在外部势力的干涉之下，从这个主权国家堂而皇之地独立出去。为了满足美国的战略野心，美国政府不惜人为制造民族分裂，加剧民族纷争，架空别国主权，将别国领土变成自己的势力范围。

美国和北约在科索沃实施的所谓人道主义干涉，是彻头彻尾的战争行为，和人道主义的宗旨相背离。而且，滥用人道主义名义成为对别国进行侵略的惯用手段。第三世界总体来说经济发展水平不高，国内的各种社会问题一旦演变为暴力冲突，就有可能被美国等西方国家拿来炒作，制造和发动下一次"科索沃战争"。美国的国际伦理道德观昭然若揭,所谓的美式民主和价值观,只不过是在为谋取国家私利做掩护。

四、西方国家对利比亚的人道主义干涉

利比亚战争是西方人道主义干涉的又一次"实践"。西方国家借鉴了以往干涉的经验教训。在战争合法性方面,有了更加充足的准备和更加缜密的筹划。在这次干涉中,人道主义的旗帜同样被西方国家高举,所不同的是,它们在联合国安理会中通过玩弄文字游戏获得发动战争的法理支撑,而不像以往那样抛开联合国。但是不管怎样,对联合国安理会决议的滥用同样无法遮盖在利比亚的人道主义干涉的本质,同样无法真正获得合法性。

(一)从内战到利比亚战争

2011年前后的利比亚实际上是"堡垒从内部坍塌"的一个典型。卡扎菲从1969年推翻亲西方的利比亚王国开始到2011年,已经统治利比亚长达42年。作为石油输出国,利比亚并没有把巨额的石油贸易收益转化为利比亚人国计民生的福利和国民经济的良性发展。相反,利比亚成了卡扎菲及其家属和有裙带关系的人士"掘金"的"天堂",卡扎菲本人从中谋取了大量的财富。腐败、政治独裁、对政治异己者的残酷打压,以及各种暗杀和屠杀,使利比亚人对卡扎菲政权的仇恨已经逼近极限。

2011年2月16日开始,利比亚各地相继爆发大规模游行示威活动。示威者指责卡扎菲政权腐败,利比亚人民民不聊生,示威活动从利比亚第二大城市班加西开始爆发,逐渐形成全国范围的声势

浩大的"倒卡扎菲"运动，首都的黎波里也出现了抗议的浪潮。这些抗议示威最终演变为政府与反政府力量之间的内战。反对派成立了"全国过渡委员会"。反对派的政治诉求很明确，就是要实现民主变革，推翻卡扎菲的独裁统治，建立一个民主的利比亚政府。面对来势汹涌的"倒卡"运动，卡扎菲下令对抗议者进行炮击，并用机枪进行扫射，这种残暴的镇压直接导致五日内就有300人死于卡扎菲政权的枪炮之下。国际社会对此一片哗然，国际机构和一些国家纷纷谴责利比亚屠戮国民的暴行。2011年2月26日，联合国安理会通过决议，对利比亚实施制裁。卡扎菲政府于同年3月初开始对反政府军进行强力武装打击，并从3月中旬到下旬，挺进班加西，双方发生激烈交战。同年3月，北约发动了代号为"奥德赛黎明行动"的军事打击，内战转变为利比亚政府与外部大国之间的利比亚战争。从3月19日开始，法国、美国和英国等国家开始军事介入并对利比亚政府军进行打击，一轮接一轮的空袭使战事朝着有利于反政府军的方向发展，反政府军接连攻下数城。在政府军强力回击下，逐渐恢复了政府军在战争中的优势地位。在北约空袭之下，利比亚政府宣布可以谈判，但前提是卡扎菲必须继续担任领导人。而反对派则强调卡扎菲必须交出领导权。3月底，北约开始接管军事行动。反对派在3月底遭到政府军的强力回击，一度处于溃败的边缘。北约加大了对政府军的空袭打击力度，对反对派进行军事上的支持。4月初，南非、刚果、马里等国的领导人进行了斡旋，但政府军和反对派的军事对峙依然十分激烈。西方国家眼看反对派无力招架政府军的打击，就开始对反对派提供资金支持，并加大空袭力度。反对派在北约的配合和大力支持下，开始逐渐掌握战争的优势。8月21日，反对派攻入首都的黎波里。10月20日，卡扎菲被枪杀，利比亚战争结束。

在利比亚战争中，法国扮演了"急先锋"的角色。法国在利比亚尤其是班加西有较多的石油利益。法国石油企业在利比亚有数十亿美元的投资。利比亚牵涉到法国的海外利益。利比亚对法国具有独特的能源安全和地缘政治价值。法国是利比亚的前宗主国，对于殖民时代留下的势力范围，法国政府不想轻易放弃。萨科齐上台后，大力推动建立"地中海联盟"，试图重振法国在非洲的国际影响力。但是卡扎菲明确反对这一计划，并拒绝参加该联盟2008年的首次峰会。萨科齐政府认为卡扎菲是其"重返非洲"战略的障碍。卡扎菲政府独断专行，法国根本无法掌控，因此推翻卡扎菲政权符合法国的战略需要。利比亚内战和国内流血冲突给了法国实施干涉一个难得的"良机"。

利比亚战前是全球第九大产油国和非洲第一大产油国，其石油资源具有重要的国际影响力，并且，其在阿拉伯世界的号召力让美国非常焦虑。卡扎菲旗帜鲜明地反美，严厉批评美国政府的殖民主义和霸权主义，而且还鼓励阿拉伯国家团结起来，一起反对美国的压迫。在美国政府看来，卡扎菲一日不除，美国在中东就一日不得安宁，因此美国政府也抓住此次机会除之后快。但是由于小布什时期穷兵黩武的军事扩张政策不得人心，再加上美国政府遭遇"财政悬崖"，因此美国迟迟未率先实施打击，法国迫不及待地打响了利比亚战争的"第一枪"。

利比亚的内战之所以能逐步升级并被国际化，与西方国家的渗透有着密切的关系。无论是科索沃还是利比亚，反政府力量都不堪一击。西方国家为了实现颠覆一些中东国家政权的目的，对反对派暗中给予支持，鼓动他们与政府尖锐对立。打着反独裁的旗号，可以赢得更多的中东国家民众的支持，于是西方国家就将舆论矛头对准卡扎菲的专制，进行大张旗鼓的国际宣传。2010年底的突尼斯和利比亚的局面异常相似。突尼斯国内爆发了针对失业、政府腐败和高物价的游行示威和罢工活动，街头运动最终演变成反本·阿里政权的运动，最终政府被推翻，政权发生了更迭，这被西方称为"茉莉花革命"，并由此拉开了所谓的"阿拉伯之春"的序幕。埃及、利比亚、也门、巴林、叙利亚都爆发了类似的抗议示威活动。这一席卷阿拉伯世界的反政府浪潮，固然有因为美国次贷危机的连锁效应所造成的阿拉伯国家经济衰退的原因，也有一些阿拉伯国家国内真实存在的腐败和独裁等问题。但是历史为何如此巧合？西方国家在"阿拉伯之春"中扮演了极其不光彩的角色。西方国家通过纸质媒体、广播电视和互联网大肆煽动中东国家的反政府运动，甚至美国国务院的官员会主动在互联网中与中东国家的意见领袖接触，向他们发号施令，鼓动他们发起大规模的反政府游行示威。美国全国民主基金会等组织向阿拉伯国家的反政府力量提供了资金援助。有了美国做强大的"后盾"，原本孱弱的反政府力量摇身一变，成为在中东国家呼风唤雨的一股势力。利比亚国内的动荡，很大程度上受到突尼斯国内变局的影响。在西方媒体疯狂炒作下，利比亚民众开始效仿突尼斯群众运动，在西方国家支持和怂恿下，这种反政府运动愈演愈烈，变成内战。这恰恰是西方国家想要看到的结果，根本不顾这种政府与反政府力量的对决会造成多少人丧生和受伤，会导致多少历史文物和建筑被毁坏、多少妇女儿童的权益会受到侵害、多少家庭被肢解，会引发多大规模的暴力冲突。从战争没有爆发之时，西方国家卑劣的企图和极其不人道的动机就开始显现出来，注定了西方国家的干涉是与人道主义精神完全相悖的行为。

（二）联合国决议及其争议

在英、法联合推动下，安理会通过关于利比亚的决议。2011年

2月26日，联合国安理会通过了第1970号决议，谴责对平民实施的暴力和武力镇压，认为利比亚国内发生的侵犯人权的事件可构成危害人类罪，重申对利比亚主权、独立和领土完整的承诺，将利比亚问题移交国际刑事法院，对利比亚实施武器禁运、旅游禁令和资产冻结等。3月17日，安理会通过了第1973号决议（投票结果是10票赞成、5票弃权），除了再次重申第1970号决议的大部分内容之外，批准在利比亚设立禁飞区，禁止在利比亚领空的除基于人道主义保护目的或对利比亚人民有益之必要飞行以外的一切飞行。决议通过后法国就迫不及待地对利比亚开始了空袭。

这一决议的出台让有的人高呼这是保护人权的里程碑事件，[①]决议为外交无效条件下快速有效的人道主义干涉提供了一个先例，扫除了法律和执行的障碍。[②]但第1973号决议只是允许在利比亚设立禁飞区，并没有授权西方国家对利比亚进行空袭，这项决议从本意上讲根本无法成为西方人道主义干涉的法理依据。西方国家急于推动决议的产生，实际是在为赤裸裸的侵略战争作铺垫，形成国际舆论优势，并裹挟联合国和其他支持联合国权威的国家，使它们共同反对卡扎菲政权。西方国家这一次可谓精心筹划和部署了对联合国的"欺骗性利用"。在决议通过后，西方国家的所作所为完全超越了决议的内容，实际是在滥用决议。利比亚政府发表声明，指出由于利比亚19日遭到空袭，1973号决议已经被超越和违反，故决议已经失效。非洲联盟3月19日发出抗议，指责西方国家滥用决议并会造成新的人道主义灾难。非盟主张用和平谈判的方式解决冲突，

[①] Luke Glanville, "Intervention in Libya: From Sovereign Consent to Regional Consent," *International Studies Perspectives*, vol.14, no.3, 2013, p325.

[②] Paul R. Williams and Colleen (Betsy) Popken, "Security Council Resolution 1973 on Libya: A Moment of Legal & Moral Clarity," *Case Western Reserve Journal of International Law*, vol.44, no.1, 2011, p226.

反对动用武力。实际上，非盟在调解过程中所提出的主张恰恰是最接近人道主义基本精神和实质的。非盟主张保护平民的生命和安全，确保人道主义援助的畅通，开启对话和和解，满足人民所提出的诉求。俄罗斯对西方国家超出决议范围，使用军事力量对利比亚进行打击表示遗憾。俄罗斯主张相关国家应该停止对武力的滥用。印度也表达了和俄罗斯相似的观点。委内瑞拉总统查韦斯认为北约的行动是违反国际法的军事入侵，是不负责任的战争行为。

1973号决议被滥用造成了一系列恶劣的国际后果。一方面，联合国安理会决议的权威性受到挑战和质疑。西方国家利用决议文本大搞文字游戏，利用道德说辞对联合国进行绑架，以此推动决议通过。而在决议通过后，却擅自对决议进行"想象"和"联想"，把决议根本没有规定的内容衍生出来。这种行为让世界各国认识到了西方国家在安理会中的欺骗性。他们只不过把安理会作为一个"政治洗白"的工具，之后就假借安理会名义为所欲为。另一方面，禁飞区将成为一个极具争议的问题。从禁飞区本身的定义来看，它是一个限制性的区域，而不是一个进攻性的区域，联合国所倡导建立的禁飞区是基于人道主义和维护和平考量的"和平区域"，而不是对别国领空的入侵和非法占领，更不是发动战争的"根据地"。利比亚禁飞区是一个失败的先例。国际社会在禁飞区问题上产生诸多争执。比如，阿盟就向美国政府提出，鉴于以色列军队和巴解组织之间的冲突所造成的人道主义灾难，应当在加沙地带建立禁飞区。但是很显然，一直以"双重标准"作为行事准则的美国不会答应这样的要求，因为这会对其盟友以色列造成束缚。

西方国家对安理会决议断章取义式的解读和运用，实际上是对决议的严重破坏和违反。联合国决议中反复强调尊重利比亚的主权和独立，但是西方国家的干涉直接侵蚀了利比亚的主权，干涉的过程和结果都使利比亚无法独立地对本国事务进行管辖，利比亚人民也无法独立地左右自己的政治改革和民主改革，利比亚也无法独立地像其他国际社会的成员那样在国际舞台上发声和行事。对于决议强调的主权原则，西方国家视若罔闻，可偏偏对禁飞区这一条青睐有加并大肆歪曲利用。

（三）干涉后的利比亚

美国和法国等西方国家通过这次干涉，并不是要还利比亚一个"保护人权"的清朗世界，而是要在推翻卡扎菲政权之后建立一个亲西方的傀儡政权，从而在利比亚可以最大限度地满足它们的能源需求和政治图谋。战后的利比亚百废待兴，困难重重，国民经济严重倒退，国内纷争和流血冲突没有停止的迹象，没有卡扎菲的利比亚并未像被西方煽动而上街游行的民众所想象的那样美好，甚至情况更加糟糕。

干涉给利比亚的经济造成了致命的打击。据统计，2011年的军事冲突给利比亚带来至少500亿美元的经济损失。西方国家在这次干涉中总共耗费了1000亿美元。利比亚曾经是非洲最富裕的国家，人均GDP在2008年一度突破1万美元，然而战争后的利比亚成为全球经济衰退最快的国家之一。即便经过五年的战后重建和恢复，据国际货币基金组织（IMF）统计数字显示，2016年利比亚人均GDP也仅为5193美元。国民财富大幅缩水，利比亚人的生活质量严重下滑。干涉使利比亚的国际地位急速下跌，利比亚已经不再是中东地区举足轻重的国家。当今的利比亚已成为西方国家的政治附庸和西方国家瓜分利益的场所。一旦西式民主能在利比亚站稳脚跟，那么西方国家就会通过建立的傀儡政权，实现其在石油和政治安全等方面的战略利益，并以利比亚为根据地完成对中东地区的进一步控制；同时还会试图将利比亚国内发生的变革嫁接到其他中东国家，促成其他国家的"颜色革命"。如果利比亚国内继续发生部落纷争、派系冲突和恐怖主义，导致局势越来越恶化，那么西方国家就会设法尽快从利比亚抽离出来，避免在利比亚耗费过多的军事力量和资金，残留的"烂摊子"都会交给联合国等国际组织来处置。对西方国家来说，在利比亚有利可图就试图将其改变成亲美政权，如果风险和麻烦远远超过了利益，那么它们就会毫不留情地将利比亚抛开。至于干涉所造成的持久的伤害和灾难，西方国家会寻找各种说辞，将责任推得干干净净。无论是阿富汗还是伊拉克，美国等西方国家都是沿着这条不道德的路径行事，将功利主义发挥到极致，严重破坏全球公认的国际人道主义精神和准则。

（四）对西方国家在利比亚的人道主义干涉的伦理反思

有西方学者运用所谓的"正义战争指数"来衡量利比亚干涉的正义性，提出总体上看利比亚战争是正义的。该指数包含以下几个方面：正义理由、正确意图、净收益、合法授权、武力是否作为最后手段、渐进地使用武力、正当地使用武力。[①]虽然表面看起来有点"科学性"，然而其在进行分析和评估时，对卡扎菲、对利比亚反对派的屠杀和镇压大书特书，对北约造成的利比亚平民伤亡和利比亚经济的全面衰退轻描淡写。这一结论也就不足为信了。这种指数本身就蕴含了观察者很强的价值判断，无法客观、公正。

从干涉动机和反映的理念来看，除了"人权高于主权"之外，西方国家对利比亚的干涉还暗含着另外一种理念，即西方国家的内部事务高于别国人权，也高于别国主权，这是对国际伦理道德又一

---

① Andrew Wedgwood and A. Walter Dorn, "NATO's Libya Campaign 2011: Just or Unjust to What Degree?" *Diplomacy & Statecraft*, vol.26, no.2, 2015, pp.341-362.

个挑战。法国和美国既利用利比亚战争实现地缘政治和能源利益，同时也将各自国内事务置于别国人权和主权之上。对于萨科齐来说，紧迫的国内事务就是他个人在2012年大选能否连任的问题。在利比亚战争之前，萨科齐的支持率十分低迷，并有持续下跌的趋势。为了重新塑造政治强人的形象，打造作为欧洲领袖甚至是全球领袖的形象，萨科齐孤注一掷试图借利比亚战争力挽狂澜。为此，萨科齐政府不惜出动"戴高乐"号航空母舰参战，投入巨额军事开支对利比亚进行空袭。萨科齐个人的野心和法国内部的选举事务被置于高于利比亚人的人权之上，高于利比亚主权之上。在政治资本的诱惑面前，那些战争中无辜丧生的生命对萨科齐政府来说无足轻重。但是事与愿违，萨科齐在2012年总统大选中失利。尽管法国取得了胜利，但是这场战争在法国引发的争论越来越朝向批判萨科齐的方向发展。美国亦是如此。美国政府在战前依然没有从2008年国际金融危机的阴影中摆脱出来，国内经济发展面临严峻的挑战。利比亚战争让美国政府转移了国内公众的视线，削弱了美国国内公众对政府的巨大压力。无论是"出政治风头"还是转嫁国内危机，把自身国内事务凌驾于别国人权和主权之上，何谈人道主义保护？无论怎样进行舆论和宣传的包装和粉饰，随着历史真相的揭开，这种严重有违伦理道德的行为将成为西方国家对外政策历史上的污点。

从法理上看，西方国家对利比亚的干涉违反了《联合国宪章》中不干涉别国内政的原则。利比亚国内反对派和卡扎菲政府之间的矛盾和冲突，本质上讲属于利比亚内部事务。北约并没有充足的证据表明外部武力介入是"最后的手段"。北约对反对派的支持直接违反了《联合国宪章》的基本精神。此次干涉无法定义为履行"保护的责任"。况且，如果以所谓的保护人权的理由出兵利比亚是合理合法的，那为什么北约不出兵某些真正陷入人道主义危机的国家？谁又来为北约对《联合国宪章》的破坏和犯下的战争罪行买单？[1]北约在利比亚的干涉行为违反了《联合国宪章》禁止使用武力的原则，"保护的责任"不可超越《联合国宪章》的规定。联合国只是授权设立禁飞区和保护人权，但是并没有授权动武，北约的干涉是违反国际法的行为。[2]有人提出，尽管北约支持反对派，但反对派在攻占重要城市时并未遭遇平民的抵抗，说明卡扎菲的极权统治早已被利比亚人民抛弃。[3]这是一个很奇怪的论调。游行示威和有组织的战争是两个不同性质和烈度的对抗。利比亚人针对卡扎菲的游行示威只是表达他们对政府的不满，但不意味着非武装的抗议者要与政府军作战。同样的道理，反对派进入攻占的城市，手无寸铁的利比亚平民也没有理由与反对派作战，因为这是国内纷争。再加上北约在空中的狂轰滥炸和对反对派的支持，让毫无反空袭装备的利比亚平民无法进行反击北约的抵抗。这根本与战争的合法性毫无关系。

从干涉的过程来看，西方国家在利比亚的人道主义干涉严重侵蚀了国际伦理道德标准，一边宣扬人道主义却一边实施着侵犯人权和荼毒生命的行径。战争开始后，双方都会进行舆论动员。西方国家通过宣传机器不停地刻画卡扎菲的独裁者和暴君的形象，而对卡扎菲执政时期利比亚所取得的发展成就以及利比亚人所拥有的相对

---

[1] Alexandra T. Steele, "One Nation's Humanitarian Intervention is Another's Illegal Aggression: How to Govern International Responsibility in the Face of Civilian Suffering," *Loyola of Los Angeles International and Comparative Law Review*, vol.35, no.1, 2012, pp.101-102.

[2] Jeffrey S. Morton and Paola Hernandez Ramos, "The Legality of the North Atlantic Treaty Organization's Intervention in Libya," *International Journal of Interdisciplinary Social Sciences: Annual Review*, vol.10, no.1, 2015, p21.

[3] Stephen Zunes, "Lessons and False Lessons From Libya," *Peace Review*, vol.25, no.4, 2013, pp.590-594.

和平与稳定的发展环境完全无视。卡扎菲方面则谴责西方国家是霸权主义和明火执仗的军事入侵，他号召利比亚人团结起来，同仇敌忾。必须承认的一点是，无论是战争前、战争期间还是战后的今天，卡扎菲都拥有数量巨大的支持者，在相当多的民众中拥有较高的威望。因此，一些追随和支持卡扎菲的利比亚人，奋力回击反对派，抵抗西方的干涉和侵略。2011年6月18日，卡扎菲发表了讥讽北约的讲话，宣称北约将被利比亚人民击垮。结果北约发动的空袭针对的对象竟然转移到那些支持和拥护卡扎菲的平民。卡扎菲严厉谴责西方国家炸死炸伤利比亚平民的行为。轰炸有时成了暗杀行为。同年6月，北约针对一位利比亚官员的住宅实施了4次轰炸，导致15人死亡，其中有3名是儿童。北约的所谓干涉同惨绝人寰的战争贩子行径毫无二致。

　　从干涉的手段看，西方国家对利比亚的军事设施、通信设施和电视台等机构进行了空袭。空袭这些目标只为了逼迫卡扎菲妥协下台，让利比亚"改朝换代"，而不是为了保护利比亚人民的人权。这些空袭造成了大量无辜平民的丧生。就连有的美国学者也认为，北约的空袭与保护人权的目标是不一致的，北约的行动只是为了推翻卡扎菲，而不只是为了停火，甚至不考虑行动是否增加了对利比亚平民的伤害。北约还轰炸了卡扎菲的老家苏尔特，然而苏尔特是支持卡扎菲的地区，政府并没有什么针对当地人的屠杀。北约对反对派的支持激化了冲突和战争，导致更多无辜平民在战争中受到伤害，这与联合国安理会授权的宗旨是相违背的。[①]如果是为了人道主义保护的目的，法国为何不把庞大的军费开支换成对利比亚难民和被迫害而流离失所的利比亚人的人道主义救助？不仅如此，

---

① Alan J. Kuperman, "A Model Humanitarian Intervention? Reassessing NATO's Libya Campaign," *International Security*, vol.38, no.1, 2013, pp.113-114.

北约对利比亚的空袭还摧毁了诸多纯粹的民用设施。卡扎菲政府曾花费400亿美元的巨资建造了著名的人工河，可从南部沙漠地下抽水并运送到沿海城市，解决工农业用水需求。这项工程利国利民，被誉为"第八大奇迹"，却被北约炸毁。耗资600亿美元的居民免费住房工程的在建房屋都被北约炸成废墟。西方人道主义干涉其实一直遵循着这样的发展轨迹：先是操纵舆论博取国际社会的支持，将相关国家或者领导人塑造成"刽子手"和"人间恶魔"，然后开始以此为借口进行武力干涉。一旦干涉启动，就将伦理道德全部抛到脑后，把干涉变成彻彻底底的战争。人道主义干涉不仅未保护人权，不仅走向了"保护的责任"的反面，还成为摧毁人类文明遗产和侵犯人的生命财产安全的罪恶行径。

　　从干涉结果看，利比亚战争后，国内局势依然动荡不安。西方国家在利比亚的干涉并不是像被渲染的那样是一个"保护的责任"的成功实践；相反，"保护的责任"不适合成为保护人权的概念基础。①干涉不仅没有保护利比亚人的人权，反而造成了具有长期影响的负面后果。有的人认为，一些国家的国民遭受国家恐怖主义，他们渴望基于"保护的责任"的外部干涉。②卡扎菲在国内实行的极权统治固然应当被批判，但是谁来为外部干涉给利比亚带来的政治、经济和社会灾难负责？北约的行为算不算是打着正义旗号侵略别国的集体恐怖主义？谁来聆听那些对干涉深恶痛绝和被干涉肢解的家庭和罹难家属的呼声？部落冲突、武装力量的冲突、宗教势力与世俗势力的冲突，以及恐怖主义的猖獗，都使利比亚陷入混乱，

---

① D. Berman, C. Michaelsen, "Intervention in Libya: Another Nail in the Coffin for the Responsibility-to-Protect?" *International Community Law Review*, vol.14, no.4, 2012, p338.

② Tim Dunne and Jess Gifkins, "Libya and the State of Intervention," *Australian Journal of International Affairs*, vol.65, no.5, 2011, pp.526-527.

再加上利比亚各种权力机构之间的矛盾和对立，使国内治理面临巨大的难题和困境。利比亚看似按照西式民主模式进行着政治改革，但是独裁的倒台和民主的到来并没有给利比亚带来福祉。国民议会的选举，成了伊斯兰宗教派武装力量和世俗派武装力量之间格斗的导火索，各式各样的民兵武装也参与两派之间的争斗。2014年，由于利比亚内乱，许多国家关闭了驻利比亚的大使馆。一些外国公司也从利比亚撤出。满目疮痍的利比亚正在到处发生着人道主义的悲惨景象。单单是首都的黎波里西郊就有数量高达8万的无家可归者。到了2015年，仍有40万利比亚难民颠沛流离。利比亚人也无法想象，他们所憧憬的西式民主，竟然连缺医少药的问题都应对不了，甚至一些被安置的利比亚人连遮风挡雨的最基本需求都无法得到满足。

从干涉的国际影响看，西方国家在利比亚的干涉造成了多方面的负面伦理影响。其一，联合国的国际声誉、地位和在国际道义方面的影响力受到削弱。不容否认联合国作为一个多边机构，其总体宗旨和出发点是基于人道主义目标的。但是西方国家串联起来，在联合国安理会怂恿推动有利于它们进行舆论动员和宣传的决议获得通过，并且在通过之后还蓄意歪曲利用决议，擅自扩大决议的"授权"。这使联合国安理会的国际威信受到严重削弱。有人宣称，安理会第1973号决议，可以形成对极权政府的威慑，可以让其意识到如果恣意侵犯本国公民的人权，就有可能遭受外部干涉。[1]这种观点不仅幼稚而且十分危险，这等于是希望借助联合国的力量让第三世界随时敞开大门，欢迎西方国家打着各种名义和幌子的侵

---

[1] Bruno Pommier, "The Use of Force to Protect Civilians and Humanitarian Action: the Case of Libya and Beyond," *International Review of Red Cross*, vol.93, no.884, 2011, p1082.

略。西方国家随便找个借口或者对某个事件进行舆论炒作，就可以利用对国际舆论的操控轻易地给某个国家贴上"不人道"标签，缺乏有效的国际监督。其二，干涉造成了一个恶劣的国际先例。这次干涉与以往的干涉不同，在联合国框架下获得了某些支持，但西方国家对其他国家进行了欺骗，其真实作为早已背离决议的内容。这种以联合国为幌子的干涉行为极大地扰乱了国际舆论，引发了国际社会的广泛争论，使国际社会在伦理道德方面陷入了巨大的价值观冲突。其三，干涉为未来的国际冲突埋下隐患。相对于世界大战和局部战争来说，干涉的成本相对较小，因为是披着合法外衣的若干国家联合起来欺凌一个中小国家，这种战争获胜的概率大大提高，可谓成本低收益高。利比亚一战使中东地区充满不确定性和安全风险，这些风险不是来自一个国家内部的骚乱，而是美国等西方大国的肆意妄为。

五、叙利亚内战中的人道主义干涉

在近年来的国际问题分析中，"失序"经常被用于描述当今国际秩序转型过程中出现的动荡和混乱。在众多动荡地区，中东地区正是全球失序最为严重的地区之一，而叙利亚内战正处于中东地区失序的"风暴眼"，给国际秩序带来巨大冲击。这场内战延续了七个年头，造成了严重的人道主义危机，导致了中东地区主权国家秩序和地区秩序的错乱。从国际安全的视角来看，这场被称为"微型世界大战"、严重国际化了的内战，其血腥程度已经远远超过冷战结束后的南斯拉夫内战，成为本世纪战争的"血腥样板"。

(一) 叙利亚内战及其引发的人道主义危机

处于中东肥沃新月核心地带和盛产玫瑰的天堂之国——叙利亚，是连接欧、亚、非三大洲的枢纽，曾经创造了辉煌灿烂的伊斯兰文明，对人类文明作出过重要贡献，成为早期中西方文明交流的桥梁。天堂越美，觊觎者就越多。历史上，叙利亚屡遭外敌入侵。近代以来，在以美国为首的西方国家对中东阿拉伯分而治之，以及一战和二战的反殖民统治与民族解放运动中，叙利亚得以独立建国。冷战时期，叙利亚一直是美国、苏联在中东地区争夺的重要对象，也是中东问题的核心之一，始终处在欧美的制裁与威胁之中，并成为阿拉伯国家、以色列中东问题的主要国家之一，长期与以色列处于战争状态。由于长期受到外部制裁和战争威胁，叙利亚经济与社会发展缓慢，在"阿拉伯之春"大潮席卷之下，爆发了内战，并很快吸引了众多地区国家的参与，美、俄等大国也纷纷卷入，尤其是"伊斯兰国"恐怖组织（ISIS）乘乱崛起，给叙利亚人民带来了深重灾难。

联合国叙利亚问题独立国际调查委员会 2017 年 3 月 14 日向正在日内瓦举行的人权理事会第 34 次会议提交了有关叙利亚人权状况的最新调查报告，指责叙利亚冲突各方犯下严重侵犯人权的行为。2011 年 3 月叙利亚冲突爆发之后，联合国人权理事会于当年 9 月授权成立叙利亚问题独立国际调查委员会，旨在调查叙利亚冲突各方违反人权的行为。调查委员会主席皮涅罗（Paulo Pinheiro）向人权理事会介绍了这份报告的主要内容。他说："叙利亚冲突将很快进入第七年。我再说一遍，第七个年头。在这场近年历史上最残忍的暴力冲突持续六年之后，每一个叙利亚男人、妇女或儿童，都遭遇到各种各样的损失。失去父母，失去孩子，失去家园，失去希望，有许多人甚至失去了所有这一切。"①这份调查报告分别列举了叙利亚冲突各方犯下的侵犯人权的行为。报告指责说，叙政府军和亲政府武装完全无视平民生命和国际法，继续攻击医院、学校和供水站，在平民区使用禁用武器集束炸弹、燃烧弹和武器氯罐；反对派武装在缺乏明确军事目标的情况下不分青红皂白发动袭击，造成平民死伤，并犯下了任意处决、强迫失踪和酷刑等违反人权的行为。极端组织"胜利阵线"犯下了任意处决、招募儿童兵等罪行；"伊斯兰国"继续对被它认作"异端"的平民实施严厉惩罚并破坏文化遗产。2017年9月6日叙利亚问题独立国际调查委员会的报告表示，绝大多数叙利亚平民的死亡源于非法使用武器，特别是空袭。调查委员会主席皮涅罗在日内瓦向记者发表谈话时表示，在收复"伊拉克和黎凡特伊斯兰国"占领的拉卡城的战斗中，各方均未能做到使平民得到保护。他补充说，美国的联军部队在针对一座清真寺发起的致命空袭中有失慎重。美军当时错误地认为极端主义分子正在那里集会。②

同样，在2013年9月12日联合国叙利亚问题独立国际调查委员会公布的调查报告中，详细描述了叙利亚冲突各方犯下的战争罪行和侵犯人权的行为。根据报告，叙利亚政府军在最近几个月重夺失地的过程中，犯下了包括屠杀平民、轰炸医院在内的一系列战争罪行。与此同时，叙利亚反对派武装所犯下的战争罪行则包括谋杀、劫持人质以及炮击居民区等。

让人失望的是，相当多的人只关注叙利亚国内的人道主义危

---

① 《联合国叙问题国际调查委员会提交调查报告,叙利亚拒绝接受》,国际在线网站, http://news.cri.cn/20170315/cbdf8dc0-6526-539d-f4f5-f21bc7339fb6.html,2018年3月15日下载。

② 《独立调查委员会报告:叙利亚违反国际法的严重侵犯人权罪行继续存在》,联合国新闻网站, https://news.un.org/zh/story/2017/09/281642,2018年3月6日下载。

机，却无视背后的政治原因。有的学者一味强调有人道主义危机，干涉就是正当合理。①有的甚至将安理会中俄罗斯和中国对美国的反对意见看作是"保护的责任"这一理念的政治干扰因素，认为即便有这样的因素，也不影响该原则的合法性。②持这些论调的人只看到了叙利亚国内发生的有违人权准则的现象，但是却淡化这些现象的根源。事实上，恰恰是西方国家对反对派的支持，造成了政府军和反对派武装力量的长期对峙和冲突，以及大量的平民伤亡。如果说叙利亚有人道主义灾难的话，那么西方国家是背后的主要"黑手"。而且反对派在西方力量的纵容下，把对人权的藐视和毁灭发挥到了极致。如果不是西方国家在背后为其做后盾，叙利亚政府或许早已平定国内局势，不至于政治动荡和军事冲突这么多年。然而，现在却把问题统统推到巴沙尔政府身上，并动用全球舆论对巴沙尔政府的"人道主义问题"进行炒作，蒙蔽了国际舆论视听，更让各国公众在齐声谴责巴沙尔政府时忘记了背后的"黑手"。

在 2013 年 6 月的八国集团峰会上，俄总统普京言辞激烈地表态称，西方不能向吃人肉的叙利亚反对派提供武器。普京说："我认为谁都不能否认一个事实，叙利亚反对派不仅进行血腥屠杀，甚至还吃政府军士兵的器官，这些都有画面记录，你们愿意支持他们吗？你们愿意给这些人提供武器吗？"③美国一直在间接地援助叙利亚反对派武装，而反对派的残忍面目被曝光令美国处境异常尴尬，

---

① Christine Longo, "R2P: An Efficient Means for Intervention in Humanitarian Crises - A Case Study of ISIL in Iraq and Syria," *The George Washington International Law Review*, vol.48, no.4, 2016, pp.893-918.

② Graham Cronogue, "Responsibility to Protect: Syria The Law, Politics, and Future of Humanitarian Intervention Post-Libya," *Journal of International Humanitarian Legal Studies*, vol.3, 2012, pp.124-159.

③《普京：西方不能向"吃人肉"的叙叛军提供武器》，人民网，http://world.people.com.cn/n/2013/0617/c1002-21868025.html，2018 年 3 月 3 日下载。

美国对叙利亚动武的正当性遭到了严重质疑。

2012年8月，互联网上出现一段录像，显示叙利亚反政府武装处决在押平民的场景，招致国际强烈谴责。针对反政府武装处决平民的录像，美国国务院发言人帕特里克·文特雷尔只是轻描淡写地表示，这与宽泛意义上的（叙利亚）反对派为争取自由和一个新叙利亚所进行斗争格格不入、自相矛盾。德国外交部长吉多·韦斯特韦勒相对直接谴责，在反政府武装控制的区域内，反对派武装有责任防止针对毫无还手之力的人施加报复和暴力。

叙利亚反对派武装对政府军士兵和追随政府的平民"相当残忍"。一些西方国家民间维权机构的记录显示，叙利亚冲突中，反对派似乎与他们所指认的政府行径一样，以绑架、拘押和拷打方式对平民施虐。叙利亚反对派武装进占更多地盘的同时，选择的是"复仇和杀戮"，而不是他们所说的"正义"。叙利亚反对派还大量招募"娃娃兵"与政府军作战。2012年7月，叙利亚反对派使用"娃娃兵"作战的视频开始出现。大多儿童刚刚超过10岁，被反对派招募，加入了对抗政府军的战斗。同年11月29日，总部位于伦敦的叙利亚人权观察组织公布的一份报告指出，叙利亚反对派武装分子在战斗行动中使用儿童，这违反了联合国公约。根据报告，被招募参战的主要是年龄在14岁至16岁之间的少年。他们常常充当通信员，或者是转运武器弹药，有时参与攻打政府军检查站。据这些少年自己讲述，反对派教他们使用武器和进行射击。

从叙利亚内战爆发以来，平均每天有几百个平民被杀害，截至2018年4月16日，累计死亡47万人；内战产生500万难民，叙利亚只有不到2000万人口，但是已经有500万人逃离了叙利亚，居住在其他国家，颠沛流离，惨不忍睹；国内600万人无家可归，这些人家园被毁，又没有办法逃出叙利亚，只好背井离乡无家可归；

1300万人待救助，现在整个叙利亚需要人道主义援助的人数超过1300万，也就是叙利亚大部分居民成为需要救助的对象，百姓困苦至此；更严重的是，300多万儿童在战火中出生，170多万人失学，战争成为孩子们一辈子的阴影。

难民问题是人道主义问题，也是安全问题。背井离乡的难民在祖国原本也是相对来说经济和政治地位较低的群体，他们最终流落到难民营中，而难民营是极端势力发展的根据地之一，也成为争端各方攻击的目标。叙利亚问题催生出了大量的难民。联合国难民署统计，仅仅截至2015年8月，叙利亚问题就导致了400万难民的出现。在这些难民中，超过190万人逃到了土耳其，62万人逃到了约旦，24万人逃到了伊拉克。他们大部分人都在难民营中。在黎巴嫩，难民营成了叙利亚伊斯兰"圣战"组织的根据地。黎巴嫩和约旦已不堪重负，无力维护难民营的治安，更无法使难民融入到社会中。难民对这些国家的社会保障体系和社会安全都造成了重大的冲击。在约旦，大部分叙利亚难民通过"伊斯兰国"控制区域进入约旦领土，这让约旦担忧"伊斯兰国"有可能由此方式渗透到约旦。① 不管是政府军与反政府军的内战，还是美国等西方国家对叙利亚的空袭，都是人道主义灾难的主要原因。军事干涉只会让问题加剧，让更多叙利亚人流离失所。叙利亚的国内悲剧是本可以避免的，叙利亚成了西方渗透和干涉的靶子，并且因为巴沙尔反西方的立场，让美国等国家欲除之而后快。美国真实的目标只有两个：一个是石油利益，一个是美国在中东的领导权。一个对美国不友好的巴沙尔是美国不愿意看到的，美国更担心巴沙尔联合其他国家形成中东地区的反美联盟。推翻巴沙尔，培植和控制叙利亚政府，控制中东石油命脉和石油价格，是美国进行所谓人道主义干

---

① Daniel Byman, "Containing Syria's Chaos," *National Interest*, no.140, 2015, p32.

涉的主要意图。

（二）美国等西方国家的武装干涉

美国等西方国家通过拉拢、打压等方式对叙利亚进行武装干涉。

1.美国对叙利亚的渴望在二战后期开始突显

伊拉克战争之后，美国对叙利亚的控制欲望愈发强烈，因为叙利亚将有助于美国彻底盘活中东战略布局。在东面，可以直接兵临伊朗和伊拉克两国城下，形成合围之势，使两伊反美力量不敢轻举妄动；在西边和南边，既可与以色列实现战略对接，也可利用地中海出海口，通过扼制苏伊士运河进而影响整个西南欧地区，更能够打通沙特等亲美阿拉伯国家向北延伸的关键节点，使美国在阿拉伯世界的影响力形成地理上不间断的片区；在北面，美国通过库尔德问题，便可更加深入地影响土耳其国内政治，借道土耳其直达黑海和里海地区的陆路大通道，进一步对俄罗斯进行封锁。

美国要控制一个国家，无非两种途径：拉拢和打压，要不成为盟友，要不成为傀儡。而在对叙问题上，美国则经历了从打压到拉拢再到打压的"纠结"过程，足见其重视程度。起初，美通过国际影响力不断插手叙国内事务，甚至还策划了多起军事政变，企图将叙利亚纳入自己的掌控之中，但是均未得逞。1973年"十月战争"后，时任美国国务卿基辛格展开名满世界的"穿梭外交"，为时任美国总统尼克松访问叙利亚奠定了良好的政治外交基础。但由于苏联的巨大影响和中东地缘政治格局主要由阿、以冲突主导，所以美国、叙利亚关系总体比较冷淡。海湾战争期间，叙利亚支持美国反对伊拉克吞并科威特的立场，开启了两国关系"蜜月期"。1994年10月，时任美国总统克林顿访叙，将两国关系推向顶峰。在"9·11"事件前，推动阿、以和谈进而促成中东地区实现全面和平是美国中东政策的核心内容,叙利亚成为美国拉拢的重点对象。

"9·11"事件后,美国在中东的核心诉求转为反恐,而叙利亚支持的黎巴嫩真主党和巴勒斯坦对抗组织哈马斯就是美国定义的"恐怖组织"。2002年1月,布什在国情咨文中提出了著名的"邪恶轴心"概念,将伊拉克、叙利亚、伊朗等国视为"支持恐怖主义的政权"。1年后,由于不满叙利亚反对对伊拉克动武,美关于叙的定义变成了"恐怖主义国家",这意味着美对叙的立场发生根本性变化。而在叙利亚看来,美国对以色列一味偏袒,根本没有拿出推动中东实现和平的诚意。2003年12月12日,布什签署了对叙实施制裁的《叙利亚责任及黎巴嫩主权法》,标志着两国关系彻底破裂。

"非接触式"主导或许是在伊拉克领略到了推翻一个强人政权的巨大代价,又或许是对叙利亚实在爱不释手,叙内乱爆发后,面对这个千载难逢的推翻巴沙尔政权的机会,美国并未如外界想象的那样直接出兵干涉,而是选择了在幕后指挥。首先,是政治上孤立。叙内乱爆发后不久,美国和西方国家就以叙对示威者使用暴力和化学武器为由,宣布进行人权制裁,并呼吁巴沙尔必须下台。随后大力支持阿盟驱逐叙的决议,并撤离了驻叙大使和使馆人员。2012年,美国公开承认"叙利亚反对派和革命力量全国联盟"为叙人民的代表,标志着对阿巴沙尔政权的孤立进入新阶段。

其次,是经济上打击。在推动联合国制裁叙利亚的决议失败后,2011年8月18日,时任美国总统奥巴马签署总统令,宣布对叙实施单方面制裁,并怂恿包括英国在内的欧盟国家加大对叙的制裁力度。

最后,也是最重要的是军事上扶持反对派。2013年6月13日,奥巴马授权向叙反对派提供武器,标志着军事援助公开化。在特朗普批准的2018年国防预算中,有5亿美元是专项用于向叙反对派提供军事援助,包括3.93亿美元的武器援助和超过1亿美元的训练经费。在扶持对象上,内乱初期,几乎只要打着民主旗号的反对派武装都得到了美国及西方国家不同程度的支持,尤其是规模迅速扩大、战绩标榜的"自由军"是重点扶持对象。随着战局的变化,眼看"自由军"已是烂泥扶不上墙,美国将援助重点逐渐转向了在对抗极端组织时表现出强大战斗力的"人民保卫军"(简称"民主军")。

可以说,没有美国在背后推波助澜和大力支持,叙内乱不会发展到如此严重的地步。然而有些人还固执地认为,美国作为世界上最强大的国家,应当对发生人道主义危机的国家进行干涉。[①]这种为美国对外干涉欢呼呐喊的声音不绝于耳。可是这些问题本身就是美国的霸权行为所引发的或加剧的(至少部分是),美国才是全球各种人道主义危机和灾难背后的根源之一。

就在叙战局向着美国的意愿稳步推进时,俄罗斯的加入一举扭转叙政府军颓败的局势,加之美国国家安全战略正处于重大调整期,美在叙问题上变得进退两难。这种纠结本质上还是源于对叙利亚的"不舍",所以每每看到局势朝着不利于己方势力发展之时,化学武器就会恰到好处地出现在新闻的头条,于是美国及其盟友可以名正言顺地实施一轮远程精确打击,摧毁叙政府重要军事设施和目标,暂缓政府军进攻锋芒。

2. 拉一派打一派——资助叙利亚反对派打内战

以美国为首的西方国家,千方百计要推翻巴沙尔政权。对美国来说,叙利亚内战是打击巴勒斯坦抵抗组织、黎巴嫩真主党、削弱伊朗的好机会,还可以进一步控制整个中东的油气资源,巩固美国的世界霸权地位。所以它们主要采取怂恿土耳其、卡塔尔、沙特等

---

① Daniela Abratt, "U.S. Intervention in Syria: A Legal Responsibility to Protect," *Denver Law Review*, vol.95, no.1, 2017, p71.

国打头阵,通过对叙政府进行外交施压、经济制裁,统一并武装反对派等手段,企图低成本、短时间实现叙利亚政权更迭。另外,美国试图加速叙利亚的"民主化"步伐,美国对巴沙尔家族不满,认为巴沙尔政权是中东反美的轴心国家。①

2011 年 8 月中旬,奥巴马总统公开表示,巴沙尔应该下台,并力推联合国安理会通过谴责叙政府镇压民众并对叙实施经济制裁决议。10 月 24 日,美国宣布召回驻叙大使。2012 年 8 月 18 日,奥巴马宣布,"巴沙尔下台的时间已到",改变叙政权将是美叙利亚政策的头等大事,美国中情局特工并开始在土耳其南部开展秘密活动,以便决定向叙哪些反对派势力提供武器等。截至 2013 年 3 月初,美国向叙提供了 3.65 亿美元援助。2 月 28 日,美国宣布额外追加 6000 万美元,帮助叙反对派在其控制区提供下水道设施、教育、安全保障等基本公共服务,还向"自由军"提供食品和药品援助。同时,欧盟同意英国建议,向叙反对派提供车辆等非致命性装备。法国外长称,"如果我们想改变政权,就必须支持反对派,我们必须推动局势变化"。4 月 21 日,在欧洲、中东 10 国外长举行的伊斯坦布尔会议上,美国国务卿克里宣布,在新一轮援助中,美国将对叙利亚反对派的援助款翻番达 1.23 亿美元,并将向"全国联盟"最高军事委员会提供额外的"非致命性"装备如装甲车、夜视镜等。截至 2013 年 4 月,美向叙反政府势力提供的"非致命性"援助已达 2.5 亿美元。沙特从克罗地亚大批采购前南斯拉夫制无后坐力炮、手榴弹、机枪、迫击炮、打坦克和装甲车的火箭弹等武器,以及乌克兰制步枪子弹、瑞士制手榴弹、比利时制步枪,悄悄运抵叙利亚反政府势力手中。土耳其 2011 年 8

---

① Phyllis Bennis, "The War in Syria Cannot Be Won. But It Can Be Ended," *Nation*, 2016, vol.303, no.22, p13.

月起从巴沙尔政权的友好邻邦变身为主要对手，支持叙利亚穆斯林兄弟会等反对派，并向逊尼派反政府武装提供庇护、武器和培训，甚至默许"圣战"势力流窜到土耳其。

在美国等西方国家的支持下，叙利亚国内反对派实力大增。2011年9月，叙利亚"自由军"又与另一支反政府武装"自由军官运动"合并，规模进一步壮大。2012年2月9日，"自由军"已有22个军营，约3万人，包括1.5万"归顺"士兵，分布在全国13个省份。随着实力的增强，"自由军"陆续控制了大马士革郊外以及第三大城市霍姆斯的部分地区。2月下旬，"自由军"攻占叙西北部伊德里卜省大部分地区。由于力量和装备与政府军存在巨大差距，其主要装备为自动步枪、反坦克火箭等轻武器，无坦克、火炮等重型装备，亦缺乏空中掩护，所以主要采取游击战战术：以7人至10人小股部队实施大规模游击战，破坏、争夺叙政府军控制的机场、火炮基地、交通要道、检查站等战略据点，以逐渐削弱当局重武器优势，其基本战术是攻占一地后，能守就守，如果当局以强大火力回击，他们就迅速撤退，政府军很难追上他们。当政府军撤离后，他们又将其重新控制。难以建立稳固基地，也是"自由军"以游击战术为主的重要原因。这套战术让政府军在城市巷战中优势难以发挥，重型机械化的政府军队在城市各个区域都处于被动防守的局面，力量难以展开，往往造成平民重大伤亡。"自由军"整合了许多武装组织成为当时最大反对派军事武装力量，并在全国范围内频繁武装袭击政府军，这成为让国内局势由游行示威演变为武装流血冲突的主要推手，也成为初期反对派武装夺权的主要力量。

3.美国领衔的国际军事联盟消极打击ISIS

ISIS崛起打乱了美国中东战略部署，对美国中东霸权构成直接挑战，美国被迫改变对伊朗和叙利亚的政策。一方面，将反恐放在首位，推迟改组巴沙尔政权的时间表；另一方面，美国被迫达成伊朗"核协议"，解除对伊朗经济封锁。美国还组建国际军事联盟打击ISIS。2014年9月11日，应伊拉克政府请求，奥巴马宣布"坚定决心"行动，组织18国军队大规模空袭ISIS。后将对ISIS的空袭范围扩展到叙利亚，有西方盟国、北约成员、西亚北非等68个国家参与。美国消极打击ISIS，使得ISIS不断壮大。由于美国中东战略收缩，奥巴马坚决不派遣大规模地面部队，而深陷欧债危机的欧洲国家更是无余力打击ISIS，所以美国领导的国际军事联盟主要通过直接空中打击、支持叙伊地面部队（叙利亚反对派武装）、情报收集与共享、限制外籍作战人员流入、切断资金链等方式来打击和削弱该组织，同时也希望利用ISIS消耗叙政府军实力。2017年1月，美国媒体曝光前国务卿克里2016年与叙利亚反对派私下会谈。克里在会谈中透露，奥巴马政府曾希望利用ISIS的壮大来制约巴沙尔。所以美军事打击总体比较消极。美国鼓吹对叙利亚进行干涉的智库人士的说法也佐证了这一点，认为美国政府的叙利亚政策很失败，理由竟然是"伊拉克的'伊斯兰国'以及'伊拉克和黎凡特伊斯兰国'的壮大是巴沙尔政权的主要反对力量，并没有对美国安全构成迫切威胁"[1]。据统计，在美军空袭ISIS的第一年里，共出动战机2642架次，日均仅7架次，空袭与英国面积相当的ISIS控制区。美国还以保护叙利亚石油设施为名，始终不轰炸ISIS的经济命脉——占领的油田油井、石油基础设施、油管与运输车，使得其仍能够通过大规模走私石油来获取足够的资金进行运转。由于ISIS战斗力远超伊军、叙军、库尔德武装和叙利亚"自由军"等，自奥巴马宣布对ISIS目标展开空袭以来，该组织反而成倍扩编了队伍，在叙利亚代尔祖尔以南地区顶住了叙政府军攻势，在幼发拉底

---

[1] O'Hanlon Michael, "Deconstructing Syria," *National Interest*, no.140, 2015, p23.

河北岸地区压缩了叙利亚"自由军"实控区域,在叙利亚的领地扩大了一倍。该组织还将触角伸向北非、南亚、中亚、东南亚,在大肆渗透、招募的同时,在美欧制造大规模恐怖袭击事件。2015年7月,奥巴马承认缺乏打击ISIS的"完整战略",空袭ISIS效果非常有限。五角大楼承认按照这种打法,至少需要20年才能消灭ISIS组织。美国象征性打击ISIS,根本目的是制造可控的混乱,以实现地缘政治和经济目标。2017年5月,美国故意放松围困拉卡,使ISIS抽调大批兵力,在代尔祖尔和巴尔米拉方向集结并与叙政府军作战,这引发了俄军驻叙司令谢尔盖·苏罗维金公开质疑美军与ISIS勾结。培训叙利亚反对派武装来打击ISIS的做法以失败告终。2014年9月18日,美国国会通过了修正案,批准美军为叙反对派提供"非致命性"装备和训练支持,帮助其对抗ISIS。2015年,美国从6000名叙利亚报名者中选出了100人赴土耳其和约旦培训,第一批接训的60人刚回到叙利亚就被ISIS打垮,第二批直接向ISIS投诚。2015年10月,美政府承认,花费近5亿美元培训反对派打击ISIS的行动失败。

4.美国特朗普政府空袭叙利亚

2018年4月7日,叙利亚被爆出在杜马镇开展化学武器攻击,造成至少数十人死亡。网络上疯传叙利亚儿童被毒害的视频画面,加上一些国家的渲染,引起了全世界的愤怒。但叙利亚政府和俄罗斯方面指出,这起事件纯属虚构,是叙利亚反对派一手捏造的。叙利亚外交官贾法里在联合国会议上也解释说,视频是"白头盔"组织发布的,但视频中的化学武器就像有分辨能力一样,从来不攻击武装人员,专门杀害妇女儿童,因此,视频的真实性遭到质疑。尽管如此,以美国为首的西方国家不断声明,"有大量不同证据可以证明这次化武攻击确实存在"。两方各执一词,真假难辨。就在联合国尚未决定是否要对此开展专门调查之时,叙利亚突然遭受空袭,美、英、法三国联合打击,100多枚导弹落在了这个国家境内。这不由得让人们回想到2017年,叙利亚被传出动用化学武器伤害无辜平民,美国总统特朗普毅然下令发射了59枚导弹打击叙利亚军机。而这次的导弹数量增加了一倍。一片哗然中,美国表示:"由于俄罗斯的百般阻挠,联合国迟迟不能对叙利亚化武事件开展实地调查,这种人道主义灾难挑战了国际规则和权威,一定要予以警示。"美国称这次是"精准打击",对叙利亚境内三个可能存储、研发化学武器的地点实施轰炸,为的是维护国际权威,不是对谁宣战。俄罗斯对美国主导的空袭发出严厉指责。在局势紧张的关头,国际社会专门召开了大会。为期两天的叙利亚问题国际会议于4月25日在布鲁塞尔闭幕,这次会议以"支持叙利亚和地区未来"为主题,由联合国和欧盟共同主办,旨在为联合国主导的叙利亚和平进程寻求政治支持,并为缓解叙利亚人道主义灾难募集善款。据报道,57个国家、10个地区组织、19个联合国机构和250多个非政府组织的代表出席会议。与会代表一致认为,军事打击只会使叙利亚局势进一步恶化,引发更大规模地区动荡,造成更加深重的人道主义灾难,只有重返政治协商的轨道,才能最终促成和平。筹集的资金可以用于叙利亚难民救援。但是,政治和解的道路还是要看叙利亚国内的战争进程,以及美、俄的博弈。

叙利亚不仅国内局势复杂,也一直是大国博弈的战场。目前有两大阵营:一是以美国为首的一些西方国家支持叙利亚反对派;二是以俄罗斯为代表的部分国家支持叙利亚政府。此次事件,美国强烈指责叙利亚政府的"惨无人道",要求实施调查并进行军事打击;而俄罗斯声称此次事件是反对派所为,谴责美国主导的突然空袭。有意思的是,4月23日,法国总统马克龙到访美国,为期三天的高调访美受到了特朗普的热情接待，尽管在贸易、气候等领域二人有不少分歧，但在叙利亚问题上，他们站到了一起。俄罗斯在叙利亚建有军事基地，很多能源管道都要经过中东伸向欧洲。伊朗和叙利亚、伊拉克一样，是什叶派政权，两伊交好，支持叙利亚政府军，"什叶派新月带"初见雏形。

从奥巴马政府开始，叙利亚之于美国已变得有些"索然无味"，美国放在参与叙利亚重建事务上的精力越来越少。特别需要指出的是，美国的页岩气已自给自足，甚至可以向其他国家出口，对中东的能源依赖在逐步降低。因此，特朗普此次的军事打击只是一种表态。然而，不管是贸易保护措施，还是对叙利亚军事打击，特朗普都在为无法解决的国内问题找"出口"，为自己拉选票，为其2018年11月的中期选举乃至为未来的连任铺平道路。

特朗普打击叙利亚的决策被他冠以人道主义的名义，他提出这是为了削弱叙利亚政府继续发动生化攻击的能力，维护地区和平，避免人道主义灾难。但是，打着保护人权的名义的军事打击是无效的，甚至会损害保护人权的目的本身。[1]实际上，国际社会进行了一系列有关于监督和敦促叙利亚销毁生化武器的外交努力，但是这些努力都被特朗普所无视，他高举反生化武器的道德大旗，并绕开了美国国会。[2]对叙利亚的打击成为特朗普全球政治豪赌的一部分。一方面，他要展现出与奥巴马不同的对外政策，要兑现竞选时期的承诺；另一方面，要搅乱世界秩序，并在重建重组过程中让"美国优先"的政策得以贯彻。此外，特朗普也通过打击叙利亚牵制俄罗斯在中东地区的影响力，重塑美国在中东的领导权。

---

[1] Kampmark Binoy, "Striking Syria and the Vagueness of Humanitarian Intervention," *Eureka Street*, vol.27, no.7, 2017, pp.44-45.

[2] Kampmark Binoy, "Trump's Syria Pantomime," *Eureka Street*, vol.28, no.7, 2018, pp.27-28.

（三）反思

叙利亚战争发展到今天到底带来了什么？这是值得思考的问题。

1. 谁在蓄意制造叙利亚战争？

一段时间以来，叙利亚就没有"消停"过。其间，阿盟、西方国家相继采取了非常严厉的制裁措施，但仍不见和平的曙光，反对派"自由军"与政府军仍战斗着。最为惨烈的是，发生在叙利亚中部霍姆斯省胡拉镇的 116 名平民死亡袭击事件，把叙利亚危机再一次推上了"风口浪尖"，似乎"利比亚模式"，将要在叙利亚重演。那么，从民众游行到武装冲突，再到成立"叙利亚全国过渡委员会"等一系列的动作，究竟是谁在蓄意制造叙利亚战争，图谋推翻巴沙尔政府呢？

实际上，叙利亚危机发展到今天这个地步，与阿盟及西方国家支持反对派是密不可分的。危机爆发不久，叙利亚就同意了阿盟提出的停止镇压反对派，释放所有政治犯，允许外国记者和人道主义援助人员进入叙利亚，将坦克等重武器撤出城市的"和平协议"。可是，当观察员们把报告公布于众的时候，却遭到了部分国家的反对，甚至有国家指责阿盟观察团没有客观公正。尤其是反对派对阿盟的报告很有意见，认为其偏袒了当局政府。从此以后，阿盟观察团在叙利亚履行的职责就有些变味，成了某些国家的"工具"。也就是从那时候起，叙利亚政府也意识到了观察团在倾向反对派。

2012 年 2 月，阿盟在开罗总部召开外长会议，在对叙利亚危机问题提出 12 项决议时，就明确提出要支持叙利亚反对派，提供一切政治与物质的支持，并陆续在突尼斯召开了"叙利亚之友"国际会议，以进一步统一、团结反对派，承认"叙利亚全国委员会"是"寻求民主和平变革叙利亚人民的合法代表"，但"不是唯一代表"。

当然，最重要的是西方国家的"介入"态度。2012 年胡拉镇发生的袭击事件，在情况尚不明朗、没有查明谁是凶手的时候，西方国家就把矛头直指叙利亚政府军。随后，法国率先提出驱逐叙利亚驻法国大使拉米亚·查库尔，并宣布同年7月初将在巴黎举行"叙利亚之友"会议，甚至还发出军事干预的"声音"。之后，美国、英国、意大利、西班牙、澳大利亚等国也都同时采取了驱逐叙利亚外交官的举动。由此可以看出，西方的表态和举动，加剧了反对派继续与政府军战斗的可能。有评论说，西方国家在联合国督导团进驻叙利亚这件事上，采用双重标准，有"拉偏架"倾向，没有把安南的"六点计划"放在眼里：一方面一味地要求政府军及其坦克、装甲车撤回到驻地；而另一方面继续支持反对派在霍姆斯、哈马、伊德利卜和德拉等地袭击政府军。试想，反政府武装不放下武器，政府军岂能回到军营。

中东地区国家之间彼此疑惧固然是该地区动荡不安的一个原因，但是另一个重要原因是中东地区重要的地缘战略地位和丰富的能源储备吸引了外部力量对该地区的关注。这些外部力量在某些国家通过支持政府或者某些代理人展开力量角逐，使地区陷入混乱和失序状态，叙利亚就是一个典型的例子。[1]叙利亚成为大国权力博弈的牺牲品，成为地区失序的替罪羊。叙利亚问题是国际无政府状态的一个集中反映和缩影。各方为了各自利益介入其中，支持不同的力量，使叙利亚内战变成了代理人战争。战争的借口多种多样，和以往历次西方国家实施的人道主义干涉一样，对叙利亚的空袭只需要找到合适的借口，至于这些借口是西方一手炮制策划的，或者虚假构陷的，抑或是刻意对叙利亚国内事件挖掘和放大的，都

---

[1] Saman Zulfqar and Research Officer, "Competing Interests of Major Powers in the Middle East: The Case Study of Syria and Its Implications for Regional Stability," *Perceptions: Journal of International Affairs*, vol.23, no.1, 2018, pp.139-140.

只是表面的形式而已。美国等西方国家要的只是一个可以说服国内决策层、利益集团和公众舆论的借口。一旦这些国家需要发动打击，牵动局势，那么这些借口可以随时制造。在叙利亚问题上，西方国家充分利用了其在全球舆论中的话语霸权，对一个国家的人权问题和国内危机进行疯狂炒作和夸大。特朗普甚至在他推特账号上直言不讳地批评巴沙尔政府。舆论铺垫和渗透的结果就是越来越多的人，尤其是年轻人，对叙利亚政府持批评立场而不是同情立场，这样就为西方国家的干涉行动作好了舆论准备。

2. 美武装干涉叙利亚失道寡助

美国一直坚称已经掌握了巴沙尔政权使用化学武器杀伤平民的证据，不必要等到联合国调查团的结果出来。但是入侵伊拉克之前国务卿鲍威尔在联合国言之凿凿地宣称萨达姆拥有大规模杀伤性武器的历史教训依然历历在目，因此美国单方面提供的证据很难再取信于世人。

2013年8月24日，奥巴马召开国家安全委员会会议，审议了对叙利亚军事打击方案。8月25日，美国国防部长哈格尔表示已作好军事打击准备。8月27日，英、法表示作好了军事打击准备。当天奥巴马宣布最早将于29日展开对叙为期3天的导弹打击。美国组织多国军事联盟，完成军事打击部署。

然而，2013年8月29日，英国议会下院经过长达8小时的马拉松式辩论，最终以微弱优势否决了卡梅伦的对叙动武方案，卡梅伦随后表示英国不会派兵对叙参战。英国的突然退出，令积极主张动武的法国颇为尴尬，加之奥巴马又突然宣布也需要走国会授权的程序，9月1日，法国称议会要充分讨论对叙动武问题。此外，德国、意大利、澳大利亚、加拿大等西方国家虽谴责生化武器袭击，但均明确表态不会参战，北约也表示不会参与，至少有12个北约国家表态不经安理会批准不参与军事行动，奥地利公开拒绝美国利用其领空袭击叙利亚。中东除土耳其、沙特等少数国家外，大部分国家反对美国对叙动武。伊朗警告美国动武将招致以色列的灭亡，也将陷入"第二场越战"。埃及、阿尔及利亚、伊拉克、黎巴嫩等阿拉伯国家纷纷反对美国动武，约旦表示不允许任何国家从其国土上对叙发起军事行动。9月1日，阿盟外长会没有同意美国军事打击计划，而是呼吁尊重《联合国宪章》和国际法。9月2日，梵蒂冈警告外界军事干预叙利亚可能引发世界大战。9月3日，联合国秘书长潘基文强调，任何军事行动都必须得到安理会授权。9月5日的G20峰会上，奥巴马主导二十国集团发表联合声明，谴责叙政府使用化学武器，但未直接支持军事打击计划。俄罗斯坚决反对美国对叙动武，并作好相应军事部署。2013年8月26日，俄罗斯外长拉夫罗夫警告美国对叙动武违反国际法。9月6日，普京在G20峰会上明确表示，如果美国军事打击叙利亚，俄罗斯将继续向叙利亚和伊朗提供武器。同时，俄罗斯升级塔尔图斯军港设施，增调岸舰导弹营、高射炮和岸防炮营，部署"伊斯坎德尔"战术导弹系统。8月29日，俄大型反潜舰"潘捷列耶夫海军上将"号，有"航母杀手"之称的"莫斯科"号和"瓦良格"号导弹巡洋舰进驻地中海。到9月上旬，俄在叙利亚海域有"莫斯科"号在内的11艘军舰。空袭也存在不少难度，美国民众大多反对动武。麻省理工学院研究显示，对叙空袭有450个目标需要打击，同时叙利亚现有150枚可携带化学弹头的飞毛腿导弹、多处化学武器场所，摧毁这些目标可能造成化学武器扩散。此外，2013年8月底，美国全国广播公司和昆尼皮亚克大学公布的民调显示，61%的民众反对军事打击计划。9月6日，《华盛顿邮报》调查报告显示，超过一半众议员反对动武。9月11日，美《军事时报》调查显示，75%的美国军人反对动武。

在主要证据不足、国际社会反对、盟友纷纷退出、民众大多反对的情况下,奥巴马转而寻求国会授权,让国会承担发动战争的责任。同年8月31日,白宫正式向国会提案,要求国会依据《战争权力法》,授权对叙利亚采取军事行动。9月1日,奥巴马政府向议员通报"秘密情报",以寻求动武支持。9月3日,奥巴马邀请国会领导人在白宫开会,争取支持对叙利亚军事行动。9月4日,国会参议院外交关系委员会以微弱优势通过对叙动武议案,规定动武期限不超过90天,并禁止派地面部队。9月7日,奥巴马发表电视讲话,呼吁民众和国会支持对叙动武。

就在美国军事打击叙利亚前夕,事情突然发生转机。2013年9月5日,普京与奥巴马在莫斯科的G20峰会上达成"化武换和平"基本原则。9月9日,俄罗斯外长拉夫罗夫向美国国务卿克里正式提出"化武换和平"建议,叙利亚政府交出化学武器,在国际监督下逐步销毁,并加入《禁止化学武器公约》,美国放弃军事打击计划,克里当即表示同意。9月10日,奥巴马表示如果叙利亚同意销毁化学武器,他将停止对叙利亚军事打击,叙利亚随即表示同意。9月11日,普京在《纽约时报》发表文章,再次呼吁通过联合国和平解决叙利亚化学武器危机,联合国秘书长潘基文,中、英、法、德立即声援并认可"化武换和平"方案。2013年9月12日至14日,美国国务卿克里和俄罗斯外长拉夫罗夫签署《销毁叙利亚化学武器的框架协议》(FESC)。

美国国内一些有识之士早就看清了叙利亚问题的实质,并对美国干涉叙利亚的行为持否定态度。2013年美国《国家》杂志发表社论,旗帜鲜明地反对美国对叙利亚进行人道主义干涉。社论认为,没有联合国安理会的授权,美国对叙利亚的打击将违反国际法,试图绕开可能来自中国和俄罗斯在安理会中的反对和否决，而寻求北约的支持，是非法行为。联合国的"保护的责任"允许超越国家主权而实施人道主义干涉，是以联合国安理会授权为前提的。奥巴马政府必须向国会和美国人民证明行动的合法性。[1]然而，奥巴马竟然从头至尾没有就干涉的国内缘由或者行动是否符合国际法作出说明。[2]人道主义干涉必须是有关国家共同协商的结果，即便是经过授权的干涉行为也不一定能产生好的效果，利比亚问题就反映了这一点。干涉必须是最后的手段，而不是大国满足一己私欲的工具。[3]危机和乱局有时是西方大国刻意创造的，没有它们的背后渗透和唆使，相当多数的国际问题将得以解决。叙利亚问题不仅使叙利亚的经济增长和能源贸易遭受滑坡，也使叙利亚政府的国际形象严重受损。而西方国家在推动这些进程的过程中，丝毫没有考虑叙利亚国民的生存和发展的权利。

3. 人道主义干涉的对立与人道主义救援的偏爱

第一，设立禁飞区的对峙。

叙利亚内战爆发后，以美国为首的西方国家企图重演"利比亚模式"，在叙利亚设置禁飞区，利用优势空军摧毁叙政府军主力，再利用地面反对派武装，短时间、低成本推翻巴沙尔政权。2012年1月2日，英国国防部秘密制订在北约领导下的叙利亚禁飞区计划，军情六处和美国中央情报局特工已潜入叙利亚境内，为实施禁飞区计划作准备。但英国军方认为，在叙利亚设禁飞区需要使用大批各型

---

[1] Editorial, "No War With Syria!" Nation, vol.297, no.11, 2013, p3.

[2] Harold H. Koh, "The War Power and Humanitarian Intervention," Houston Law Review, vol.53, no.4, 2016, p1004.

[3] Ramesh Thakur, "R2P after Libya and Syria: Engaging Emerging Powers," The Washington Quarterly, vol.36, no.2, 2013, p73.

战机，因为叙军队比卡扎菲的部队战斗力更强，装备也更好。6月13日，法国外交部长法比尤斯表示，法国考虑在叙利亚局部设禁飞区，但需要国际社会协助。7月6日在第三次"叙利亚之友"会议上，叙利亚反对派呼吁在叙设立禁飞区。7月23日，阿盟提议在叙利亚上空设禁飞区，由美国提供后勤支持。8月9日，奥巴马高级反恐顾问布伦南在谈及叙利亚问题时表示，美国并未排除在叙设立禁飞区的可能性。8月11日，美国国务卿希拉里与土耳其外长达武特奥卢共同宣布，建立禁飞区已经成为帮助叙反对派武装的"开放式选择"，两国情报界、军界和政界人士组成工作组来制订此计划。8月12日，"叙利亚全国委员会"主席希达再次呼吁国际社会在叙利亚设立禁飞区，以保护平民。8月13日，美国白宫发言人卡尼在新闻发布会上表示，不排除在叙设立禁飞区可能性。同一天，美国国防部长帕内塔表示，美国制定了多种应急方案，包括禁飞区。8月24日，法国政府表示同意美国的提议，将参与在叙利亚设立禁飞区，以此促使巴沙尔下台。为筹划叙利亚禁飞区，以美国为首的西方国家国海陆并进、南北夹击，在叙边境线密集部署军事力量。2011年11月27日，美军"布什"号航母攻击群以及其他海军舰艇进入叙利亚近海，还有美海军第六舰队也在该区域巡逻。

以美国为首的西方国家的禁飞区计划遭到俄罗斯和伊朗等国的坚决反对。2012年7月8日，俄总统普京说，不能容忍"利比亚模式"在叙利亚重演，应迫使叙利亚冲突各方通过对话和平解决危机。8月14日，伊朗警告美国不要企图在叙利亚设立禁飞区，并且呼吁本地区国家不要卷入此事。8月18日，俄外长拉夫罗夫表示反对在叙利亚设立禁飞区，并将此举视为对叙利亚主权的侵犯。俄同时警告北约，不希望其以建立人道主义走廊或缓冲区等任何借口采取军事行动或进行军事干预。但是俄罗斯等国的警告并没能阻止其试图在叙利亚设置禁飞区的企图。到2015年9月中旬，美国牵头英国、法国等国，以及土耳其和海湾国家，绕过安理会，在叙利亚设置禁飞区的计划接近完成。为阻止"利比亚模式"在叙利亚的重演，俄罗斯在9月底果断出兵叙利亚，彻底粉碎了它们的企图。

第二，武力开辟"人道走廊"的对峙。

为支持叙利亚反对派武装，以美国为首的西方国家筹划使用军事手段强行在叙境内开辟"人道走廊"。2011年11月23日，法国外长阿兰·朱佩与美国国务卿希拉里达成共识，计划在叙利亚开辟"人道走廊"。法国警告，如果叙政府拒绝配合开设用以运输必需物资的"人道走廊"，法国等国不排除在得到国际授权的前提下采用军事手段。24日，阿兰·朱佩会见"叙利亚全国委员会"主席加利昂时表示，不排除在叙利亚建立所谓"人道走廊"，并将此问题列入欧洲理事会议程，要在欧盟和阿盟层面上探讨保护平民的安全区。法国的提议遭联合国和俄罗斯的反对。11月26日，联合国负责人道主义事务的副秘书长瓦莱丽·阿莫斯认为，开辟"人道走廊"或者设立"缓冲区"为时尚早。"现在的情形下，依据获确认的叙利亚人道主义需求，这两项机制均无法施行。"同一天，俄外交部发言人卢卡舍维奇明确表示完全无法接受军事干涉叙利亚。西方启动绕开安理会、强行在叙利亚开辟"人道走廊"的"B计划"。

2012年2月4日，由于中、俄否决安理会对叙利亚问题草案，西方媒体鼓吹应抛开安理会，推行"B计划"介入叙利亚局势。2月5日，希拉里表示，"面对一个遭到阉割的安理会，我们必须在联合国以外加倍努力，与支持叙利亚人民有权拥有更美好未来的盟友及伙伴展开合作"，暗示将在叙利亚问题上组建类似利比亚联络小组那样的机构。美国准备参照"科索沃模式"，在安理会框架以外，联合土耳其、阿拉伯国家、欧洲国家，在叙利亚建立"人道走廊"，武装和支持反对派。"B计划"的第一步,是全面封锁和围困叙利亚,在外交上对叙利亚进行"人道主义的狂轰滥炸",各国撤回驻叙大使,对叙进行"口诛笔伐"等,以动摇叙当局执政信心和执政基础;第二步,秘密甚至公开向叙反对派提供武器装备,加大其与政府军的对决力度;第三步,推动在叙建立"人道走廊",为其后的军事干预作铺垫。这几个步骤环环相扣,每一步都旨在迫使巴沙尔政权崩溃,如果难以实现"不战而屈人之兵",那么最后的军事选项就不可避免。但是,这一计划最后也没有实现。

第三,各自开展人道主义救援。

作为支持反对派的以美国为首的西方国家,对叙利亚的人道主义救援并不包括叙利亚政府。而俄罗斯和伊朗等国,其人道主义救援以叙利亚政府为主要对象。此外,联合国对整个叙利亚也进行人道主义救援。

为支持反对派,以美国为首的西方国家在向反对派提供"非致命性"武器装备援助的同时,也为反对派武装提供了大量人道主义援助,以扶持和壮大反对派势力。2012年2月8日,欧盟拨款300万欧元对叙利亚及其邻国进行紧急人道主义救助。该救助金将用于购买药物、医疗设备和派遣医疗专家等。3月15日,美国国务院宣布向叙利亚平民提供1200多万美元的人道主义援助,以救济那些因国内战乱而生活艰难的叙利亚平民。在叙利亚爆发内战的两年内,美国政府向叙反对派提供了达5.1亿美元的资金援助,海湾国家仅卡塔尔向叙利亚反对派提供的援助就已超过30亿美元。8月10日,英外交大臣黑格宣布向叙利亚反对派追加提供500万英镑援助,包括医药和通信设备,以及便携式发电机,不包括任何武器,不在之前已提供的2750万英镑人道主义援助之内。

作为巴沙尔政府的盟友,俄罗斯提供的人道主义救援主要是针对叙利亚政府。在整个内战期间，为防止巴沙尔政权崩溃，俄对其进行了大量的人道主义救援。2012年3月12日，俄紧急情况部协调2架飞机，总共向叙利亚运送了逾78吨人道主义救援物资，其中包括帐篷、毛毯、罐头鱼和肉、食用糖、婴儿食品、餐具、野外可折叠厨房。自2016年以来，俄方通过俄驻叙利亚和解中心共计实施了近700次人道救援行动，向叙平民分发了约1250吨物资，还通过飞机向一直处于ISIS围困中的叙东部代尔祖尔市平民空投了数百吨食品。2017年4月19日，俄以食品为主的1万吨人道主义物资从俄运抵叙利亚塔尔图斯港，这是通过海路运抵叙利亚的最大一批人道主义物资。俄还积极呼吁联合国等国际组织加大对叙利亚的人道主义救援。2012年2月23日，俄向联合国安理会提议，向叙利亚派遣负责人道主义事务的联合国副秘书长，以评估该国人道主义状况，并同各方协商人道主义物资的安全运送问题。在俄的倡议下，联合国决定向叙利亚派遣负责人道主义事务的联合国副秘书长瓦莱丽·阿莫斯率领的人道主义代表团，并利用宝贵的几次停火救助了很多难民。伊朗向叙利亚政府输送大量救援物资。

联合国等国际组织多次对叙利亚进行人道主义救援。2012年4月26日，联合国根据其与叙利亚官员进行的联合评估，制订了向叙利亚提供人道主义援助的秘密计划。联合国还从国际社会筹到捐款1.8亿美元，开展为期6个月的援助计划，涵盖食品、避难所、供水和卫生等11个行业、46个项目。截至2013年年底，联合国难民署为叙利亚超过320万难民提供了救援物资。联合国世界粮食计划署从2011年8月开始向叙提供紧急援助。截至2014年2月，该署为叙境内370万人、邻国的150万名难民提供了援助。2016年12月6日，联合国与人道主义合作伙伴呼吁国际社会提供47亿美元资金，以便在未来两年中，为生活在土耳其、黎巴嫩、约旦、埃及和伊拉克的470万叙难民以及440万接纳他们的东道社区成员提供人道主义支持。此外，国际红十字会和世界伊斯兰援助组织也在叙利亚开展了人道主义救援。

4. 叙利亚难民危机凸显西式民主的虚伪

叙利亚冲突爆发后，不仅经济上受到美国、欧盟、阿盟等的制裁，政治上陷入国际纷争，而且国内还饱受战乱之苦。各方力量只是把叙利亚当成相互博弈的地缘政治舞台，就像普京所批评的，一些西方国家"借助火箭和炸弹输出民主"，却对叙利亚国内真正存在的问题视而不见。历时多年，叙利亚冲突爆发伊始示威者打出的"改革""增加自由""改善民生"等口号一个也没有实现，反而是影响世界的巨大难民潮。

奥巴马政府的叙利亚政策适得其反，其中一个重要原因在于奥巴马政府深受大肆渲染"阿拉伯之春"的政府内部力量和媒体的影响。"阿拉伯之春"被看作是值得美国政府给予支持的民主拓展运动，因为在信奉"民主和平论"的新保守主义势力看来，民主国家之间不会发生战事，民主推广符合美国国家利益。在这种论调影响下，巴沙尔·阿萨德被视为"不民主的"和"民主的敌人"，所以就得下台。但是推翻巴沙尔政府真的符合美国利益吗？或者真的符合叙利亚人民的利益吗？这种对巴沙尔政府"非法性"的标签化判定，反而使美国对外政策陷入合法性和国际道德方面的混乱。[①]这种思维定式一旦形成就会产生连锁的政治后果：一方面，政府会将其上升到战略的高度，并通过具体政策将这种意志贯彻下去；另一方面，即便是领导人更替，新上任的领导人也很有可能为了迎合选民的观念需要和党内政治的需要延续这种做法。当人道主义干涉变成一种具有政策惯性的理念，对美国和国际社会来说都是危险的。

[①] James Carden, "A Foreign Policy Held Hostage," *Nation*, vol.303, no.20, 2016, p18.

还有的人却将美国等西方国家发起的基于私利的人道主义干涉与联合国的民主机制混为一谈，指责中国和俄罗斯阻碍了联合国安理会中叙利亚干涉问题的通过。[1]还有的则大胆预测国际法的变化，包括人道主义干涉超越主权原则以及不经过安理会通过也可拥有合法性的问题，甚至单边主义人道主义干涉也可合法的问题。[2]这些人对美国在世界政治和经济事务中的霸权主义绝口不提，对美国在多次人道主义干涉中对联合国权威的藐视置若罔闻，对包括叙利亚问题在内的各种发端于国内政治和宗教等冲突的国别问题被西方国家蓄意上升为地区问题和全球挑战更是视为理所当然。在这样的"公理"一般的观念前提下，对中国和俄罗斯的无端指责和批评就不足为奇了。美国学者要为美国利益服务，人权倡议者要为人权被损害者发声，但是他们偏偏不去研究美国在这些人间惨剧背后扮演了什么样的角色，更不问其他国家为什么不和美国协调一致地开展干涉行动而是坚定地予以反对。联合国安理会是全球治理的重要基石之一。安理会本身就是国际民主（尽管安理会的框架也是不完美的）的架构，为什么这样一个民主框架下对美国提议的否决就是一个问题？美国对别国的否决就不成为问题？中国和俄罗斯对美国的反对，不是反对对人权的保护，恰恰是反对美国滥用人权这一幌子和借口（历史上多次出现过，已经成为司空见惯的事情）炮制武力干涉，进行"政治圈地"和"能源垄断"，并制造更多人道主义灾难。科索沃、伊拉克和利比亚的干涉无一不证明了这一点。

叙利亚有着非常重要的战略地位，在美国及其中东盟国的眼里，叙利亚与同为什叶派的伊朗、黎巴嫩一向交好，与俄罗斯关系

---

[1] Thomas G.Weiss, "Military Humanitarianism: Syria Hasn't Killed It," *Washington Quarterly*, vol.37, no.1, 2013/2014, p13.

[2] Rosa Brooks, "Humanitarian Intervention: Evolving Norms, Fragmenting Consensus," *Maryland Journal of International Law*, vol.29, no.1, 2014, pp.161-183.

密切，与以色列以及沙特阿拉伯等海湾国家关系不睦。以色列总理内塔尼亚胡甚至认为伊朗可能在叙利亚政府军帮助下，试图在以色列占领的叙利亚戈兰高地"建立第二条恐怖战线"。因此，美国一直视叙利亚巴沙尔政权为眼中钉，与海湾国家一起支持打击叙利亚。基于此，在叙利亚冲突爆发前，美国就支持反对派攻击巴沙尔政权。西方的直接介入和拉一派打一派的做法更激化了叙利亚国内的矛盾。

西方的介入使叙利亚教派冲突也更为严重。叙利亚由什叶派中的阿拉维派掌权，阿拉维派仅占全国人口 11.5%，巴沙尔政权即属阿拉维派，而逊尼派则占全国人口的 68%，少数派掌权本身就埋下了教派冲突的隐患。

联合国独立国际调查委员会发布的一份报告称，叙利亚冲突"越来越具有教派冲突性质"，政府军和其支持的民兵对逊尼派平民展开攻击，而反政府的武装组织则对巴沙尔·阿萨德总统所属的阿拉维派和其他支持政府的少数族裔发动进攻。

法国情报研究中心推出的新书《阿拉伯革命：不为人知的一面》对西方操纵"阿拉伯革命"进行了无情揭露。该书的牵头者埃里克·德内瑟在接受《环球时报》记者专访时表示，美国各种非政府组织和基金会发挥了巨大影响，它们从 2002 年就开始筹划"阿拉伯革命"，为有关国家培训积极分子。这些组织是真正的颠覆者。在搞乱俄罗斯周边所有国家后，美国便将矛头转向阿拉伯国家，并使用同样方法。这是十分危险的，因为对这些国家输出民主和人权的结果都事与愿违，不符合当地人民的利益，也不符合美国西方盟友的利益，只符合美国的利益。

西班牙《起义报》网站 2015 年 9 月 7 日报道指出，叙利亚"内战"并不是纯粹的内战，而是美国及其欧洲盟友为了在世界地缘政治版图中占据更加有利的位置，从外部策划的一场侵略，是帝国主义政府该直接承担的罪责。伊朗总统鲁哈尼在联大会议上发表演讲时，公开指责美国及其盟友——以色列和波斯湾逊尼派穆斯林国家只是在"滋养恐怖主义和分裂势力"。叙利亚新闻部长祖阿比在接受新华社记者采访时说，美国等西方国家制定的中东政策"是基于其自身利益，反恐只是其干涉他国内政的工具和借口"，"那些暗中支持极端组织的国家必会引火烧身"。

对叙利亚的人道主义干涉到底是不是正当合理？有学者进行了专门的研究。即便是应用ICISS衡量干涉行为合理性的六大指标来评估对叙利亚的干涉，也很难为美国等西方国家在叙利亚人道主义干涉正名。在"正当理由"和"正确意图"两个指标方面，对叙利亚的人道主义干涉似乎有一定的基础，而其他四个指标均不甚符合。"最后手段"指标要求人道主义干涉必须是排除了所有可能的解决方案后迫不得已的方式。但是叙利亚问题并没有丧失外交解决的可能性。"合理授权"要求干涉行动由联合国安理会授权，但是并没有得到这种授权，因此这一指标也不符合。"适当手段"这一指标要求用最低限度的武力进行干涉，而不是大量动用武力或随意进行军事打击。"合理前景"要求干涉行动能有效阻止或消除人道主义危机，但是对叙利亚的干涉让叙利亚的人权问题得到更好的解决了吗？还是加剧了人道主义危机？叙利亚的战争大量在城市中展开，无论是空中干涉还是陆地干涉都会造成大量平民伤亡，而这是有违人道主义干涉宗旨的。因此对叙利亚的人道主义干涉是不符合人道主义干涉标准的。[1]即便是在"正当理由"和"正确意图"这两个指标上，对叙利亚的人道主义干涉也是有问题的。叙利亚问题

---

[1] Akshan De Alwis, "Does the Doctrine of 'Responsibility to Protect' (P2P) Apply in Syria?", *Turkish Policy Quarterly*, vol.12, no.2, 2013, pp.167-172.

根源是各大国和各种力量纠缠其中的国内战争，是政府军打击由美国等西方力量支持的反政府军的内战。其中的人道主义危机在很大程度上是西方蓄意支持反对派所造成的，西方国家应当承担最大的责任，何谈"正当理由"和"正确意图"？又有谁追究西方国家对此应当承担的责任？一些国家对打击叙利亚境内的"伊拉克和黎凡特伊斯兰国"的要求属于安全防卫范畴的问题，属于禁止使用武力的例外方面的问题，并不是人道主义干涉的问题。[1]有的学者还提出，对叙利亚的干涉连自卫都算不上，奥巴马宣称巴沙尔政府使用了生化武器，对其他国家造成了威胁，所以需要自卫。但是巴沙尔是在国内使用生化武器，并没有构成对其他国家的安全威胁，所以不符合自卫标准。[2]总之，叙利亚问题是一个充满国际法、国际道德、国际制度争论的问题。在这场大争论中，西方国家试图将其所谓的自由民主价值观和人道主义价值观强加给第三世界国家。这就好像一个明明犯下了罪行的人却站在高处振臂高呼所谓的道德口号，去教育那些受害者，让他们必须把他看作是正义的化身。这是什么样的民主？是西方世界灌输和推广下的压制第三世界国家的"民主"，也是将西方世界的发展、利益和地位凌驾于弱小国家之上的"民主"。所以，当今世界的"民主赤字"，恰恰是将民主奉为圭臬、将自己视为民主旗手的西方国家对第三世界国家的霸凌所造成的不民主。

---

[1] Peter Tzeng, "Humanitarian Intervention at the Margins: An Examination of Recent Incidents," *Vanderbilt Journal of Transnational Law*, vol.50, no.2, 2017, p433.

[2] Milena Sterio, "Humanitarian Intervention Post-Syria: Legitimate and Legal?" *Brooklyn Journal of International Law*, vol.40, no.1, 2014, pp.144-147.

第四章
强权逻辑与所谓"人道价值"：
美国的人道主义干涉

冷战结束以后，国际人道主义干涉的次数越来越多。美国为了形成以其为核心的单极格局，多次对外使用武力，极大地冲击了国际机制和联合国权威，特别是冷战结束以后美国对外发动的几次战争，比如海湾战争、科索沃战争、阿富汗战争、伊拉克战争、叙利亚战争、利比亚战争等，在国际上产生了十分恶劣的影响。

一、美国人道主义干涉的政治传统

在美国实用主义的外交传统中，一直都存在对外干涉的案例。尤其是自"门罗主义"以来，美国历届政府根据利益需要，或多或少都进行过对外干涉：要么对他国事务发表干涉言论、通过媒体进行煽动等进行"软干涉"；要么直接制裁、派遣军事顾问、支持别国内战等"硬干涉"，在世界范围内推行自己的价值观，扶植代理人。及至今日，干涉主义已变为美国政治传统的一部分。

（一）"门罗主义"与美国对美洲事务的干涉

美国的干涉主义堪称国际上一国干涉他国事务的"典范"。早在 1823 年，美国总统詹姆斯·门罗（James Monroe）就针对欧洲"神圣同盟"（俄罗斯、奥地利、普鲁士缔结的同盟）意图对拉丁美洲的干涉发表宣言，提出著名的"门罗主义"，其内容是：美洲的事务由美洲人自己管理，欧洲列强不得干涉。这份著名的宣言从表面来看是旨在反对欧洲"神圣同盟"的干涉，但实际上也昭告天下，美洲是美国的后花园。此后，美国开始以各种理由频繁展开对外干涉，其干涉之手还伸向了美洲以外的其他国家。而后随着综合实力的上升，美国逐渐成为国际舞台上推行干涉主义的主角。

干涉主义成为美国为获得利益和价值的一种长期奉行的"外交政策"。以利益为目的进行干涉，主要是通过干涉来获取别国的领土、军事力量、自然资源等；以价值为目的的干涉，是为了实现某种道德准则，比如推行人权法案、民主体制等。冷战结束以前，美国的干涉更加侧重于利益。冷战时期，美国、苏联两个大国对外干涉带有明显的意识形态色彩，但主要还是为了获取利益，比如美国干涉危地马拉、智利等国的内政，完全是出于意识形态与实际利益的双重考量。

当干涉主义成为美国外交政策的常态以后，美国推行了各种各样的干涉方式，比如发表干涉性言论、通过媒体宣传煽动言论、对别国进行经济制裁、派遣军事顾问、煽动别国内战等。按正常情况看，实行干涉主义的国家，最初并不是直接进行军事行动，而是在干涉的过程中逐步加强，而且各个时期的干涉方式也并不完全相同。例如，19 世纪埃塞俄比亚皇帝就西方大国的干涉行为说："我知道他们的游戏。先是商人和传教士，然后是大使，最后是大炮。

最好直接来大炮。"①美国也包括在内，其实行的干涉行为也是逐步强化的：一般先是对目标国的事务发表干涉言论，通过媒体煽动，进而针对他国事务通过决议或者法案，如果没有达到目的，就会发动西方盟国一道实行经济制裁；若形势依然未达到自己满意状态，则会派遣军事顾问，以金钱、武器等支持目标国反对派，打一场代理人战争，推翻既有政权，有时甚至直接出兵进行军事入侵。

（二）冷战后新帝国主义论与美国的对外干涉

冷战结束后，美国成为世界上唯一的超级大国，没了苏联这一对手的掣肘，其在对外干涉中更是为所欲为。但是，苏联的解体令其失去了对外干涉的直接借口，因此，美国干涉别国采取了更加难以辨别的方式。美国打着人道主义的旗号，借着国际人权保护名义，宣扬为"价值"进行战争，其最根本的目的是获取本国的利益。美国对伊拉克的干涉就是如此，人道主义干涉贯穿着其对伊政策的始终。

有研究统计，自二战结束以来，美国历任总统在任内都至少会打一场较大规模的战争。有学者说，"和平总统"在美国是当不下去的。美国强大的综合国力，尤其是强大的军事力量，使得美国进一步强化了对国际事务的干涉。经济基础决定上层建筑，美国推行单边主义是建立在美国强大的经济实力基础之上的，而美国的经济发展情况，必然有赖于其政治实力能否在世界经济体制中占据主导地位。如果美国能在军事上和政治上保持强势，那么国际资本和资源就会源源不断地流入美国。显然，在全球确保美国的绝对优势对美国经济的发展具有十分重要的作用，因此，美国军工利益集团总

---

① B. Davidson, *The Search for Africa: A History in the Making,* London: James Currey, 1994, p13.

是鼓动美国政府物色新敌人，预备接下来的战争，这样可以让美国保持对世界能源和市场的支配地位。由于美国发动的战争中交战双方实力相差非常大，美国作为强者，不用或很少担心自己的损失，这样一来，其发动战争的可能性较他国更大。因为美国的跋扈，国际社会一直没能摆脱希腊历史学家修昔底德总结出来的规律：强者为所欲为，弱者忍气吞声。

冷战结束后，美国拥有了世界上独一无二的经济和军事实力，自建国以来就一直努力建立的道德优越自苏联解体之后更加变本加厉，在使用武力或叫嚣使用武力时变得更加直截了当。过去半个世纪以来早已被打成"过街老鼠"的帝国主义、殖民主义，最近几年又沉渣泛起，成为西方学者、政客们竞相引以为荣的时髦话题。美国也一改过去对"美帝国主义"避之惟恐不及的禁忌，公然叫嚣"帝国主义是解决全球问题的出路"。然而，不管在帝国主义前面加什么样的前缀词（如"新""后现代""不情愿的"等），都掩盖不了帝国主义的本质，即侵略、战争和掠夺。自二战结束之后，"帝国"和"邪恶"这两个词密不可分，但是在美国政客的口中，帝国也存在好与坏。里根曾经将苏联称之为"邪恶的帝国"，同时却认为美国是"美丽的帝国"，比罗马、大不列颠等帝国更优等。美国具有强烈的道德优越感和传教士般的使命感，在美国看来，推进帝国主义的扩张是为了担负起对世界的责任，以推广民主、维护人权等为名义发动的战争，使任何战争手段都获得了合法性。此外，英国等西方其他国家也发表了新帝国主义论，即使它们关注的重点不同，有些帝国主义国家之间还时常相互诋毁，但都摆脱不了旧帝国主义余烬再燃的影子。

美国对"帝国主义是解决全球问题的出路"给出的解释是，越来越多的"失败国家"陷入贫困和暴力的怪圈之中，不能自拔，要解决这些问题，就需要美国及其盟友学会重新实行帝国主义政策。美国无法拒绝帝国主义的逻辑。富国不仅承受着援助穷国的负担，还受到穷国动乱的威胁。尽管美国是"不情愿的帝国主义分子"，但美国注定要承担起帮助别国重建国家的任务。由此，美国认为需要为自己的世界领导作用披上国际法外衣，创立一个负责协助别国"治国安邦"的国际机构，由美国全权决策，"经合组织"富国出资，不受联合国安理会或中、俄否决权的制约。[1]

美国在进行对外干涉时，并不是一视同仁，而是对被干涉对象持双重标准，区别对待。新帝国主义论者罗伯特·库伯说得很明白："在我们之间，我们按照法律和公开合作安全的基本原理来运作。但是当对付那些欧洲后现代大陆之外的老式国家时，我们需要回到先前的粗暴方式——暴力、先发制人的攻击、欺骗等，总之使用任何那些仍然生活在19世纪的世界中的国家之间交往所必需的手段去对付他们自身。"[2]

为了利用干涉达到自己的目的，有些美国政客甚至本末倒置，将听取民意当成绊脚石。他们认为，美国的道德立场束缚了美国的手脚，而敌人正是利用了美国较多顾忌舆论的压力而不采取军事行动的习惯为所欲为。罗伯特·卡普兰2001年在《国民利益》上发表了一篇文章，说未来在战争越来越非常规和不宣战的环境下，国际法将越来越难以发挥作用。在面对敌人的时候，"我们的道德观是我们最致命的弱点"，认为在需要对暴行作出迅速反应的情况下，民主磋商将变得不切实际。[3]

---

[1] Sebastian Mallaby, "The Reluctant Imperialist," *Foreign Affairs*, March/April, 2002.

[2]〔英〕克里斯托弗·哈维、〔英〕科林·马修：《日不落帝国兴衰史——十九世纪英国》，韩敏中译，外语教学与研究出版社2015年版，第120页。

[3] Steven Mufson, "The Way Bush Sees the World," *Washington Post*, February 17, 2002.

（三）"邪恶轴心"说的提出与"预防性干涉"的施行

"9·11"事件之后，美国政府并未考虑人员伤亡、国际法、国会等方面的因素，快速地采取了军事行动。小布什放权给国防部部长和中情局局长，他们可以在阿富汗战争中采取一切可行的行动。2002年，布什发表了上台以来的第一个国情咨文，提到当前全球面临的威胁史无前例，除阿富汗以外，伊朗、伊拉克、朝鲜等国都在试图发动大规模的战争，并使用具有高度杀伤性的武器，各恐怖主义国家结成了"邪恶轴心"，极大地威胁到了世界的和平与发展。2005年1月18日，美国国务卿总统提名候选人赖斯在参议院外交关系委员会听证会上提出了一份包含六个国家的黑名单，其中就包括了朝鲜、伊朗，这和2001年布什提出的"邪恶轴心国"黑名单十分相似。赖斯在听证会上指出，将利用外交的方式来处理"公共安全中存在的威胁"，并"在世界范围内宣传自由和民主"。

在舆论塑造的非善即恶大环境下，反恐战争被包装成了一场为道义而战的战争。因战争而带来的一切后果都被认为是必然的结果。如果这些后果让某些人不舒服，小布什就会为此找到托词：我们更伟大的目标就是把野蛮人驱赶出去，尤其是赶到美国以外。在这样的大环境下，反恐战争成了一场永远看不到尽头的战争。

"邪恶轴心"说表示小布什政府要打击的对象比之前更加广泛。很多共和党人曾批评克林顿政府在还未制定出相应政策的前提下就采取行动，没想到比他更甚的是，小布什政府除了转变主战场之外，政策都没制定就开始发动战争。正如乔治·奥威尔在其小说《1984年》中讲述的，战争已经是一种常态，"战争即和平"。

美国对外干涉时的"核门槛"也越降越低，越来越倾向于使用冷战时忌讳使用的武器。冷战时期，美国虽然多次考虑动用核武器，但一直非常谨慎地加以掩饰和保密，直到20世纪90年代才成为公开的秘密。但是"9·11"事件之后，美国更加直白地谈论使用核武器的可能性。美国准备在未来的军事冲突中使用载有常规弹头的洲际弹道导弹袭击敌方目标。美国国防部一位高级官员表示，国防部一直在寻找对抗威胁美国及其盟国的大规模杀伤性武器的办法。国防部官员证实说，他们在制订相关计划，以便在今后可以使用这些武器。

在小布什任职期间，美国从"预防性防御"转向"预防性干涉"。"预防性干涉"的核心是"先发制人"。对美国来说，军事手段和战争已不再是最后的手段，而是可以优先使用的方式。军事手段不仅可以普遍使用，而且要提前使用。美国全球战略构想的核心正从预防或阻止"好斗"国家的战略，以及对军事入侵采取的威慑战略，转向"先发制人"地使用武装力量的可能性。这包括对那些美国认为有可能用原子、生物或化学武器进行攻击的国家进行军事干涉。这种新的"预防性干涉"，以"先发制人"来"保护世界不受恐怖分子和暴君的打击"，与美国长期实行的"遏制和威慑"政策完全不同。传统的冷战政策是建立在敌人不会主动袭击美国的基础之上的，因为这种袭击只能给他们带来破坏性更大的报复行动。小布什指出，大家都知道以暴制暴的方式对于遏制恐怖主义行动丝毫不起作用，因为恐怖主义者不用"守护自己的家园和人民"。假如"专制独裁者掌握着庞大的武器，他们有可能将其交给恐怖分子"，所以牵制专制者也没什么作用。美国绝对不能毫无行动，坐等这些恐怖分子出现。美国提倡的军事理论需要对专制者提前采取专制措施。"防御性干涉"使用的是一条古老的指导原则，即"进攻是最好的防御"。

哈佛大学肯尼迪政府学院院长约瑟夫·奈在其著作《美国霸权的悖论》中指出，人道主义干涉处于危险的威尔逊主义和狭隘的布什现实主义之间，将民主、人权和国家安全融合起来，必然需要遵循下列原则：清楚判别人道主义的类型和程度，并针对不同问题运用不一样的干涉方式，如谴责、制裁应限于针对个人而非国家，不应滥用武力；干涉应确有正当理由并且成功的可能性很大；使用武力时应确保在别人看来有正当理由，避免不恰当的伤害无辜；手段与目标成正比；在强化人道主义利益时还需要考虑到其他利益；支持其他角色参与到行动中来，并重视他们领导作用的发挥；如果当地政府不愿意发挥作用，美国需要有独立行动的认识；应支持欧洲建立联合特遣部队的设想，在美国不便卷入的地方发挥作用；对种族屠杀要有清楚的认识，防止同类事件再次发生，而且需要在事情发生的时候采取相应的解决方案；提防民族内部发生内战，干涉要把握好度，注意处理问题的方式方法，尽可能避免明确支持某个族群，支持普遍自决权原则可能产生灾难性的后果。①

二、义利之辩：美国人道主义干涉的动机

人道主义干涉的动机一直是最具争议的问题。由于干涉国家从来不会直言对外干涉的真实动机，想方设法用人道的或比人道主义更为动听的理由掩盖起来。到底是什么目的驱动西方国家采取对外干涉行动，至今没有绝对令人信服的解释或答案。几个世纪以来，欧洲殖民列强的扩张和相互争夺结束了美洲、非洲和亚洲一些地方的原始状态和大一统局面，所带来的国家意识、宗教意识、种族意识、扩张意识，促成殖民地人民的觉醒，也为一些地区冲突埋下了

---

① Joseph Nye, *Paradox of American Power*, Cambridge: Harvard University Press, 2002.

永久祸根。仇恨的种子在西方撤出非洲大陆及其他地方后继续发芽,在冷战结束后再次冲破表面上的覆土迸发出来,这些冲突为西方国家以人道主义理由干涉或卷入战争提供了机会。

(一) 全球霸权

1996年7月,《美国国家利益报告》列举了5个对美国至关重要的国家利益,其中包括"阻止在欧亚出现霸权势力、阻止出现挑战美国的海洋控制权的大国"等,由此,美国完成了对国家利益的重新定义。《美国国家利益报告》提出:"今后将按照美国国家利益至上的'美国中心主义'行事。"这样,美国就确立了单边主义色彩非常浓厚的21世纪战略,即"继续保持能够维持唯一超级大国地位的军事力量,遏制在欧亚大陆、太平洋和大西洋出现向美国发起挑战的霸权国家和集团"。

2002年3月11日,小布什发表讲话说,如果不挫败美国的敌人,那么无论他们是谁、在哪里,都会对美国构成"大规模灾难性的恐怖主义"威胁。他警告说美国面临着前所未有的新的危险,而且这种危险似乎相当持久。多年来,美国正是利用这个借口作为政治上获利的手段。美国政客在谈论国际体系时,常常说,"我们为什么需要帝国"?"美国站在国际道义之巅""为世界作贡献"。事实上,美国政界广受追捧的新帝国主义论以追求本国绝对优势和绝对安全为出发点,这种新帝国主义论所追求的就是美国独霸天下、一家独大的单极世界格局。

哈佛大学肯尼迪政府学院院长约瑟夫·奈认为:"国际社会的利益并不是虚幻的,而是美国国家利益不可分割的一部分。"他在其著作《美国注定领导世界?——美国权力性质的变迁》中指出:"美国能否独领风骚不仅仅取决于我们的军事和经济实力,而且还取决于我国文化和价值观的软力量，取决于我国的政策是否让人觉得我们听取了他们的意见、顾及了他们的利益。"①可见，无论他们代表"现实主义"还是"理想主义"，都没有摆脱将世界人民的利益放在美国国家利益的大框架内思考问题的传统思维，其制定对外政策的出发点都是如何对美国有好处。作为"世界领导者"，美国"理应"站在世界人民利益的高度，将美国的国家利益视为世界人民利益的一部分。

以"人权高于主权"为内核的人道主义干涉理论和实践严重动摇了以《联合国宪章》为基础的现行国际秩序。在资源和权力分布极其不均衡的国际社会，《联合国宪章》确立的主权原则在国际法层面保证了国家不分大小一律平等。在国际社会无政府状态下，主权国家平等、未经联合国授权不得使用武力等原则为主权国家特别是小国生存提供了最低程度的保障。一旦主权原则被破坏，大国就可以为所欲为地实施侵略行为，或按照自己的意愿采取武装行动。因此，美国打着人道主义救援的旗号对外干涉，就是推行霸权主义，旨在建立一个以它为中心的新的国际霸权秩序。人道主义干涉就是美国建立新的霸权秩序的重要工具，体现了其对待非西方国家的专横跋扈，对国际秩序的稳定构成了相当严重的威胁。近20年来美国全球霸权战略和系列人道主义干涉战争行动就是例证。

（二）国家私利

约瑟夫·奈说："我们一般（种族灭绝的情况除外）应当避免使用武力，除非我们的人道主义利益还因为有国家利益而更加突

---

① 〔美〕约瑟夫·S. 奈：《美国注定领导世界？——美国权力性质的变迁》，刘华译，中国人民大学出版社2012年版，第21页。

出,否则我们大概不会有必要的持久力。"[1]这段论述直接暴露出美国进行人道主义干涉时的国家利益考量。

1. 资源和能源争夺

20世纪末,美国政府提出了在新世纪的新一轮国家战略,其中明确指出美国的能源消费中,石油消费占消费总量的四成以上。但是,这种大量的石油消费有50%以上来源于波斯湾地区国家的进口。从当前来看,国际上已经勘探出来的石油存储国家,集中分布在中东地区,而且各国对该地区的石油都较为依赖。从长期来说,石油是不可再生资源,随着大规模的开采和使用,终有资源枯竭的一天。尽管美国采取了一系列的措施节约石油资源的消费,但与日益增长的消费需求相比,仍捉襟见肘。因此,为了能够更好地控制中东地区的石油资源,能源输送线路变得越来越重要,占领或拥有输油或输气管道成为引发战争的重要诱因。

美国拥有和控制着大量的不可再生资源。然而,它还始终奉行着资源扩张和侵占的战略,对其他国家的自然资源进行抢夺和控制。要确保自己的优势,就必须拥有强大的军事战斗力,这样才能对其他国家的资源进行控制。中东国家以伊拉克为代表,是典型的石油储量丰富的国家,其石油储量占全球石油总量的一半以上。有人将小布什向伊拉克开战的决定称为"石油强权政治"。英媒就说美国推翻萨达姆政权行动最深层的驱动因素是石油,"石油在美国人的小算盘中可能比民主或人权更加重要"。由于美国对石油资源高度依赖,这成为拥有大量石油资源的小国与美国之间较量的重要筹码。20世纪70年代,中东战争正式引爆,这些石油输出国联合起来对美国进行施压。它们所采取的方式就是减少石油的开采量,同时提高石油出口的价格。

---

[1] 〔美〕约瑟夫·奈:《论权力》,王吉美译,中信出版集团2015年版,第34页。

第四章 强权逻辑与所谓"人道价值"：美国的人道主义干涉

　　以美国为代表的发达资本主义国家，对石油进口主要依赖中东等发展中国家，这些国家一个明显的特征就是国内局势较为动荡。只要这些国家发生大规模的动乱，必然会影响到石油资源的出口。美国的一些石油大亨和集团为了能够更好地从中东和亚洲一些国家获取石油资源，强烈主张在该地区兴建军事基地。在石油资源的争夺战中，敌人和朋友之间的界限变得没那么清晰，这些国家或者集团之间经常进行合作，当然也经常翻脸，合作关系显得异常的脆弱。例如，20世纪末美国与沙特之间本是友好的石油资源合作关系，为了能够更好地控制沙特的石油资源，在21世纪初，美国的兰德公司建议当局政府在必要时可对其采取强制措施，夺取沙特的油田资源。"9·11"事件是美国政府外交政策转变的一个关键点，事件发生后该国的外交政策由强硬开始向稍微缓和转变。但是，只要是涉及不可再生能源这一问题，美国从未让步，为此与之前的盟国闹翻的事时常发生。美国政府始终坚持，不到迫不得已绝不在本国领土范围内开采石油资源。

　　考虑到美国人均资源的巨大耗费，美国人口不断增长等情况，美国政府为保证其资源供应，试图通过软硬兼施的方式，将一些资源储藏丰富的国家培植成为自己的资源供应国。

　　从巴尔干向东一直到中亚地区，还有中国的西北部，是当前世界上已勘探出来的大规模资源储藏地。这些地区的石油储备量占全球总量的七成以上，天然气储备量占四成以上，势必成为世界头号资本主义大国的必争之地。美国政府为了能够更好地控制这些国家的资源，利用当地局势动荡和内部暴乱，对这些国家的内政进行干预，争夺输油管道控制权。

　　2.军事利益和存在

　　西方国家对外采取的军事干涉行动，越来越受到国际社会和国内力量的反对与制约，这种反对与制约和其他因素一起促成了西方私营军事公司的兴起与军事干涉的私营化。买方市场（尤其是二战后在"非殖民化"过程中涌现出的一批基础薄弱无法自保的国家和一些谋求完全国家地位的次国家实体）向外国寻求军事保护或军事服务的需求成为促成这一趋势的另一因素。这些因素结合在一起，向国家垄断强力部门的现状发出了挑战。这种挑战有时违背政府意志遭到打压，有时致使政府部门（如国防部）产生利益竞争，有时则与政府部门形成同谋关系。

军事干涉的私营化带来的另外一个结果是个人与企业的赢利。西方一些个人或某些非政府组织，推动甚至直接从事海外人道主义干涉的动机和目标都是赢利。人道主义救援可以为一部分人提供就业机会以及在海外工作的机会。对企业家、军工集团和退役的将军们来说，利用自己的关系和地位，卷入冲突地区事务，从政府那里招揽合同，更是获取高额军事利润的好机会。对他们来说，人道主义干涉并不是基于人道、同情、慈善的道德使命，而是一种谋生、生财和获利的企业行为。

军事干涉的私营化与一批以赢利为目的的私营军事公司紧密相关。私营军事公司是指专门从事国内外军事服务的私营公司，一般由退役将军组建，其业务范围包括提供军火设备、军事训练、顾问、后勤保障、监听、扫雷等，甚至直接作为雇佣军参战。与非政府组织不同，私营军事公司公开以赢利为目的做生意，但大多打着解决冲突的旗号。

英、美等发达国家都在研究如何利用私营军事公司的问题，并试图将本国政府及联合国的一些军事使命"私有化"。这些国家的议员认为，私营军事公司能节省国际维和行动的开支，减少政府行为造成的严重影响。从20世纪70年代开始，私营军事公司就一直

第四章 强权逻辑与所谓"人道价值":美国的人道主义干涉

在训练全世界那些最不正规的部队。当时,一群越战老兵发现销售军事专长可以赚钱,就教授沙特阿拉伯部队如何保卫油田,私营军事承包商由此产生。冷战后,这类公司的业务蓬勃发展。它们是现代的雇佣军,其武装不是武器,而是计算机。它们目前在40多个国家活动,依据的往往是这些国家与美国政府签订的协议。

20世纪90年代以来,美国政府发现可以从一些军事行动的非官方执行者那里获得诸多便利。由前五角大楼高级军官创办的私营军事公司越来越多。这些公司或配合政府的军售,或只承包整个军售的某个环节如售后服务或人员培训等。在巴尔干半岛、车臣、南美国家内部冲突中,军事专业咨询公司作为一支额外的美国军队充当了重要的外交工具。

在20世纪90年代的十年里,私营军事公司在输出安全保卫、战略及训练外军等工作中悄悄地扮演着重要角色。在私营军事承包商中,最著名的公司是军事职业资源公司(MPRI)。它于1988年由八位退休高级军官组建,包括前陆军参谋长和其他七位退伍将军。董事会成员还有前参谋长联席会议主席、前联邦调查局助理局长等人,其总部设在弗吉尼亚州的亚历山大里亚市,在克罗地亚、沙特,以及中国台湾地区等地设有分支机构。军事职业资源公司主要承包美国国防部项目如维和监控,对外提供技术和培训服务。该公司按照与五角大楼签订的合同训练世界各地的军队。

"9·11"事件后,美国的国防企业获得了新的发展机会。美国军方特别关注高科技武器和有关情报收集科技方面的电子器材。英国宇航系统公司(BAE Systems)要求美国国防部把它当作一家美国公司对待,希望能够在全世界最大武器采购国的合约里分一杯羹。

国际干涉的种种问题促进了国际雇佣军的发展。雇佣军再也不被认为是只起次要作用的部队了。在后殖民主义时代，现代欧洲雇佣军正在取代非洲本地军队。在20世纪90年代的十年间，从巴尔干半岛、非洲到太平洋，私人武装活动激增。在许多战场上，一些国家的失控和国际干涉力量的卷入为新角色的出现提供了有利条件。雇佣军职业越来越多样化、专业化，私营军事公司得到前所未有的发展。

在混乱的冲突地区，私营军事公司名义上是帮助客户训练部队，但实质上很难将其行为与直接的军事参与区分开来。维耐尔公司的两名雇员和另一家私营军事公司的一位雇员说，1991年2月，当萨达姆的部队入侵沙特阿拉伯边境小城哈夫吉时，维耐尔的雇员就曾与沙特的国民部队并肩作战。

在阿富汗，美国一开始只是计划最多让150名特种部队士兵培训阿富汗新兵，然后打算把这项工作转给美国的私营承包商。阿富汗开战后，美国国防部官员多次说，阿富汗只有拥有自己的军队才可能创造稳定的局面。如果阿富汗不想再当恐怖分子的安全港，国家的稳定至关重要。美国国防部部长唐纳德·拉姆斯菲尔德说，他也许会从国会和其他外国政府处寻求必要的经费支持这一部队的建设。由于驻阿国际治安部队（主要是英军和德军）只能对数百名阿富汗新兵进行基础培训，而要制止地区冲突和进行边境巡逻，还需要其他成千上万名潜在的阿富汗士兵接受培训。国防部需要"公司战士"在阿富汗完成任务，试验他们的能力，然后就可以把他们送到其他地区。布鲁金斯学会外交政策研究计划研究员辛格说："对于这些大公司来说，这是一项大生意。这些大公司激烈争夺着参加阿富汗军队组建和反恐战争的机会。"[①]

---

① Esther Schrader, "US Companies Hired to Train Foreign Armies," *Los Angeles Times*, April 14, 2002.

尽管北约国家的武装部队都是职业军人,但西方政府一心想要避免军事人员蒙受损失的风险,因此,私营军事公司成为一项可以利用的替代选择。另一方面,为了消除冷战结束后国防预算大幅削减的影响,有些军队忙于从事非正规的军事活动,如出于商业目的对外出租军事设施,或者动用空军飞机在巴塔哥尼亚做商业飞行。当兵打仗的本质已经发生了变化,军队正在成为单纯的"穿军装的公务员",他们关注着文职专业人员所关注的所有重要问题,如工会、劳工争端以及职业琐事等。此外,无伤亡战争的概念以及低附带损失的政治需要将军队指挥官变成了公关人员。他们不得不解释,一种"精确"武器怎么会把平民乘坐的公共汽车同重型坦克混淆在一起。无伤亡战争神话的扩散对后工业化国家军队的特性产生了不小的影响。

私营军事公司和雇佣军在南美留下的大多是坏记录。由美国政府赞助并培训的玻利维亚反毒军队犯下杀人、纵火、抢劫等罪行,在遭到政府通缉后,竟然企图以武力抵抗。在哥伦比亚的一些地区,商务公司、准军事组织的游击队、毒贩、正规军和警察部队并存。从秘鲁到墨西哥,犯罪集团在拉丁美洲建立了避难所。在无休止的内战和冲突中,处于叛军和私人控制之下的非正规经济活动和私人军队的激增,证明政府实施国家核心职能的唯一或权威地位受到了挑战。

军事利益的存在让私营公司蠢蠢欲动,特别是有些时候,私营军事公司就是受雇于政府,发动武装干涉行动产生的经济和政治利益让二者勾结在一起,披着保护对象国民众的羊皮,实际上是对外国政府进行政治和军事干涉。然而,不同的国家发生人道主义灾难时,美国所采取的行动却不尽相同。如果发生灾难的国家涉及美国的相关利益,它必然会采取措施;反之,则不会。例如,在卢旺达大屠杀事件中,由于该国与美国之间没有任何利益关系,所以面对这样的灾难美国无动于衷。

从常理来讲,不论任何国家、任何群体发生了人道主义灾难,都应当受到救助,这与国家利益没有任何关系。然而,这种极强的选择性干涉暴露了美国人道主义的虚伪性,满嘴的"仁义道德"不过是美国干涉他国、掠夺资源的一个幌子。

(三)意识形态

苏联解体之后,西方的资本主义国家叫嚣,共产主义的倒台将推动着民主体制向纵深发展,它们窃喜终于没有敌对的意识形态可以与其所谓的民主体制相抗衡。而且,这些资本主义大国认为,引发冷战局部的最根本原因就是有些国家不是民主体制。西方国家一直鼓吹"民主和平论",认为只有民主体制下的国家才能实现和平,于是,将目光锁定在了一些发展中国家,利用该国内部的暴乱,对其内政、军事等进行干涉,暴力推行自己的民主体制,帮助该国建立新政权。

西方国家将自己的民主体制奉为最好的政治体制,总是想方设法向其他国家进行民主输出。布莱尔曾在公开场合宣称,英、美的民主体制是自由、平等、尊重人权的正确价值观,将这种正确的价值观传播给其他国家是我们的职责。所以,面对米洛舍维奇的"独裁"统治,我们发动了科索沃战争,这场战争并不是为了占领他们的领土,而是为了将民主的法治体制传递给他们,帮助他们树立正确的价值观。当然,他的这种谬论其实只是西方国家民主输出的一种借口,为的就是将本国的意识形态强加给其他国家。

在意识形态输出方面,做得最多、最为霸道的就是美国。前总统乔治·布什曾说,推动国际和平与民主是美国的使命。前总统克林顿在位期间，也是将民主输出作为美国的一项重要国事。他曾经在讲话中说，冷战期间我们要高度重视和抵御自由制度，将他们这种不民主、不公平、不尊重人权的制度毁灭。前国务卿奥尔布赖特在公开场合说，我们要致力于将全球构建成为一个全部由民主国家构成的大民主集合体，所有不推行民主体制的国家都是大家共同的敌人。

综上所述，决定美国是否进行干涉行动的因素有很多，其中最重要的因素有两项：一是是否牵涉到国家利益；二是是否具有相同的意识形态。人道主义因素仅是其行动的一个冠冕堂皇的借口。

三、美国人道主义干涉的影响

众所周知，人道主义干涉的初衷是为了让该地区内的人道主义灾难尽快结束，对该地区的民众进行人道主义救助。干涉的出发点和最终归宿都应该是人道主义，目的是当国际社会中的一个国家或者地区发生人道主义灾难时，其他国家能够施以援手。以美国为首的西方国家为发生人道主义危机的国家和地区提供物质与资源援助，一定程度上帮助了当地人民，也试图去恢复当地的稳定与秩序。然而，正如前文所说，其在干涉动机中夹杂的利己因素、干涉对象选择过程中的双重标准、干涉手段的简单粗暴，以及干涉后果处理的不力不当，不仅没有发挥人道主义干涉的正当作用，反而带来了一系列不良后果，消解和颠覆了人道主义干涉的本质属性，制造了新的人道主义灾难，干涉和侵犯了他国主权，扰乱了地区与国际秩序，也制造了新的冲突和不稳定因素。

(一) 消解和颠覆了人道主义干涉的本质属性

人道主义干涉的行为者通常在进行人道主义救援、维护人权时，将自己的价值观强加在别人身上。其实，以美国为首的西方国家在进行人道主义干涉时不可能单纯地是为了维护该地区的人权，多多少少都会隐藏着一些其他目的。美国教授福赛斯曾在研究中指出，几百年来，鲜有强国是纯粹出于为了维护人道主义而对其他国家进行干涉的，干涉过程中难免都会伴随着一些经济或者战略目的。美国对其他国家的一些人道主义干涉，没有一起不是带有强烈的经济、军事、资源占有等色彩。

美国对伊拉克发动的战争，从本质上来说就是打着人道主义干涉的幌子，为自己获取石油资源提供便利。美国对伊拉克这么多年的军事战争和经济封锁，使得这个国家的经济、社会发展至少倒退了几十年，根本谈不上人道主义。同样，对科索沃的人道主义干涉，使得该地区的民众生活更加艰难，人道主义灾难更加扩大。

类似的这种人道主义干涉，逐渐成为西方国家推行霸权和资源抢夺的重要手段。人道主义干涉的权利和责任，在这么多年来的实践案例中从未被重视和认真履行过。这些国家都是打着人道主义干涉的旗号，试图实现自己的潜在目的，使得这种干涉逐渐失控。

当今世界，国与国之间比以往任何时候的联系都更加紧密，弥合道义与战争两者之间的距离成为美国对外政策的主要挑战。

(二) 催生和制造了新的人道主义灾难

以美国为首的西方国家，对别国实行人道主义干涉的过程中往往会制造更加惨烈的灾难。例如 20 世纪末，美国对科索沃开展所谓的人道主义干涉，不仅没有平息当地的斗争，为民众带来安定的生活；相反，却酿成了更加严重的灾难性后果。

据有关调查显示，自美国干涉后，当地超过 200 座城镇被轰炸，医院、学校等各类公共设施遭到严重破坏，数十万普通民众丧失生命，两三百万人失去了生活保障，民族的矛盾被更加激化。军事打击结束之后，整个科索沃变得满目疮痍，难民比干涉之前增加了 50 万人。如此严重的灾难性后果，仅被北约媒体称作是人道主义干涉过程中不可避免的结果。伊拉克战争也是如此，长时间的政治、经济、军事封锁，使得很多无辜的伊拉克人民在战争中死去。

大部分的人道主义干涉都是出于经济和战略目的，如果一旦利益丧失，那么这种干涉就很容易消失，使得整个局势更为动荡。例如，当美国的利益在索马里受到损害后，就毫不顾及联合国的整体行动，置索马里人道主义危机于不顾，毅然将维和部队从索马里全数撤离，最终导致索马里变成了一个海盗猖獗之地。

美国等西方国家的卷入和干涉是造成一些地区、国家混乱和极权主义的主要原因，而选择是否卷入混乱或干涉人道主义危机则与美国及其盟友的利益挂钩。只有石油输出量很大，足以影响美国及其他西方国家重大利益时，美国才有可能干涉。

一些战略地位重要的国家成为大国争夺和干涉的目标，而其人民成为争夺与干涉的牺牲品。拥有能源或占据能源通道的国家虽然可以利用石油输出作为制约美国等石油需求大国的有利筹码，但也让自己变成了列强竞相角逐的对象。虽然美国自诩不会攻击一般国民，但炮弹轰炸最多的还是平民。

阿富汗是世界最贫困的国家之一，但由于其所处的地理位置特殊，常常受到周边国家和大国的干涉。正如日本宇都宫大学教授清水学所说，阿富汗是"被国际政治所愚弄的悲剧"。从 19 世纪到 20 世纪初，英国曾三次同阿富汗作战，虽然结果都失败了，但其入侵给阿富汗国家和人民造成了深重灾难。

（三）干涉和侵犯了他国主权和国际秩序

从伦理上来讲，人道主义干涉拯救的并不是本国公民，而是国际社会中的"陌生人"，他们属于其他国家与政府负责范围，超越了民族国家界限和现代责任政府理念，与传统的国家主权概念本就有潜在的冲突，因此，获得联合国授权成为衡量国际人道主义干涉合法性的重要标准之一。然而，以美国为首的西方国家施行的人道主义干涉大部分没有经过联合国授权，自己扛着道德的旗帜，自行判断被干涉者的罪与恶，也私自决定干涉的手段，其中不乏武力行动、支持反政府武装、颠覆被干涉国既有政权、扶持亲美或亲西方领导人上台等践踏国际法原则的行为。这种对他国主权和领土的粗暴干涉，严重破坏了自主权原则创立以来的国际社会规范与国际秩序。

北约宣称在科索沃进行人道主义干涉的初衷是为了更好地缔造该地区的和平，消除米洛舍维奇的"独裁"统治，解救人民于水深火热之中。北约的这种缔和行动与联合国的维和行动相比，更凸显出了强烈的攻击性。北约对科索沃进行人道主义干涉没有经过相应的法理程序，而是直接运用武装暴力对其进行干涉，所以没有合法性。北约在干涉中采取主动和迅速进攻的方式，一方面是为了证明自己行动迅速有效，一方面也是希望能够通过此举消除其干涉的不正当性。

在这个过程中，势必会带来以下两个影响：其一，由于干涉行为非常迅速，而且是主动攻击，放弃外交谈判解决问题的途径，那么必然会导致灾难范围更大、程度更深；其二，由于这种行为没有遵守联合国相关批准程序，没有得到联合国安理会的授权，所以是不正当行为，而且，这也容易产生一定的不良示范作用，其他国家也有可能会打着这样的旗号，对别国进行干涉。科索沃事件中，以上的不良影响都有所体现。北约在所谓的人道主义干涉中，将有效性奉为第一，正当性摆在最后，这种强权干涉的行为为国际局势的动荡埋下了隐患。

（四）制造了新的冲突和不稳定因素

以美国为首的西方大国在过去十多年来打着"推广民主""保卫人权""构建国家""控制恐怖主义活动""防止核扩散"等口号，强权干涉他国事务，擅自推翻他国政权，在世界多个国家和地区打开战争与冲突的潘多拉盒子，制造了新的冲突和不稳定因素。干涉之前，编造堂而皇之的理由；干涉过程中，利用他国和当地（反对派）军队，极力避免己方军队的人员伤亡；干涉后，察觉帮助构建民主自由国家困难重重后，想方设法撤退。[1]这样一种"巧干涉"，让被干涉国政权动荡，民族分离，国家分裂，民众伤亡惨重，建设停滞不前，无数人离开满目疮痍的家园踏上前往异乡的路途寻求避难，无数人因痛恨西方而甘愿沦为恐怖主义者手中的利器。这种不负责任的强权干涉，不仅破坏了被干涉国家和地区原本的政治生态；反过来，也对干涉国本身的国家安全和国际声誉造成了很大的破坏。西方国家依靠强大的国力在世界其他地区和国家强制推行民主，造成当地政权更迭，人民流离失所；而反过来，失去家园的民众因痛恨这些干涉国，自愿加入极端组织，在这些国家频频制造恐

---

[1] 高婉妮:《新时期的和平赤字：强权干涉、地区冲突与恐怖主义》，载《红旗文稿》，2017 年第 18 期。

怖主义袭击，造成民众恐慌和无辜伤亡。

以打击"伊斯兰国"为例。尽管伊拉克国防部声称"'伊斯兰国'在伊拉克的存在永远结束了"，美国支持的库尔德武装叙利亚"民主军"也对"伊斯兰国"所谓的"首都"形成全面包围之势，看起来，"伊斯兰国"在中东战场上的生存空间已越来越小，然而，这并不能代表对极端势力的战争已经胜利。"伊斯兰国"即便在实体上消亡，其组织架构也可能转入地下，武装分子化整为零，外流甚至回流到中东以外的世界其他地区，制造袭击，引发社会恐慌与动荡。这点从近期欧洲频频发生的"独狼式"恐怖袭击就可看出一些端倪。这些"独狼"在恐怖组织的极端思想影响和煽动下，选择人群聚集的"软目标"，自发策划、准备和实施恐怖袭击，很难追捕。

反恐战争的展开引起了新一轮人道主义干涉浪潮，也制造了新的冲突和不稳定因素。南亚次大陆、拉美、西亚非洲、中亚—高加索将是今后西方干涉的重点或潜在地区。在中东，反恐战争会带来第一次世界大战后奥斯曼帝国崩溃以来从未出现过的骚乱；南亚次大陆最危险的根本趋势是中央权力的削弱及印、巴之间不断升级的冲突；对中亚地区"专制统治"形成反抗的只有伊斯兰势力，其威胁可能会带来一种新的大国协作；非洲的一些政府管理薄弱的地区将给全球恐怖组织提供新的机会和避难所。"9·11"事件后，内战在继续，地方性经济危机依然存在。

（五）引发了大规模难民危机

2015年夏天，深受贫穷、战乱困扰的中东、北非难民铤而走险，一路颠沛流离、风餐露宿，前往欧洲谋生，形成二战以来最大规模的难民危机。欧盟统计局发布的数据显示，申请避难者的三大来源地分别是叙利亚、阿富汗和伊拉克。"这些国家具有一个相同的特点，它们是以美国为首的西方国家的政权颠覆目标。"美国打着人道主义干涉的旗号，以"救世主"的身份悍然发动了阿富汗战争和伊拉克战争，又在被西方冠名为"阿拉伯之春"的大规模民众暴乱中煽风点火，助推了利比亚和叙利亚的战乱。西方的干涉，不但没让这些国家迎来"民主改造"的"春天"，反而令它们陷入了失序与混乱的"寒冬"，政局动荡、经济恶化、教派和部族之间激烈冲突，最终引发了大规模难民危机。

在人道主义干涉中滥用权利，同其他任何权力在不受制约时的滥用一样可怕。再美好的目标，都不能给北约屠杀民众的暴行套上虚假的光环。

尽管联合国教科文组织、世界粮农组织和世界卫生组织等专门机构在维护人道主义方面享有盛誉，但在美国看来，无论是国际法还是联合国都无法真正撼动其霸主地位，无法约束其各种行为，美国政府才是真正的霸主。而所谓的全球化战略、维护世界和平和加强国际交流等虚无的理想目标只是部分不知实情的美国人和欧洲人茶余饭后的闲谈罢了。尽管人们对美国的"一超地位"并不完全认可，但是在美国已经流传诸多关于成为"世界领导""帝国"的舆论，也进一步显示了美国的企图和野心，其不仅仅局限于成为"唯一超级大国"，而是要在"一超多强"的基础上更进一步。"法治"是美国一直标榜的目标，然而美国倡导的却是超越国际法的"美国法"。也就是说，针对美国眼中的"失败的国家"，美国有权采取军事行动干涉其内政，但是，即便这些国家的人权遭受了美国军队的侵犯，国际法也无权对其进行制裁。

冷战结束后的10年表明，国际政治正在发生深刻的变化，"全球管理"或"世界内政"这样一些概念在逐渐地进入政治讨论和政党纲领之中。这种联想与20世纪的世界政治密切相连,在19世纪和20世纪的世界政治中,需要通过军事手段解决的安全问题和有军队作后盾的民族国家的强权政治居于世界政治的中心。民族国家的主权受到侵蚀,政治的优先地位和政治行动能力将越来越多地取决于跨国界和全球性的合作。①

美国在人道主义干涉问题上的行为,已经对联合国维护世界和平,以及构建现代国际法体系的初衷和作用造成了极大的负面影响,联合国的作用正在被逐渐削弱。理查德·哈斯作为美国国务院政策计划处主任,也是"有限主权论"的倡导者。该理论认为,如果一个国家不顾自身公民的合法权利而任由专制政权和别国在本国开展所谓的国际反恐行动,那么这个国家也就不能期望依靠国际法来保护其主权。这些国家未完全履行现代世界公认的行为准则,因此也只能得到有限的主权。而美国却将借由反恐干涉别国内政或者保护该国公民免遭专制政府残害等,视为应尽的道德义务。

然而,美国现实主义学者研究了美国的历史后指出,美国看上去具有自称区别于他国的人道主义传统,而实际上却从来没有放弃过对国家利益和强权的考虑。当美国的外交政策面临在干涉与中立之间作出一系列选择时,在墨西哥战争前和美西战争后面临扩张与维持现状的选择时,在第二次世界大战中选择是反对轴心国还是保持孤立状态时,美国总统考虑的都是国家利益和强权。美国学者肯尼斯·汤普森指出:"无论他们是如何措辞的,他们的决定都主要不是建立在高尚的道德原则之上,而是建立在对国家安全和国家的自我保护的判断之上的。"②2015年,欧洲难民危机爆

---

① 〔德〕迪克·梅斯纳:《欧洲联盟在新的世界政治中的前途》,载《国际政治与社会》,2001年第1期。

② See Kenneth W. Thompson, *Political Realism and the Crisis of World Politics*, Lanham: University Press of America, Inc., 1982, p113.

发之后,大批难民从叙利亚、伊拉克等国出逃,他们悲惨的境况引起了全世界的同情。而作为始作俑者的西方国家不但没有反思自己的行为,反而对最需要人道主义救援的难民要么袖手旁观、置之不理,要么推诿扯皮、不愿接受,其利己表现与其宣扬的自由、民主、人权差距是如此明显。

作为肇事者之首的美国的表现最令人失望。几年来,美国一共只接收了数千名难民,远远没达到国际组织所要求的接收数量。奥巴马政府在难民问题上消极应对无所作为,而特朗普政府更是以美国国内白人利益为执政旨归,仇视外来移民,连着颁布了两道令世界哗然的禁令,丝毫没有为自己国家所犯错误承担责任的意思,其虚伪性暴露无遗。正如美国学者肯尼斯·汤普森所说:"美国从来就不像它所声称的那样有道德。"[1]

---

[1] See Kenneth W. Thompson, *Political Realism and the Crisis of World Politics*, Lanham: University Press of America, Inc., 1982, pp.150-155.

第五章
人道主义干涉的困境及发展趋势

冷战后人道主义干涉行动把对他国的人权干涉建立在世界道义基础上,称人权干涉是为了维护国际正义,以此作为干涉的价值取向,获取干涉的正当性。然而,冷战以来的人道主义干涉实践表明,维护国际正义只是人道主义干涉的华丽借口,人道主义干涉实践陷入了正当性危机。

一、人道主义干涉的伦理危机

以美国为首的西方国家所谓的人道主义干涉目的、手段、结果都是非人道的,必然引发深层次的伦理危机。

(一)非人道的目的

基于价值层面的"正当"在伦理上和道德上通常都要求这种行为为大众所接受和认可,对其他主体原有的利益不会造成损害,或不会造成过度危害,是一种必需的且可操作的行为。

冷战后的人道主义干涉可以分为:经过联合国授权而实施的一

系列制裁、维和行动的人道主义干涉；未经联合国授权由美国等国家或组织针对部分地区或国家采取的以"挽救人道主义危机"或"制止大规模种族灭绝"的经济制裁和军事干涉行动。

由联合国主导和授权的维和救援或制裁行动最根本的目标和愿望是让被干涉国不再出现人道主义灾难，使本国民众的合法权益得到保障。而除联合国组织外实施的其他人道主义干涉行为是否具有正当性有待论证。

国际社会在20世纪之前并未形成完善的制度，管理混乱等现象较为明显，尤其是在无政府状态下国际社会治理几乎成为空谈。由于尚未形成完善的国际法，使得小国的主权并不受大国的尊重和认可，在强权政治的冲击下，国家主权和独立尚且无法保证，就更不用说如何保护和尊重人权了。在这个阶段，国家间战争频发，一国可基于自身目标和考虑对别国事务进行大肆干涉，但实际上难以掩盖其侵略本质。

从本质上看，西方国家大多数是基于自身考虑和利益而采取的所谓的国际人道主义干涉，而各大国在实践中也通常会互相算计国家利益。人道主义保护也因为国际格局的日趋混乱和地缘政治环境的日益复杂而失去其最原始的初衷，一些干涉行动是为了石油等经济利益或政治目的。这些干涉不再是单纯地为了保护人权，而是对他国政权的颠覆和干涉。[1]所以，毫无疑问，各国都会慎重考虑和抉择是否采取或采取何种形式的人道主义干涉，而并不会首先考虑国际法与国际规则，基于本身的考虑居多，有时因为对该地区没有战略利益而选择对人道主义灾难视而不见。例如，奥巴马政府假装基于道义，实则基于自身目的或利益而对巴林、也门等国在与利比

---

[1] Stephen Zunes, "Libya: 'R2P' and Humanitarian Intervention Are Concepts Ripe for Exploitation," *Foreign Policy in Focus*, March 26, 2011.

亚问题上采取了不同的态度和措施。巴林等国同利比亚一样深受"阿拉伯之春"影响，国内也发生了武装镇压示威活动，但针对上述两国的武装镇压示威活动，美国不仅没有采取相应的军事干涉，也并未发表任何反对言论。究其原因，巴林和阿曼相对于利比亚而言，对美国的战略意义并不那么重要。[1]另外，美国也并未涉足非洲国家爆发的多种人道主义危机，如大规模饥荒和"政治暴力"等问题。[2]大部分西方国家首脑都会计算干涉行为所付出的代价以及收获的利益即"投入产出比"来决定是否采取基于"保护的责任"原则的人道主义干涉。

因此，就目的而言，人道主义干涉表面上或者对外宣称的目的是"保护人权""防止出现大规模的人道主义危机和灾难"等，但是，大国间的势力范围圈定和利益争夺才是其最根本的目的。干涉的结果往往表现为，干涉国通过武装力量的介入，最大限度地攫取了自己想要的利益，顺带阻止了人道主义灾难的发生或继续发生。

（二）非人道的手段

作为世界上唯一的超级大国，美国将人道主义干涉视为其外交政策的重要内容。冷战结束后，美国不断地以人道主义干涉为借口，发动对外战争，如1991年的海湾战争，是老布什总统打着帮助科威特的旗号发动的；1993年，以拯救人道主义灾难和重建国家为名，进军索马里；1999年发动科索沃战争，宣称要在全球范围内

---

[1] Michael Hughes, "US Policy in Syria and Libya: Realpolitik Versus 'Humanitarian' Intervention," *Geopolitics Examiner*, June 3, 2011.

[2] Benjamin A. Valentino, "The True Costs of Humanitarian Intervention: The Hard Truth About a Noble Notion," *Foreign Affairs*, vol.90, no.6, 2011, p68.

干预民族清洗的行为；2001 年进军阿富汗，宣称打击恐怖主义；2003 年进军伊拉克，宣称伊拉克有大规模杀伤性的武器。特别是"9·11"事件后，美国政府更是将反恐与人道主义干涉联系在一起，将人道主义干涉提升到了新的高度，提出"先发制人"战略，严重影响了国际人道主义危机的解决。

以美国为首的西方国家基于自身利益实施所谓人道主义干涉，采取的往往是不人道的行为。北约打着人道主义旗号对南联盟进行轰炸的所谓人道主义干涉堪称其残酷行动的典型。以美国为首的北约提出为"确保南联盟阿尔巴尼亚族人人权得到保护"，自 1999 年 3 月 24 日开始连续 78 天轰炸南联盟。南联盟的各居民区、商业区、民用建筑以及军事设施等都受到了空袭，甚至一些放射性或集束炸弹、导弹等国际法明令禁止的武器也被用到本次空袭中，轰炸和轰炸带来的其他负面效应造成大量平民伤亡，40 余万难民流离失所，整个国家满目疮痍，人道主义灾难非但未得到解决，反而进一步加剧。而以美国为首的北约不仅让前华约组织成员受到了严厉打击，还使得巴尔干地区的控制权掌握在北约手中，美国的霸权地位被进一步稳固。

（三）非人道的后果

在伦理学上，人道主义干涉被认为是一个值得提倡的、有助于维护和平的行为，反映了人性本善，是一种理想化状态，但实际实施的人道主义干涉通常会违背其初衷，并未让被干涉的国家获得自由、人权和平等，生活并未得到实质性改善，有时甚至会加剧当地原有的紧张局势，进一步践踏人权，干涉行为甚至演变为屠杀。正如后萨达姆时代的伊拉克并未获得所谓的和平与稳定，各方势力牵扯倾轧，社会乱象丛生，人们饱受战乱之苦、朝不保夕、困苦不堪。而在利比亚，英、法、美等国推翻了卡扎菲政权，却并没有给当地民众带来多少福祉，内乱与不稳令当地生灵涂炭，人们流离失所，生命与财产安全毫无保障。

北约对科索沃的战争被人道主义干涉理论鼓吹为维护人权伸张"国际正义"的战争。然而，这场战争真的如此"正义凛然"吗？据美国《时代》周刊1999年6月14日报道，北约轰炸南斯拉夫导致5000名军警死亡、1500名平民丧生，受伤致残更是数以万计，而在北约轰炸南斯拉夫之前，塞、阿纷争死亡总数也不过2000人！北约轰炸南联盟造成的伤亡竟比干涉前人道主义灾难本身伤亡数字还多两倍。这无疑是对西方人道主义干涉所谓的"维护人权"的巨大讽刺。暴力是一种恶，这种恶的实质不因情势的不同而发生变化，以暴制暴并不具备伦理正当性，暴力的固有特点和内在价值决定了以暴制暴的非正当性。[①]

从道德价值来判断，以维护人权名义而进行武力干涉是否具有合理性和正当性，要看这种干涉是否违背了国家平等相待和平等交往的正义关系；一个国家或国家集团发动的战争是否为正义战争，也要看是否满足所谓正义战争的原则与基本条件。沃尔泽强调，针对他国不正义而实施的干涉行为必须是基于对基本人权的捍卫，是为了终止屠杀，让更多的生命得以挽救、重获自由，而其他违背上述目的的以所谓"正义""真理"等为理由的干涉行为并不被允许。他强调，只有基于人权保护并维护主权和领土完整的干涉行为才被定义为正义战争，所以只有自卫行为才是正义战争。双方只能有一方为正义方，或者都不是正当行为。[②]总而言之，只有及时制止武

[①] 李建华、张永义：《世界伦理主义观的国际政治困境》，载《中国社会科学》，2012年第5期，第34页。

[②] 〔美〕迈克尔·沃尔泽：《正义与非正义战争：通过历史实例的道德论证》，任辉献译，社会科学文献出版社2015年版，第81—100页。

装干涉并对战争的道德评价标准和理由进行限制，才能实现对侵略行为的有效控制。由此可见，美国及北约发动的"维护人权"的战争没有任何正当性可言。

二、人道主义干涉的合法性危机

西方许多国际法研究者对人道主义干涉及其合法性进行了探讨。世界范围内的自由主义在冷战后再一次被提出。在自由主义者看来，不管从道德、权利，还是从法律上看，国际社会都必须承担起人道主义干涉重任，这也为人道主义干涉理论体系的进一步丰富和合法化奠定了基础。在瑞斯曼（Reisman）看来，某一单方面行为是否合法可以采用以下标准来判断：合法的单方面行动是否有存在于有关法律系统中的可能；假如有，就需要看该行动与合法行为的本质要求是否相符合。所以，合法的人道主义干涉应当具备以下两个条件：一是与《联合国宪章》的宗旨不相违背，或者国际干涉未被排除在《联合国宪章》外；二是在未明确界定条约时，以制度形式存在的人道主义干涉是与自然国际法相符合的。

（一）人道主义干涉与禁止使用武力原则

目前，大多数人会对《联合国宪章》有关武力的使用原则和禁止等内容尤其是哪些范围不允许使用武力，有较大的质疑或争论，这也是讨论人道主义干涉是否合法的关键。在马兰祖克看来，"这一问题至多是处于一种含混不清且无法得出总结性答案的状态"[1]。

---

[1] See Peter Malanczuk, *Humanitarian Intervention and the Legitimacy of the Use of Force*, the Netherlands: Het Spinhuis Publishers, 1993, p11.

《联合国宪章》原本就有合法性的例外存在，如其第一章第一条规定，即在不违背国际法的前提下，遵循正义的原则，采取和平的集体方式来及时阻止或消除违背和平意愿的侵略行为和威胁，以缓解国际紧张局势，解决国际矛盾，确保国际社会的安全和稳定。《联合国宪章》中明确肯定了正义行为，即同国家主权一样，国际人道主义干涉若是基于集体安全制度也会被认可和接受。《联合国宪章》第四十二条指出："假如安理会并不认同第四十一条规定，就必须采取包含联合国会员国在内的封锁、示威等空海陆军行动，确保国际社会的安全与稳定。"由此可见，安理会在《联合国宪章》中被允许实施武力干涉行为，但是这些行为必须和第四十二条的规定相符合。《联合国宪章》第二条第七项第二款中规定，第七章内执行办法并不受该原则的影响，这让联合国的活动同人道主义干涉行为的联系更加紧密。"该条文可以看出，宪章没有反对人道主义干涉，理由是人权已日益被认定为不再是限于一国管辖范围之内的事务。"[①]

《联合国宪章》关于何种情况干涉是例外的规定表明，通常情况下，多数国家会支持经安理会授权而代表联合国行使的人道主义干涉，表明这种形式的干涉行为具有合法性。但单边人道主义干涉是否具有合法性呢？主要看以下两种情况如何判定：

第一，获得联合国授权的表面多边实质单边的干涉行动，比较有代表性的案例就是伊拉克战争。这种属于典型的单边人道主义，其自认为的公平正义对于另一个国家而言可能是毁灭性的打击、是毫无道理的入侵行径，这会导致别国的民众遭受虐待。事实上，美国的这种行为是以《联合国宪章》为幌子来实施的强制行动。"《联合国宪章》第七章规定的集体措施，是构成国际罪行的责任

[①]〔美〕托马斯·伯根索尔：《国际人权法概论》，潘维煌、顾世荣译，中国科学出版社1995年版，第2—3页。

形式。"①著名学者史密斯在其研究中提到，后冷战时代人道主义危机之所以会出现，主要是由于国际社会各个行为体对上述现象沉默或者默许，一些国家采取武装行动来予以抵制实际上是对集体行动所进行的优化，确保集体行动更符合当前的社会发展需要。这类集体主义的确是满足《联合国宪章》要求的，在《联合国宪章》中就明确提到，集体行动需要包含联合国会员国之空海陆军示威、封锁及其他军事举动。而联合国安理会拥有将《联合国宪章》第七章权利赋予其成员的权利，事实上，在海湾战争中，安理会可以将行动的指挥权赋予其会员国，这是合理合法的。但是，参与行动的会员国并非安理会的下属机构，因此这些会员国的行为不能归结为是联合国主导的干涉行为。从目前的国际关系来看，联合国是最具法律人格的主体，其直接采取的行动，以及经过其授权而采取的行动在法律性质方面是完全不同的，因此导致的法律后果也存在巨大差异。

第二，没有经过联合国授权的单边行为。如果一些国家在采取军事行动的时候，并没有获得联合国安理会的授权，那么从法理角度来看，是违背《联合国宪章》精神的。正是这一特点，使得很多学者简单地认为，只要是联合国默许的行为就一定是合法的，而只要是联合国没有认可的行为就都是不合法的。进而推断，联合国在北约的行动撤销以后，默认了其干涉行为，那么这些行动便是合法的。也有学者提出："联合国在北约的行动撤销以后，安理会于1999年6月10日通过了关于解决科索沃问题的1244号决议，默认了其干涉行为。"②从实质上讲，这种事后默认的说法，并不能等同

---

① Joseph H.H.Weiler, Antonio Cassese, Marina Spinedi(eds), *International Crime of State: A Critical Analysis of the ILC's Draft Article 19 on State Responsibility*, Berlin: Walterde Gruyter & Co., 1988, p164.

② Richard A. Falk, "World Order, and the Future of International Law," *The American Journal of International Law*, vol.93, 1999, pp.847-857.

于联合国安理会的授权。"默认"和"授权"存在很大的差别。联合国前秘书长安南在其谈话中经常提到，如果有国家在没有得到安理会授权的情况下直接采取武力措施，那么将严重危害建立在《联合国宪章》之上的世界和平。费丽莫在其研究当中也提到："以联合国为集体的多边人道主义干涉对国家来说有着重要的作用。它增加了各国行为的透明度，从而使其他国家相信冒险主义和扩张将不会发生。单边主义的军事干涉，即便是出于人道主义目的，也会引人生疑。对于干涉国来说，转向不那么大公无私的目标太容易了。而且，多边主义是分担负担的一种方式，对国家来说比单边行动的代价要小一些。"①

（二）单边人道主义干涉与国际法

事实上，没有获得联合国授权而采取的单边人道主义干涉行动的合法性，也可以在国际法中进行判断。一般来说，确定特定行为的合法性需要从以下方面进行考虑：现有的法律体系中是否提到单边行为可能是合法的；如果存在这样的规定，那么规定中是否明确提出行为的具体方式和条件；如果单边主义行为在实施流程上出现了问题，那么是否符合法律的相关规定。从各国的实际情况来看，目前在国际范围内普遍被认可的国际法渊源是国际习惯和国际条约。

第一，要对人道主义干涉是否适应国际习惯进行讨论。这里所说的国际习惯指的是，国家在发展的过程中长久以来形成的一些不成文的行为规范或方式。确定是否属于国际法习惯重点要考虑的因

---

① Martha Finnemore, "Constnucting Norms of Humanitarian Intervention," in Peter J. Katzenstein ed., *The Culture of National Security: Norms and Identity in World Politics*, New York: Columbia University Press, 1996, p176.

素有：是否被各个国家所认可，该事件是否有可重复性。仅仅通过这两个因素来看，便可以断定人道主义干涉不符合国际习惯。这是因为，人道主义干涉的历史虽然由来已久，但是并没有可重复性的特质，因为无法升级成为国际习惯。同时，在联合国成立以后，很少有出现过真正意义上的人道主义干涉行动。而真正的人道主义干涉行动，必须要求干涉行为主体与目标国之间不存在利益关系。纯粹的人道主义应当出于对目标国的关心，而不能有任何有关政治利益、经济利益，甚至文化利益方面的因素在内。

第二，从人道主义干涉的形成与发展来看，其一经出现便受到了很多国家的抵制，那么认为这种行为是"为现行国际法所要求的或是与现行国际法相符合的观念"的说法更是无稽之谈。

第三，人道主义干涉一方面遭到目标国家的强烈抵制，另一方面也受到大多数中立国的反对，这就意味着其他国家并不会默认这种行为。从来没有一个单边主义干涉行为没有受到其他国家的反对。这充分表明，国际社会并不认可单边干涉主义。

第四，纵观当前通用的国际习惯，在国际条约、宣言、协议，以及国际判决、决议、行政命令中，从来没有认可单边主义干涉行为的先例。

第五，通过对当前通用的国际条约进行分析可以看到，人道主义干涉是毫无法律基础的。因为没有任何国际条约认为，单边人道主义干涉是合法的。反而，很多国际条约中明确提出了单边人道主义干涉是不符合国际秩序发展要求的，如《美洲波哥大宪章》就禁止单边人道主义干涉。

目前的国际通行条约中，都没有对人道主义干涉行为予以认可。但是也有一些学者试图通过分析《联合国宪章》，从中找到支持人道主义干涉的内容。这些学者认为，《联合国宪章》中是提到人道主义干涉行为合法性的。其援引的是《联合国宪章》第四十二条。该条例指出，如果安理会认定第四十一条的内容已经无法适应解决实际问题的需要，那么不得不采取海陆空军事行动来确保世界秩序。这里的行动包括海陆空军队的示威、演习等。事实上，这一条例背后默认的规则是，即使到了不得不采取军事行动来确保世界秩序稳定的地步，也应当获得联合国安理会的授权才具有合法性。倘若单边干涉主义获得安理会认可，那么其行为必然是合法的。但是如果单边干涉主义并没有获得安理会认可，那么其必然会违反《联合国宪章》的精神。事实上，"默认说"就是很多学者为了确保单边干涉主义的合理性而提出的。该学说的核心思想是，只要安理会在事后认可这一行为，也能够证明其合法性。在本书的分析中，认为这种认可是无法律效力的，之所以会出现事后"默认说"，实际上因为在行为发生以前安理会就这一问题并没有达成一致见解，而事后的默认很有可能是出于多方面因素考虑而不得不采取的措施。

实际上，任何单边人道主义干涉都会导致大量的人员伤亡，所以必须谨慎认定其合法性，因为其会对整个世界造成不可逆的伤害。简单来讲，只要在行动采取之前，安理会明确认可了这一行为的合法性，那么此时的单边干涉主义才是合法的，除此以外的行为都是不受法律保护的。纵观当前的《联合国宪章》，并没有任何认为单边干涉主义合法的条例。此外，在现在通行的法律条约以及国际习惯中，也没有任何支持单边人道主义干涉的证据。

总而言之，单边人道主义干涉在目前的国际法秩序中并没有任何法律依据，这实际上是西方国家通过武力干涉其他国家内政的一种方式，对单边人道主义干涉进行鼓吹的学者们实际上也是这种非人道行为的帮凶。任何以人道主义为名义对别国内政进行干预的行为都是不合法的，这会严重影响整个世界秩序的发展，会对目标国家的经济、社会、人员造成巨大损失，而很少会对目标国家产生积极影响。

三、反恐战争：人道主义干涉的异化

从国际秩序的发展来看，恐怖主义会导致严重的人道主义灾难，进而导致人道主义干涉的出现。反恐战争以打击恐怖势力来阻止人道主义灾难的发生。然而，西方国家对于恐怖势力界定的模糊性和随意性，以及在反恐战争中所采取手段的失当，在一定程度上导致恐怖集团的强烈报复，恐怖主义与人道主义干涉形成一个恶性循环，反恐战争成为人道主义干涉异化的一个结果。

以往，西方国家在面对恐怖主义问题时并没有达成一致见解，只要恐怖主义并不影响西方大国的利益，那么这些国家便会以局外人的心态来看待局势，并不会采取行动。甚至在部分地区，西方发达国家暗中支持部分势力进行叛乱，提供资金或武器，帮助他们扩张。而事实表明，很多反政府武装造就了大量的恐怖主义。恐怖主义之所以迅速发展壮大，与西方国家对待和处理恐怖主义的方式不无关系。很多时候，西方国家在处理他国内政时，往往根据自身利益需求支持特定派别，并不会真正从人道主义角度来思考问题。

（一）"第三种势力"成为人道主义危机的制造者

在美苏争霸时期，以美国为首的西方国家为了占据上风，在全球各地扶持了大量对抗苏联的力量，并且鼓励一切反抗社会主义的势力。这些"第三种势力"通常由不满现任政权、自行武装起来的人员组成。在与当政者进行斗争的过程中，烧杀掠夺、攻占地盘，成为人道主义危机新的制造者。

从阿富汗到巴基斯坦，再到伊朗、伊拉克等，以美国为首的西方国家为了遏制苏联势力的发展，不顾当地民生与和平，扶持了一批反政府武装势力。

冷战时期，中东一直都是美国有重要战略布局的地区，因为中东有极为丰富的石油资源，只有掌握了这一资源才能取得争霸的主动权，所以美国一直投入巨大精力来发展中东势力。伊朗曾是美国重要的扶持对象，因为通过伊朗可以对抗和牵制苏联、埃及等。事实上，伊朗对于美国的重要性远不止这些，因为伊朗既可以为美国提供丰富的石油资源、成为美国提供抵御苏联的屏障，还是其主要的武器销售地。

但是在1979年以后，美国在伊朗的代言人巴列维国王被驱逐，而对美国持敌对态度的政权上台，从此以后两国之间的关系迅速恶化。在伊朗势力失去以后，美国便继续在中东寻找新的目标——伊拉克，试图通过对伊拉克的扶持来对抗伊朗，以及苏联政权。直到1990年，伊拉克总统萨达姆一直都是美国最忠实的附庸，但是随着伊拉克攻占科威特事件的发生，美国认为伊拉克的行为很有可能会造成整个中东地区的石油都被其控制，这将会导致美国在能源获取方面趋于被动。因此，美国直接发动海湾战争打垮伊拉克。事实上，美国多年来在中东地区的行为都是出于其自身的利益诉求，并不是为了真正帮助中东国家实现发展。但是在开展这些行动的时候，美国一直标榜着人道主义干涉，也正是美国的这些行动导致了恐怖主义不断出现，对整个世界的安定和团结造成了巨大伤害。时至今日，美国依然为伊朗政权的反抗军提供支持。但是有不少美国专家提出，向这些非民主组织提供援助的方式是不可取的，这些组织有极强的暴力倾向，一旦掌握政权将会对周边国家造成巨大威胁。

(二)"反恐名单"刺激了新的恐怖主义产生

在主权国家界限明晰的当代世界，一些所谓的"弱势"民族为了实现自身的诉求，常常通过较为极端的方式来争取自己的独立或主权，这一直受到主权国家和国际社会的普遍反对与拒绝。事实上，"9·11"事件对整个世界格局产生了巨大影响。这种影响不仅体现在"火药桶"中东，也使欧洲本身矛盾重重，如北爱尔兰独立问题一直没有得到合理的解决，西班牙巴斯克地区的分裂主义思潮日趋激烈。这些地区的很多组织已经被欧盟列为恐怖主义势力。

2001年英国公布了关于恐怖主义的法律，即《反恐主义法》。该法律明确列出了涉嫌恐怖活动的组织和个人，其中包括斯里兰卡的泰米尔猛虎游击队、巴勒斯坦的军事组织、本·拉登、伊朗伊斯兰游击队、库尔德工人党等。其认为，任何由于宗教、政治等因素所产生的暴力活动，都应当被列为恐怖行为。任何组织或者个人为这些恐怖组织提供援助都是不合法的。

2002年，欧盟将18个组织列入恐怖主义名单，其中比较有代表性的是秘鲁的"光辉道路"、伊朗的"人民圣战组织"等。针对这些被公开列为恐怖主义的组织，欧盟可以直接冻结其所有财产。事实上，欧盟在2001年制定的国际恐怖主义名录，就把巴勒斯坦的"伊斯兰圣战者"等纳入其中。而到了次年，欧盟对这一名录进行修订，新加入了18个恐怖组织。

美国在2001年以前也对恐怖组织的名录进行界定，在"9·11"事件发生以后，美国对该名单进行了调整。而欧盟关于恐怖组织的名单会每半年进行一次更新，以确保那些新出现的恐怖组织都在被

· 219 ·

打击的名单之内。

对"左派"反政府游击队，美国一般视其为恐怖主义组织并加以制裁，甚至采取直接军事打击。作为正规军同对立的派系展开内战的一种选择，游击战曾是 20 世纪国内冲突中司空见惯的战略。有时，游击队被用作结束殖民统治的工具，如在印度尼西亚、越南北方、马来西亚和阿尔及利亚发生的情况。但在越南南方，受北方正规军支持和得到苏联武装的越共游击队却结束了长达 15 年的美国强大的军事干涉。也有少数游击队得到美国的支持，如 20 世纪 80 年代在阿富汗和尼加拉瓜出现的情况。

（三）互为因果的恐怖主义与人道主义干涉

一些西方国家的人道主义干涉在某种程度助长了恐怖主义的发展，而在进行反恐战争时，被干涉国就会陷入人道主义危机，从而再次引发对被干涉国的人道主义干涉。随着反恐战争的持续扩大，西方国家的人道主义面临严重危机，使反恐的合法性遭受质疑，最终引发国际社会对反恐主义持警惕态度。恐怖主义与人道主义干涉互为因果关系，并形成了"人道主义干涉—恐怖主义—反恐战—人道主义危机—对反恐者的人道主义干涉"链条式循环。另一方面，为加强反恐意识和维护和平，许多国家对国内一些危险性武器或者工具进行严格管制，而对海外使用武力的情况大大增加，这在某种程度上易诱发人道主义危机，以美国为首的西方国家则可能会承受人道主义干涉的压力。

美国倾向于使用武力，单边主义盛行，而这种做法极有可能加剧西方国家之间潜在的矛盾。西方国家对人道主义干涉通常持一致态度，而在反恐问题上则表现出分歧。部分西方国家对恐怖主义问题通常采取干涉行为，而美国则更倾向于武力解决，奉行单边主义。

欧盟对美国的单边主义行为进行了强烈谴责，认为美国只注重本国自身利益，而无视他国利益。一些重要的欧盟官方人员强调反恐战争应当进行相应的法律流程，应当注重法律精神。欧盟曾将该意见上呈至联合国人权委员会，强调法律在反对恐怖主义中的地位和权威。西班牙官方也坚持奉行法律至上的原则，不应在反恐战争上丧失应有的价值观和法律意识。自"9·11"事件以来，反恐战争一直在持续增大，而国际人权则面临着严重的危险，极有可能遭受致命打击。

在反恐战争不断加剧和扩大的过程中，人道主义事业则呈现出了衰弱和倒退的迹象。美国奉行单边主义，采用武力形式解决恐怖主义问题，在某种程度上已超出了联合国的人权范围，无视国际组织制定的规章制度。英国官员曾强烈谴责了美国的武力行为。

俄罗斯政论家托德·莱夫科夫在2002年3月12日《俄罗斯消息》周报上发表文章认为，美国驻军中亚说明其难以超越本国利益从长远决策。作者引用老电影《前来赴宴的人》中的故事，客人赖在主人家里不走，并很快开始反客为主，指手画脚，评头品足，干涉一切。美国要谋求世界稳定和本国安全必须首先尊重别国，故步自封和无视批评最终将付出代价。

冷战结束以来，美国在全球范围内推行人道主义干涉，对其他国家的内部事务进行干涉，严重侵犯了各国包括主权独立、领土完整在内的国家权利，这种霸权主义行径引起了一股强烈的反美情绪。被压迫民族和人民进行了各种形式的反抗，但因其政治、军事、经济、科技和文化方面的实力与美国相差太远,他们捍卫自己合法权益的斗争没有达到目的。在这种情况下,某些受压迫者采取了一种近乎绝望的方式,如一些激进势力和武装人员攻击美国和其驻外机构、设施,以报复美国的霸权,发泄他们的不满和仇恨。

在中东,人道主义干涉加剧恐怖主义的趋势是很明显的。中东国家拥有十分优越的地理位置和资源,特别是储备量丰富的石油。在美国进行的全球战略中,中东地区的战略优势明显,是美国看中的重要战略要地,因此,美国人道主义干涉在这里十分盛行。美国为了巩固和扩大在中东国家中地位和权威,同以色列结盟,并每年给予以色列庞大的军事支持,促进以色列在与阿拉伯国家的军事冲突中拥有明显优势。美国在海湾地区驻扎军队,以便对中东国家事务进行干涉。美国对伊拉克实施的军事打击,严重伤害了人权,造成了重大灾难。

美国在中东的霸权行动造成了十分严重的后果。其一,扩大和激化了阿拉伯国家同以色列之间的矛盾,造成了军事战争的升级,中东国家的恐怖主义行为明显增加。中东国家自18世纪拿破仑攻打埃及以来,战争就一直持续,生存家园面临着严重威胁。20世纪末,中东出现了更为严重的危机,巴、以冲突加剧,造成空前的战争灾难,波及的难民达数百万之众。其二,美国在中东的霸权行径导致阿拉伯国家对美国的仇恨加剧,以本·拉登为首的伊斯兰极端恐怖分子进行了频繁的恐怖活动。在人道主义干涉政策的推动下,美国以其经济优势,在不断加强各领域的地位和权威的过程中,造成中东局势更加严峻,极端宗族主义十分盛行,伊斯兰极端恐怖主义采取了众多抵制美国压迫的行为。本·拉登在接受美国广播公司专访时宣布,实行恐怖主义是为了打破美国超级大国的神话。

他号召世界上所有穆斯林参与"圣战",这加大了对美国的恐怖袭击活动。在对国际恐怖事件的处理和分析中,发现国际恐怖主义攻击的目标通常为美国公民和设施。20世纪90年代末,专门针对美国人的恐怖事件占据所有恐怖事件的四成以上。这些恐怖主义对世界的和平同样构成了严重威胁,对现代人类文明造成了严峻挑战,因此,恐怖主义行为应当得到制止和惩处;同时,在对恐怖主义的制裁中,美国同样应当反思其人道主义干涉的外交政策。

2014年,"伊斯兰国"创建了较强的军事力量,对伊拉克进行了严重打击,甚至逼近首都巴格达,造成了重大伤亡和人道主义灾难,大量民众受到牵连,甚至丧失家园。为此,联合国曾进行了50年来最高级别的人道主义救援行动。

"伊斯兰国"武装力量的出现同美国入侵伊拉克存在一定因果关系。这些恐怖组织是由前伊拉克"基地"组织创建的,涉及的地区较为广泛,如伊拉克、以色列、叙利亚等国家,并于2014年攻占了叙利亚和伊拉克约1/3的土地。该恐怖组织手段凶残、作战能力强悍,是中东范围内存在的最大的恐怖组织。美国前总统奥巴马曾对"伊斯兰国"极端组织进行严重打击,随后,又制定了综合战略,再次进军伊拉克。

2017年,"伊斯兰国"在叙利亚和伊拉克节节败退。然而,在"9·11"事件发生多年后的今天,美国在全球反恐战争中面临着一个严酷的悖论:一方面,美国的国家安全机构似乎颇为擅长消灭恐怖分子;另一方面,这些"非凡的能力"却并未给美国带来决定性的胜利。往往是美国还未取得对某个恐怖组织的军事胜利,另一个更为致命的恐怖组织便诞生了。正当美国在2001年至2014年重创了阿富汗境内的"基地"组织核心时,其在伊拉克、阿拉伯半岛等地的分支就出现了。而在随后几年的反恐战争中,美国刚刚占据上风，增强版的恐怖组织"伊斯兰国"就全面崛起了。

军事上击败"伊斯兰国"并不能给美国反恐战争带来决定性的胜利。2018年1月3日，吉尔吉斯斯坦总统热恩别科夫警告称，"伊斯兰国"恐怖组织有向中亚地区扩张的趋势，对中亚地区的安全存在较大威胁。"伊斯兰国"在伊拉克境内的战争持续失败，恐怖组织极有可能将目标投向中亚地区，这再次引起了外界对"伊斯兰国"恐怖组织的密切关注。

可以看出，恐怖主义的出现与人道主义干涉存在较大关联，从某种程度上说，西方国家的人道主义武装干涉助长了恐怖主义；反恐战争随之扩张，军事行动十分频繁，这也加剧了人道主义危机，甚至有可能造成灾难性毁灭。

四、道义缺失下的人道主义干涉神话

人道主义干涉的责任或者权利，从道德视角或者人道主义干涉理论来看，应该成为国际上最迫切和最重要的制度，不过在现实的国际关系中，除了大量的人道主义干涉的案例泛滥之外，这样的权利没有切实地落实到实践中。

冷战结束以后，典型的人道主义干涉案例包括伊拉克禁飞区计划、索马里人道主义救助行为、伊拉克战争、东帝汶维和、科索沃战争与阿富汗战争等。回顾冷战结束后的人道主义干涉行为，通常能够划分成两种：一是围绕联合国制裁与维和行为开展的人道主义干涉。此类干涉立足程序观察，行为符合法律，不过也应看到，联合国的某些制裁与维和行为体现出西方国家的意志，安理会的部分决定受到美国等西方大国的绑架。二是联合国没有授权的干涉行动。针对此种干涉行为,西方国家试图挖掘干涉行为的合法性,从而为其非法行为寻找说辞,人道主义成为其进行对外干涉的一个借口。

西方国家站在"道德高地",将本国干涉其他弱小国家的行为美其名曰人道主义援助,试图将所谓的人道主义干涉美化,用来说明战争的正义性,其实是想遮蔽战争带来的强权政治与人道主义灾难的罪行。

假设主权原则被道义、人权等思想持续地冲击以至于全面崩塌,难以设想现实的屏障与所有法律能否保障弱小国家继续生存。如此一来,世界格局或变成弱肉强食及无政府的动荡局面,或演化成等级森严的帝国体制,而这两者都不是我们所乐见的。

2015年以来的欧洲难民危机,正是美国在中东人道主义干涉的结果,尤其是发动了伊拉克战争、阿富汗战争,鼓动和支持叙利亚内乱等,直接引发部分国家陷入混乱,人民流离失所。大批伊拉克与叙利亚难民逃走,由此造成的人道主义灾难举世震惊。而西方国家对于强烈需要人道主义关怀的难民采取不理睬、冷眼旁观的态度,或者互相推卸、搪塞。这种自私行为与西方国家提倡的民主、人权、自由的理念形成强烈反差。美国是此次欧洲难民危机的始作俑者,但它的行为让人最为失望。美国最近几年只接纳几千个难民,和世界组织规定的标准相差甚远。奥巴马政府处理难民时没有作为,到了特朗普执政时期,美国政府为了白人的利益,抵制难民与外界移民,连续出台两大禁令,让世界各国惊愕,没有一丝对美国自身所犯过错承担责任的意思。这种对于人道主义危机的选择性干涉,恰恰暴露了其干涉的实质。

因此,要超越打着人道主义旗号的干涉,需要转换视角,用马克思主义立场观点方法看待人道主义危机产生的根源，只有认识到人道主义危机产生的根源在于贫穷落后的经济社会发展状况、在于不合理的国际政治经济旧秩序，才有可能从根本上解决人道主义危机。

第六章
构建人类命运共同体：
超越人道主义干涉的新伦理路径

人类社会基于共同体而存在，人类从共享共生的共同体中获得各种需要并实现人的发展。[1]不追求和维护全球利益，各种全球问题无法解决。[2]国际社会迫切需要通过全球治理维护全球共同利益，避免大规模人类悲剧和灾难的发生。[3]人类命运共同体的建设为解决人道主义干涉危机提供了新的路径。

一、中国传统战争伦理思想

在中国的传统伦理思想体系中，对战争伦理的论述最为全面的当数绵延两千多年的儒家思想，其思想之系统、影响之深远，无出

---

[1] 胡群英：《社会共同体的公共性建构》，知识产权出版社2013年版，第39—40页。

[2] 蔡拓等：《全球学导论》，北京大学出版社2015年版，第438页。

[3] 〔英〕伊恩·高登：《分裂的世界：全球化危机的根源及对策》，林丽冠译，电子工业出版社2018年版，第241页。

其右。儒家的"仁"便是中国战争伦理思想的核心,是决定战争的最高道德原则。

孔子关于政治与战争的相关论述,清楚地展示了孔子的战争伦理思想。孔子在《论语》中指出,"克己复礼为仁","一日克己复礼,天下归仁焉"。[①]在这里,孔子强调通过"克己"来恢复"礼",以"礼"治国,来达到"天下归仁"的终极目标。由此可见,"天下归仁"是孔子追求的理想境界。在社会政治层面,孔子提倡要"治国以礼",战争作为政治的工具,自然要成为维护"礼制"的手段。举个例子,在《论语·宪问》中,陈成之弑简公,孔子沐浴而朝,告于哀公曰:"陈恒弑其君,请讨之。"[②]

由此可见,"政治""战争""礼""仁",这四者的关系构成了孔子战争伦理观内在的逻辑结构。在孔子那里,社会中"礼"的秩序是宇宙和自然秩序在人间的体现,因而,其所强调的社会等级化和秩序化是神圣不可侵犯的。在君君、臣臣、父父、子子的等级秩序中,君为臣纲是整个等级秩序的核心。因此,孔子的战争伦理观明显带有"君本位"的特点。这使得孔子及其战争伦理观在其后的历史中为权势阶层所青睐。当底层人民不堪忍受暴政而反抗时,权力阶层总是斥其为大逆不道、以下犯上。这种思想正是来源于正统的礼教。

孟子的战争伦理思想源头也是"仁",但是与孔子不同,孟子将"仁"落在"仁政"上面。这样就将作为儒家道德原则的"仁"与作为现实主张的"民本"融合在了一起。作为儒家最高道德原则的"仁"在现实政治领域找到自己的归宿,而"民本"意识也在伦理道德领域找到其依据,"仁"和"民本"在"仁政"的政治层面

[①] 杨泊俊:《论语译注》,中华书局2012年版,第88页。
[②] 杨泊俊:《论语译注》,中华书局2012年版,第158页。

得到统一，互为促进。

孟子认为，战争是政治的延续，同样也可以成为施行"仁政"的手段，但是孟子反对那种目的完全功利的战争，说"善战者服上刑"[①]，对"争地以战，杀人盈野；争城以战，杀人盈城"[②]的战争深为厌恶。但同时他又不主张"非战"和"非暴力"，他提出的"王师""仁者无敌""天吏"以及"保民而王，莫之能御"等，成为反映儒家战争伦理观的重要概念和命题。可以看出，施仁政、行王道、得民心在孟子的战争伦理观中至关重要。

考证古今中外历史，孟子或许是东西方历史上第一位全面阐明伦理道德与战争之间关系、将战争放在道德基础上的思想家。在古希腊，亚里士多德和柏拉图也立足伦理建立本国的政治理论。柏拉图的观点是"国家是为建立符合最高道德标准的人类服务的"。亚里士多德在"正义""善"的伦理思想基础上表明自身的政治观点。不过在对战争的看法上，柏拉图认为战争是保障国家内外利益的一种手段，亚里士多德则认为战争的最终目标一定是和平。很明显，二者对战争的观点并未超脱功利角度达到道德层面，并没有像孟子一样清晰全面地论述道德与战争的关系，更无法阐述"仁者无敌"这类关于战争的道德命题了。

孟子围绕"仁"阐述道德和战争的关系。孟子有关战争伦理的论述涵盖了政治与道德二者的价值标准："仁者无敌"以道德为基础，"保民而王，莫之能御"是以政治现实为基础。孟子抵制功利性的战争，支持以"仁政"为终极目标的战争。

所以，从孟子到宋明理学，再到晚清，我国儒家战争伦理的思想一直围绕道德展开，道德伦理一直秉持"仁"作为基本准则。战

---

① 方勇译注：《孟子》，中华书局2015年版，第65页。
② 方勇译注：《孟子》，中华书局2015年版，第69页。

争的"仁"与"仁"的战争是战争者和政治家们着力思考的核心。

梳理中国战争伦理思想的发展脉络，我们发现，近现代战争伦理观的思想精髓及其种种原则和要求，如"止戈为武""以战止战"的和平主义思想、"正义之师""仁义之师"的正义战争思想、"天子之师""敌国不相征"的邦国平等主张，早在两千多年前的中国儒家战争伦理思想中就得到了充分体现。儒家这种"敌国不相征"或国际军事干预主要诉诸"合法权威"的主张，与现代国际法的主权平等以及国际社会的军事干预当诉诸联合国这唯一"合法权威"的精神是完全一致的。

二、人道主义危机解决方案的东西方伦理观比较

美国企图争夺世界霸权，抢占战略先机的野心在冷战结束后愈发明显。它暴露的野心主要体现在企图重建"国际新秩序"，进而利用霸权主宰世界。美国分别在1990年9月份与1991年4月13日阐述了这一目标。美国总统小布什阐发了关于建立"国际新秩序"的企图，随后在马克斯韦尔空军基地再次提出这一主张并进行了详细阐述。在他看来，"世界新秩序"象征着"公正""安全"与"和平"。之后在这一企图的号召下，美国各界人士，特别是一些政客和学者为宣扬这个目标的"正义性"而进行了多方面解读，也企图为美国称霸世界的野心提供理论支撑，其中包括一些论调如"霸权稳定论"、新干涉主义，另外也打着维护人权的旗号如"人权无国界""人权高于主权""主权有限论"等来为美国称霸世界、建立"世界新秩序"服务。其中，"单极稳定论"更是直接被美国用来阐述这一行为的正当性。

中国的主张与美国截然相反,追求的是构建一个更加公正合理的国际社会,政治经济相互联系、扶持,不搞单边主义。这种国际主张是在 1974 年的特别联大上由邓小平提出的,之后不断补充、完善。纵观国际格局的变化,不同国际观念在冷战结束后愈加显得相互对立,其中,在中国和其他发展中国家政治往来密切后,形成了相同的国际秩序主张,这种主张在与其他相反观念的斗争中变得越来越明确、全面。中国的国际新秩序观,以保障国家主权,不干涉其他国家内政为前提,目的是改变大国统治世界的格局,抵制强权政治与霸权思想,促进各个国家基于和平共处五项原则,协调国与国之间的交往,让全球各个国家不论规模大小,都拥有平等的主权,民主、公平地商议处理国际事宜;在构建国际新秩序的过程中,主张继续尊重联合国的作用;坚持国家主权平等与世界文明多样化。中国的国际秩序观的核心就是和平共处五项原则,这是周恩来总理在 20 世纪 50 年代首次提出的,并在之后的国际关系处理过程中不断实践、补充、完善。而和平共处五原则从被提出开始就获得了国际社会的认可,被当作处理国际事务的准则,实践证明了和平共处五原则的合理性,因为它既有利于促进国际上建立和平公正的国家间关系,又与《联合国宪章》的要求相一致。因此,和平共处五原则充分反映了以中国为代表的第三世界关于建立世界政治经济新秩序的主张,在某种程度上也体现了国际社会的政治主张。党的十八大以来,以习近平同志为核心的党中央在延续一贯的外交理念基础上,提出了构建人类命运共同体的主张,倡导相互尊重、合作共赢,并且通过"一带一路"建设,不断将这一构想付诸实践,引领世界和平发展。

从以上东西方对战争伦理概念的不同认识,并结合现实因素的思考，可以看出两者间的对立主要体现在两个维度：一个是对战争正义性的理解，另一个则是关于达成长期和平局面的途径。关于战争的性质，东西方传统的战争观都认为有些战争是非正义的，而有些是正义的。中国传统的战争思想与西方格劳秀斯式的战争观在这一点上有所趋同。然而，在近现代西方战争思想中，符合道德要求的正义战争观念逐渐衍生出来，并被西方社会所推崇。这种战争观念以实现人类共同规范及息息相关的共同体为最终目标。之所以有这样的主张，主要来源于康德的自由主义国际道德原则，其提倡为建立长期和平局面而努力。

如果进一步分析西方近现代战争观的含义，大致可分为两个层面：一是大力宣扬战争对于国际社会的重大意义，主张可通过战争的形式来消灭其他的所有战争，甚至通过战争的手段来完成国际社会和平统一的目标。二是大肆宣扬人权的重要性，甚至主张可以打着维护人权的旗号来随意干涉他国的内政。人权、民主优于主权，"民主扩展—人道主义干涉论""民主和平论"就是这种主张的体现，这也是在康德道德主义影响下所产生的一些观念。除此之外，在其影响下，这种观点还主张通过"先发制人"的"正义战争"或人道主义干涉的途径对一些不听领导的主权国家进行干涉，提高其民主化程度，规范世界政治秩序，实现永久和平。

"干涉"这个手段无论在格劳秀斯式的正义战争观中还是在康德的自由主义国际道德观中都曾出现过，二者都对其作出了限定。其中，在康德的认知里，不干涉，能使国家拥有完全处理自身内部事物的权力，在主权上保持独立与自主，从而有利于国家内部的人民有机会选择自身的理想生活模式；另一方面，也会由于各个国家间保持相对独立无隶属关系而不得发动任何惩罚式的战争。打着人权和人道主义旗号发动的战争，往往实际上代表的并非正义的维护民主的战争，这种旗号其实只是一种主观认识而并非普遍接受的客观认知。因此，这种旗号可以说只是那些企图妄想采取强权政治、发动武装暴力用来推行霸权实现争霸世界目标的幌子。由此可见，若对康德的这种道德主义主张进行过激、极端的解读，势必会对传统的正义战争观点造成一定的误解。

纵观中国社会和政党关于战争伦理的看法，通过战争手段来消除战争以及以正义的战争战胜非正义战争等思想都曾出现过。例如，在中国传统社会，《司马法·仁本》里主张"杀人安人，杀之可也攻其国，爱其民，攻之可也以战止战，虽战可也"。从这句话里可看出，被迫发动战争并非是对战争这种暴力残忍手段的认可与鼓励，而是被迫应战，消灭敌人，保护本国民众，以此来结束这场战争并换取民众生活太平。因此，这里的应战其实也是"仁"概念的一种变相体现。另外，结合当时社会"征伐自天子出"与"敌国不相征"的背景可知，当时各个国家彼此间是相互独立的，不存在附属关系，地位在主权上互相平等，因此不允许战事的发生。之所以应战，是因为其他国家已经发动战争来侵略本国，因此这起先发动的战争属于非正义性战争，应战是为了自卫，是反侵略的正义性战争，其目的正是为了战胜前者的非正义战争。所以，中国古代的"以战止战"思想是建立在反侵略的基础之上，而不是"先发制人"的主动攻击。

中国共产党人的政治主张与国际法的准则是相契合的，都特别强调国家在主权上的平等性，不存在谁优谁劣、谁强谁弱；同时，也不准以任何借口甚至是武力手段强力干涉甚至剥夺他国独立处理本国内部政治事务的权力。这一点也被联合国大会于1965年通过的《关于不允许干涉各国内政的宣言》所规定："没有任何国家有权利为任何原因直接或间接地干涉任何其他国家的内外事务。"

此外，为营造国际社会和平的局面，中国共产党追求建立符合国际社会共同利益的政治经济新秩序，同时强烈抗议霸权主义与强权政治。

西方国家的战争伦理观，表面上看源于自由主义传统理念，具有正义性，符合道德要求，但实际上却极易走向对立面，最终演变成具有霸权色彩的干涉主义，更容易引发战争。但要明确意识到，凡是与霸权、强权相关的政治主张均不能合理解决国际争议事件，这类事务只能借助基于平等、公正、和平为前提的手段来处理。中国的战争伦理观，无论是传统历史的还是在中国共产党的，都与西方所推崇的有天壤之别。中西方的伦理观念存在着根本区别，自然两者的政治主张会存在差异。要想建立公正合理的世界新秩序，各个国家间就要对战争与和平的概念有清晰的认识，在道德层面形成共识，将彼此关于战争伦理观的思想差异降到最低，求同存异；否则，国际政治新秩序是不可能实现的。

三、用人类命运共同体理念探寻人道主义的国际伦理共识

1963年，美国总统肯尼迪发表国情咨文时曾提出："我们要寻求的是怎样一种和平？不是由美国的战争武器强加的强权之下的世界和平，也不仅仅是美国人的和平，而是全世界所有人享有的和平，不仅仅是我们时代的和平，而是永久的和平。"肯尼迪所设想的是一种建立在大同世界和众望所归的基础上，而不是凭借武力达到的世界和平。

巴西联邦参议院对外关系立法顾问玛丽亚·克劳迪娅·德拉蒙德曾提出观点，想要建立一个满足全世界需要的世界新秩序，不能

仅考虑某个国家或地区的情形。其先决条件是：减少发达国家与发展中国家之间的差距，从根本上改变全球贸易投资、环境保护以及财富分配规则。

1992年，在联合国倡导下，由28家独立组织领导人组成了全球管理问题委员会。该委员会就国际社会如何更好地处理问题提出建议。该委员会在1995年提交的报告中写道："我们共同的未来取决于全世界人民和领导人如何拓展建立更美好世界的理念以及建立这样一个世界的战略、制度和决心。"这些论述对世界各国政府发出了强有力的号召。整个世界正以激动人心的速度发生着变化。

2015年，习近平主席在联合国大会上首次提出构建人类命运共同体，2017年，在联合国日内瓦总部演讲中、在中国共产党第十九次全国代表大会中，都对这一理念进行了阐发。人类命运共同体理念，在国际上引起热烈反响和高度评价。2017年2月10日，联合国社会发展委员会第55届会议协商一致通过"非洲发展新伙伴关系的社会层面"决议，构建人类命运共同体理念首次被写入联合国决议中。[①] 3月17日，联合国安理会一致通过关于阿富汗问题第2344号决议，强调要本着合作共赢精神，维护地区安全、稳定与发展，构建人类命运共同体。[②] 3月23日，联合国人权理事会第34次会议通过关于"经济、社会、文化权利"和"粮食权"的两个决议，明确表示要构建人类命运共同体，这是人类命运共同体理念首次载入联合国人权理事会决议，[③] 标志着这一理念成为国际人权话

[①]《"构建人类命运共同体"首次写入联合国决议》，载《人民日报·海外版》，2017年2月13日，第1版。

[②]《安理会决议呼吁各国构建人类命运共同体》，新华网，http://www.xinhuanet.com/2017-03/18/c_1120651440.htm，2018年2月11日下载。

[③]《人类命运共同体理念首次载入联合国人权理事会决议》，载《人民日报》，2017年3月25日，第2版。

语体系的重要组成部分。11月2日，第72届联合国大会裁军与国际安全委员会（联大一委）会议闭幕，构建人类命运共同体的理念写入了"防止外空军备竞赛进一步切实措施"和"不首先在外空放置武器"两份安全决议，这是这一理念首次纳入联合国安全决议。①2018年3月23日，联合国人权理事会第37次会议通过中国提出的"在人权领域促进合作共赢"决议，决议呼吁各国共同努力，构建相互尊重、公平正义、合作共赢的新型国际关系，构建人类命运共同体，强调各国要坚持多边主义，加强人权领域对话与合作，实现合作共赢。②这是人类命运共同体理念再次载入人权理事会决议。

2017年10月，党的十九大报告把坚持推动构建人类命运共同体作为新时代坚持和发展中国特色社会主义的基本方略之一，并写入《中国共产党章程》。③12月1日，习近平总书记在人民大会堂出席中国共产党与世界政党高层对话会开幕式，并发表题为《携手建设更加美好的世界》的主旨讲话，对如何推动构建人类命运共同体的一系列重大理论和实践问题进行了深入阐述。

2018年3月11日，十三届全国人大审议通过《中华人民共和国宪法修正案》，将"推动构建人类命运共同体"作为国家外交战略写入宪法序言，上升为国家意志，成为中国外交政策理念在国家法治价值上的最高宣示。这也是1982年宪法公布施行后，首次对宪法中关于外交政策方面的内容进行充实完善。这次宪法修正案包

---

① 《"构建人类命运共同体"中国理念再次写入联合国决议》，载《人民日报》，2017年11月3日，第21版。

② 《联合国人权理事会通过决议呼吁"两个构建"》，载《光明日报》，2018年3月25日，第8版。

③ 《中国共产党第十九次全国代表大会文件汇编》，人民出版社2017年版。

含的外交理念和内涵,弘扬了《联合国宪章》的宗旨和原则;同时也是中国倡导的和平共处五项原则在新时代的延续和创造性发展,反映了中国在世界大变局中的国际治理和国际秩序观,为国际法的发展提出新的价值追求,也将为国际法的发展带来新的动力,促进国际法向更加公正合理的方向发展。[①]

综上所述,人类命运共同体理念,既反映了当代国际关系现实,又将人类共同价值和中华优秀文化在新高度上充分结合。2017年以来,联合国决议、联合国安理会决议、联合国人权理事会决议相继写入构建人类命运共同体,体现了这一理念不仅得到广大会员国的广泛认同,而且在国际人权领域也引起普遍反响,彰显了中国对全球治理的巨大贡献。

(一)反映人类社会的理想目标和愿景

联合国维持着国际间友好往来的秩序,稳固着各国之间合作互通的基本法则。中国外交部强调联合国在国际事务中至关重要的作用,在国际事务方面的规章制度皆以《联合国宪章》为蓝本,主张规范、规则、普遍的制度。各国自觉维持国际秩序友好、平等,这是联合国的发展愿景。

虽然联合国安理会和其他国际组织在实践中切实贯彻着《联合国宪章》的精神,并且相对平衡着国际社会的关系,在绿色生态、人权保护、限制暴力等方面发挥了重要作用,促进了各个国家和地区社会、经济等方面的发展,但是当前的国际体系仍然问题重重。

在许多美国政治家和学者看来,二战之后的世界秩序和国际规

---

① 王毅:《坚定不移走和平发展道路推动构建人类命运共同体》,载《人民日报》,2018年3月14日。

范、法则等，都是由美国所制定的，充分体现了美国的价值观、意识形态和政治逻辑。然而，由于各国国情不同，基于美国国情的价值逻辑导致了诸多矛盾和严重后果，特别是在人道主义干涉问题上，无法有效地回应国际关系伦理及解决国际政治治理难题。所以，对现行的国际关系价值理念作出改变刻不容缓。

（二）反映国际社会的现实诉求

人类命运共同体，以消除各国和平与发展所面临的难题为目标，完善现有的世界价值基础、秩序原则及政治结构。

首先，和平与发展、主权平等是国际关系稳定的现实要求和基础。恰如习近平主席所说，主权平等，是数百年来国与国规范彼此关系最重要的准则，也是联合国及所有机构、组织共同遵循的首要原则。①客观来说，中国日渐融入了近代西方国家打造的国际体系。如果各国都能相互尊重、平等、共存，遵守联合国机制体系，就能保持国际社会的基本稳定。不管是300多年以前的以平等主权为基准的《威斯特伐利亚和约》，还是100多年以前的弘扬人道主义精神的日内瓦公约；不管是70多年前的明确"四大宗旨"的《联合国宪章》，还是60多年前于万隆会议所达成共识的和平共处原则都是如此，国际关系准则的这些演化都应该成为构建人类共同命运体的前提要求。

其次，在当今国际经济相互依存日益加深的背景下，为了应对新的挑战与危机，需要建立新型经济全球化模式，也就是经济全球化应该开放、包容、普惠、平衡、共赢。但是，在国际政治实践中，完全达成权利平等、机会均衡以及制度公平并不容易。中国提出构

---

① 习近平：《携手构建合作共赢新伙伴 同心打造人类命运共同体——在第七十届联合国大会一般性辩论时的讲话》，载《人民日报》，2015年9月29日。

建人类命运共同体,这里所凸显的就是人类的共同命运和价值,在处理国家合作关系的过程中,既主张在目前的国际秩序里继续尊重国家主权平等、民族独立,还要立足于人道主义思想公正平等地追求世界共同体,实现《联合国宪章》提出的国际正义的目标;此外,积极倡导多边主义,在全球与地区构建世界友好伙伴关系。

中国的国际秩序观体现了我国对于人类共同命运和价值的遵循,以及与西方零和博弈的追求绝对利益的现实主义理念有着本质区别。

(三) 反映国家之间的行为共识

实现人类命运共同体的路径,创建新型国家合作关系,依旧是在现有世界政治框架内进行的,其中国际正义是各国达成共识与合作的关键。各国之间的共存与合作,主要是基于共同的利益观。现今各个国家之间的运行规则是以"利益—规则—制度"框架为支撑。人类命运共同体理念旨在寻求各个国家构建"美丽世界"的"最大公约数",不过,这个"最大公约数"通常仅仅体现在责任与利益上,在价值层面,能够寻找到的只能是伦理道德的底线。

人类命运共同体理念基于人类共同的利益,而民族主义价值观则立足于民族国家。19世纪以后,民族主义价值观就成为一种强有力的国际价值理念,使得各个国家间的矛盾与争端恶化。

温特认为,霍布斯主义表述的是国家与国家间的斗争和战斗状态,然而这种状态并非当代国际社会中国家关系的常态,当代主权国家体系建立以后,霍布斯通常状况下那种杀人或者被杀的思考方式,已经被洛克所提出的世界政府缺失状态下的生存与允许生存的思考方式所取代。①不过，20世纪出现的两次全球大战，以及一直没有终止的区域争端情况，显示霍布斯自然状态的论述在一定程度上还是存在的。布尔将正义划分成三种类型：国际正义、个体正义、全球正义。其中，全球正义观点是全部个体均隶属世界社会，个体利益为全球社会的整体利益服务。全球共同利益的思想，关注的并非国家的一致目标或一致价值，而是个体所建立的全部人类社会的一致目标或一致价值。这种全球正义或世界正义的目标只能在有世界政府的前提下才能实现，在目前的世界体系即无世界政府状态下是缺乏现实可行性的。当前，国际社会中的主权国家只能以国际正义即国家间的正义为价值前提和基础。"人类一致的利益""人类一致的价值"和目前"人类一致的愿景""人类一致的诉求"等表述，承载的都是国家而非个人愿景。所以承载人类共同价值的人类命运共同体理念，并非只是国家之间共同的文明或者文化的一致思想，更是国家之间相处、合作需要的行动共识。

总之，面对现实中人道主义干涉的正当性危机和合法性危机，我们需要在对人道灾难袖手旁观和动辄武力干涉之间，寻求一条"中间道路"。这条道路能够弥合东西方在伦理观念上的差异，寻求"最大公约数"。目前来看，中国为解决世界治理难题而贡献的中国方案——构建人类命运共同体理念，反映了人类社会的共同理想目标和愿景，反映了国际社会的现实诉求和国家之间的行动共识。这一理念积极倡导建设持久和平、普遍安全、共同繁荣、开放包容、清洁美丽的世界；倡导相互尊重、平等协商、对话而不对抗；倡导用对话解决争端，以协商化解分歧；倡导同舟共济，经济全球化更加开放、包容、普惠、平衡、共赢；倡导尊重世界文明多样性，以

---

① 〔美〕亚历山大·温特：《国际政治的社会理论》，秦亚青译，上海人民出版社2014年版，第274页。

文明交流超越文明隔阂、文明互鉴超越文明冲突、文明共存超越文明优越。这给陷入困境的人道主义干涉敲响了丧钟，从而为人道主义危机的解决指出了根本出路。

马克思主义认为，经济基础决定上层建筑。很多对人道主义干涉持怀疑态度的国家都建议，国际社会在寻求解决人道主义危机时应当首先解决贫穷问题和不发达问题，因为很多产生人道主义危机的国家都是贫困和不发达国家。因此，要根本上解决人道主义暴行，解决人道主义危机，就要从贫困和发展问题入手。中国在改革开放40多年来，用实践向世界证明了自身道路和发展模式的成功，达则兼济天下，中国没有搞保护主义，而是欢迎"世界搭乘中国的便车"。"一带一路"倡议就是基于这样的理念，帮助发展中国家摆脱贫困，而这也是构建人类命运共同体的关键步骤。因此，从经济发展的角度来看，构建人类命运共同体的中国方案，是解决人道主义危机的必由之路。

四、人类命运共同体：解决人道主义危机的中国方案

纵观近代以来的历史，建立公正合理的国际秩序是人类孜孜以求的目标。中国倡导构建人类命运共同体，反对冷战思维以及零和博弈。中国坚持国家不分大小、强弱、贫富一律平等，尊重各国人民自由选择发展道路的权利，维护国际公平正义，反对把自己的意志强加于人，反对干涉别国内政，反对以强凌弱。[①]人道主义是人类应当追求的共同利益和共同目标，相关制度和规范值得全球各国

[①] 中共中央党史和文献研究院编：《习近平关于总体国家安全观论述摘编》，中央文献出版社2018年版，第268页。

和人民遵守、尊重和内化。但是长期以来，西方世界以自由民主和人权价值观的领袖自居，实施了大量不自由、不民主和破坏人权的霸权行为。人类共同积累的制度和准则等文明遗产需要各国继承和维护，但是不意味着西式理念和西式方式统领世界事务的一切，更不意味着西方国家是道德审判官，对其所作所为都判定是"正确的"和"道德的"，而不顾事实地把第三世界国家推向反面。习近平总书记指出，今天的人类比以往任何时候都更有条件共同朝着和平与发展的目标迈进；什么样的国际秩序和全球治理体系对世界好、对世界各国人民好，要由各国人民商量，不能由一家说了算，不能由少数人说了算。中国将积极参与全球治理体系建设，努力为完善全球治理贡献中国智慧，同世界各国人民一道，推动国际秩序和全球治理体系朝着更为公正合理方向发展。[①]世界事务中的对与错、好与坏、真与假应当由全世界各国和人民共同评判，而不是由西方世界强加给全世界。西方理念最大的误区就在于并不是把人类社会视为一个真正的共同体，而是将世界描绘成由西方国家领导的、由发展中国家充当秩序底层的"无政府"但是"有领导权"的世界。西方世界数百年来一直在不断变幻的世界秩序中强化这种理念，并让全世界认为这是理所当然的。

　　西式"进攻性"和"主导性"的理念已经被证明不仅不能为全世界谋福祉，反而沦为少数霸权国实施霸权的借口。人类需要新的理念来引领命运共同体的构建。以中国传统文化价值观为代表的东方理念，可以为全球理念的充实和完善提供新的强大动力，对于应对和解决人道主义危机具有重要的价值。

[①] 中共中央党史和文献研究院编：《习近平关于总体国家安全观论述摘编》，中央文献出版社 2018 年版，第 268 页。

（一）当前人道主义危机产生的原因分析

经济落后、贫困、战乱、霸权主义等是当前人道主义危机产生的根源。

1. 经济落后和贫困地区是人道主义危机多发易发区域

冷战结束以来，因一国国内局势变动引发的人道主义危机不时出现。20世纪90年代以来的索马里危机、卢旺达危机、波黑危机、科索沃危机、东帝汶危机、苏丹达尔富尔危机、利比亚危机和叙利亚危机等，都是典型的人道主义危机案例。

近年来，叙利亚国内局势动荡所引发的人道主义危机，成为国际社会持续关注的焦点。据联合国相关机构统计，进入2018年以来，已有89名医疗人员在92起武装冲突中丧生，死亡人数已超过2017年全年。联合国叙利亚危机区域协调员穆姆兹斯日前表示，叙利亚境内遭袭击的医疗设施和相关从业人员，占全球遭袭击总数的70%。此外，由战乱所引发的基础设施损毁和大规模人口迁移等，都令叙利亚面临着严重的人道主义危机。

在世界最贫困的国家之一——也门，上演了"世界上最严重的人道主义危机"。2018年6月，世界卫生组织、世界粮食计划署和联合国儿童基金会发布联合声明强调，也门经历了1000天的战争，酿成了"世界上最严重的人道主义危机"，呼吁冲突各方允许人道主义物资进入也门境内，并放下武器，尽早结束冲突。

根据联合国发布的最新数据，截至2018年已有近9000人在也门内战中死亡，5万多人受伤，2000多万民众急需人道主义援助。此外，仅仅2017年4月，战争、饥荒、灾害引发的霍乱疫情又夺走了2000多条生命。联合声明强调，愈演愈烈的人道主义危机"吞噬了整个也门"，使这个国家几近瘫痪，这里的饥饿状态"前所未有"，残酷的暴力迫使成千上万家庭离开自己的家园，儿童被招募入伍，很多医院和学校被炸毁。联合声明特别提到，也门约75%的居民迫切需要医疗救助，其中包括1130万儿童。此外，内战导致至少60%的也门人生活在粮食不安全的环境中，1600万人无法获得清洁用水和适当的卫生设施。联合声明还指出："死伤数字仅反映了我们所知道的情况，事实上，局势可能更糟。""代理人战争"使人们看不到也门人道主义危机的尽头。

也门是中东最为贫困的国家之一，其位于阿拉伯半岛西南端，由于扼守红海出海口这个交通要道，曾经在辉煌一时，其首都萨那被古代诗人比喻为"阿拉伯的明珠"。在阿拉伯人中，素有"途程虽远，必到萨那"之说，萨那也因此获得了"也门之门"的美誉。在阿拉伯语中，也门意为"富裕幸福的国土"。然而，由于早些年的连年战乱和自然灾害，也门沦为了世界上最不发达国家之一，每年都会接受来自国际社会的援助。

经济落后和贫困地区是人道主义危机多发易发地区。不管是冷战以来发生人道主义危机的索马里、卢旺达、科索沃、东帝汶、苏丹，还是近年来饱受战乱纷扰陷入人道主义危机的利比亚、叙利亚、也门、缅甸，经济都较为落后。这些经济落后国家，在霸权主义和强权政治之下，逐渐沦为人道主义的灾难国。美国知名战略学家布热津斯基在欧亚大陆上画出一个"充满激烈动荡漩涡"的"长椭圆形"："它从西向东，由亚得里亚海至巴尔干各国，一直到中国新疆地区的边界；由南向北，环绕波斯湾，包括中东部分，南面的伊朗、巴基斯坦和阿富汗，以及北面的沿俄罗斯—哈萨克边界的全部中亚地区，一直到沿俄罗斯—乌克兰边界。因此，这个长椭圆形包括东南欧部分、中东和波斯湾地区，除此之外，还有苏联的南部地区。"冷战结束后的20多年时间里，全世界的热点、焦点几乎没有离开布热津斯基所画的这个"椭圆形"。①

美国学者托马斯·巴尼特在其著作《五角大楼的新地图：21世纪的战争与和平》一书中，将世界分为"核心国家"和"断层国家"。这里的"断层国家"，指的就是不发达的广大第三世界国家。书中称："我们永远不离开'断层国家'，我们永远不会'把我们的孩子带回家'，没有所谓的撤出'断层国家'，只有缩小'断层国家'。"②

贫困是"无声的危机"，不仅严重阻碍了贫穷国家的社会经济发展，也是当前地区冲突、恐怖主义蔓延和环境恶化等问题的重要根源之一。

2. 战乱、冲突和地区动荡是诱发人道主义危机的主要因素

多年来，以美国为首的西方国家强行向中东、北非地区输出西式民主，导致一些国家内乱不断、冲突绵延。美国是最热衷于向外输出自己民主价值观的国家，自建国开始，美国历届总统，从华盛顿、杰斐逊、威尔逊，到罗斯福，都将输出民主价值观当成自己的使命。冷战之后，美国统治阶层更是雄心勃勃誓将美国民主推向世界每个角落。克林顿言之凿凿："我们最重要的目标必须是扩大和加强世界上以市场为基础的民主国家的共同体。"希望建立一个从波兰到厄立特里亚，从危地马拉到韩国，"民主国家茁壮成长，各国互帮互助，和平相处"的世界。小布什宣称，要在中东地区打造一个"民主的样板"，进而向整个阿拉伯世界实行民主辐射，为建立一个美国治下的世界新秩序开辟道路。

关于对中东地区的民主渗透，著名的兰德公司2008年向美国

---

① 马钟成：《美国大中东地区的隐秘战略》，载《环球财经》，2013年第5期。
② 〔美〕托马斯·巴尼特：《五角大楼的新地图：21世纪的战争与和平》，王长斌、汤学武、谢静珍译，东方出版社2007年版，第120页。

国防部提交了一份报告，这个报告反映了奥巴马政府对中东民主化的兴趣和策略。该报告称，"美国表现出对阿拉伯世界更加民主化的兴趣，特别是'9·11'事件以后"，"美国充分利用各种手段推进中东的民主化进程，包括使用各种借口进行军事干涉，最终目的之一就是建立一个民主的政府"，并称"美国政府应该支持非政府组织向变革者提供培训，包括在民主改革的进程中如何建立联合战线及如何处理内部分歧"。

"9·11"事件之后，美国在中东的民主输出造成了严重的武装冲突，特别是发动了阿富汗战争和伊拉克战争、煽动并参与了叙利亚内乱等，直接导致了这些国家分崩离析、动荡不休，难民如潮涌向欧洲。

美国及其盟友举着打击恐怖主义的大旗，发动了阿富汗战争。推翻了塔利班政权后，美国声称要打造一个民主、透明的联合政府，但却开启了部落与宗族斗争的潘多拉盒子，阿富汗自此国无宁日。在大多数历史记载中，阿富汗各部落和教派不断交战，只是偶尔团结起来抵抗外来侵略，或者联手对邻国发动劫掠。虽然以美国为首的西方国家意图打造一个透明、民主、在安全环境下运行的中央政府，但政令不出喀布尔，古老的部落准则依然大行其道。按照美国前国务卿亨利·基辛格的说法，美国所做的不过是抬高一个宗族、压低其他宗族，以武力或援助物资（或者二者兼而用之）号令全国。而强行实施这些制度不可避免地破坏了阿富汗历史上形成的脆弱平衡，打乱了原来的部落联盟。同时，美国一再宣布撤军，也给各派系间的明争暗斗创造了新的空间。因此，阿富汗虽然在西方国家的帮助下实施了选举制度，但并没有变成一个人民安居乐业的民主国家，反而陷入了两难：没有参加民主架构的人被认为有恐怖分子倾向，而参加民主架构的人则受到了塔利班发出的死亡威胁。

无所适从的人们在自己的家园难以生存,越来越多的阿富汗人沦为难民,踏上去往他国的避难之途。

此后,美国同样不遗余力地在"中东最不自由的国家"伊拉克推行民主,试图将这个没有民主历史根基的国家强行建成多党制民主国家,"进而激励整个地区的民主转型"。2002年美国《国家安全战略》指出,"20世纪的伟大斗争"已经展示了"唯一可持续的国家成功模式便是自由、民主","伊拉克的民主将会成功。这一成功将传递明确的信息,从大马士革到德黑兰,自由将属于每个国家的未来"。为此,美国把推翻萨达姆政权的行动宣传为对民主和自由的传播——为了"普世性"的自由民主价值,终结世界各地的暴政。在西方人看来,只要推翻萨达姆独裁政权,就可以在伊拉克建立起民主政权,进而实现地区的民主转型。然而,萨达姆政权倒台后,伊拉克民众非但没有迎来民主,甚至连之前萨达姆执政时国家的稳定与统一也失去了,陷入长期的战乱与纷争,不少人为逃离动荡与苦难,纷纷远走他乡,沦为难民。

最大的难民来源国叙利亚也同样如此。叙利亚依靠石油和粮食出口,曾经是中东地区最为稳定、富庶的国家之一。2011年内战爆发后,美国等西方国家借内乱武装支持叙利亚内部反对派,以推翻巴沙尔政权,导致叙利亚冲突全面升级。曾经的沙漠绿洲变成了热战中心,叙利亚经济倒退40年,民不聊生,700多万民众离开家园,其中300多万逃到邻国土耳其、黎巴嫩、伊拉克和约旦,数十万难民逃往欧洲。

其他受到"阿拉伯之春"冲击的国家,如利比亚、埃及、突尼斯、也门,也面临类似的结局。以美国为首的西方国家操纵民意、引发暴乱,破坏了教派和部族间原有的平衡,最终演变成无休无止的内乱,恐怖主义滋生蔓延。这些国家的传统和文化提供不出西式民主生长的土壤，美国人奉为蜜果的民主，对于他们却如夺命的砒霜。

可以看到，美国虽然没有直接占领这些战乱国家的领土，但其推行强权政治的行为带有浓厚的帝国主义色彩。在民主输出的旗号下，大搞幕后阴谋、蓄意颠覆、金钱收买，甚至不惜发动战争来影响别国正常的政治发展进程。这种粗暴干涉别国内政和在价值观、意识形态上顺我者昌、逆我者亡的思维方式，本质上与帝国主义并无二致。

3. 霸权主义、强权政治等国际干涉是人道主义危机不断蔓延的重要原因

纵观冷战后的人道主义干涉实践，大体可分为两大类：一是以联合国维和行动和制裁行动为主体的人道主义干涉。从程序上看，这种干涉实践是合法的，但同时也要看到，西方的人道主义干涉理论直接渗透到联合国的维和行动和制裁行动中，安理会相当多的决议是在美国等西方国家的积极推动下通过的。二是未经联合国授权的干涉行动。对于这类干涉行动，西方国家的主流社会竭力为其辩护，千方百计为其寻找合法性，但国际社会特别是发展中国家、弱小国家对此都持否定态度。

以美国为首的西方国家的干涉是联合国人道主义干涉行动失去公正性的症结。美国等西方国家的人道主义干涉行动是鲁莽、草率的，常常造成灾难性后果。例如，1999年，美国对南联盟实行的所谓人道主义干涉，不但没有解决科索沃当地的民族矛盾，反而制造了一场更为悲惨的人道主义灾难。

事实上，美国等西方国家推行的从人道主义原则出发的外交政策经常违背国际道义。例如，美国常常以停止援助或停止食品供应作为施加压力的手段，1993年世界人权大会对此行为进行了谴责，并呼吁西方国家不要将"粮食援助"作为外交政策的工具，更呼吁不要以人权为借口野蛮地干涉他国内政。然而，1995年以后美国等西方国家对朝鲜仍然常常采用停止援助和停止食品供应等手段。

西方国家把自己当作道德上的评判者，将对弱小国家的干涉美化成人道主义救援，它们竭力美化人权，强调其所发动的战争的正义性，目的就是为了掩盖战争造成的人道主义灾难和强权政治的罪恶本质。

由此可见，一旦主权原则被人权、道义等概念不断侵蚀直至完全破坏，就很难想象还有任何法律和实际的屏障可以保护弱小国家的基本生存。那么，国际社会要么进入一个纯粹弱肉强食的丛林世界、完全的无政府混乱状态，要么转变为层级式的帝国体系。

（二）人类命运共同体理念所蕴含的人道主义内涵

人类命运共同体理念体现了人权的价值追求，它既是人类向善的一种美好表达，也是人类社会追求进步的本质要求，具有很强的道义力量，能够形成强大的感召力。人类命运共同体理念也体现了人权发展的时代精神，它要求建设一个持久和平、公平安全、共同繁荣、开放包容、清洁美丽的世界，正是当今世界人权事业发展在生存权、发展权、健康权、和平权、安全权、环境权等方面的具体表现，反映了世界人权事业朝着更加全面、协调、平衡、包容、可持续的方向发展。

自文艺复兴以来，西方文明或资产阶级的意识形态曾在一个相当长的时间内对人权观念的发展起到过非常积极的作用，但其局限性也日益凸显。鉴于西方传统人权观念的片面性，人权在当代世界只有立足于人类社会生活自身的发展与新的共识的形成才能获得新的发展机遇。从这个角度来看，人类命运共同体理念的提出，为全球人权治理提供了重大历史契机。

1. 在人权主体上强调人类整体

人类命运共同体理念的提出，发展和丰富了人权观念。正如马克思所指出，旧唯物主义的立足点是市民社会，新唯物主义的立足点则是人类社会或社会化了的人类。因此，将全人类作为当代人权观念的起点，不仅是对人权主体观念的发展，也是对人权唯物主义的发展。人权作为人类社会的权利是客观存在的，不是纯意识的，更不是以人的主观意志为转移的。这对于过去长期将人权仅仅视为一种道德观念或者仅仅从市民社会视角来理解人权的内容与方法来说，是巨大的进步。这是人类命运共同体理念对人权观念的发展，既揭示了中国当代人权观念的主体内涵，又展示了理解中国当代人权观念的基本路径与方法。在内容上，人类整体是人权的主体，既包括个体也包括集体，任何一方面都不能忽视；否则，会造成在人权主体上对人权认识的偏差。这是对西方人权观念进行反思与检讨的收获，也是对中国当代个体与集体人权主体理论的整体提升。在方法上，人类整体是对人权进行认识的逻辑起点与认知视野，人权从根本上就源自于人类整体，源自于人类社会在长期的生产与生活关系中所造就的人的社会属性与自然属性，而不是所谓的道德观念，这也是在人权问题上唯心主义与唯物主义的根本分歧所在。综合而言，对人类整体认识的高度决定了人权观念的深度与广度。

2. 在人权内容上强调共同安全与共同发展

西方国家基于政治考量，长期在人权观念上守成不变，一直侧重于强调公民权利、政治权利，无视或漠视经济权利、社会权利及文化权利作为人权存在的意涵、价值与地位。显然，西方一些国家的人权观念与国际人权宪章及国际人权事业的发展不是相向而行的。改革开放以来，中国在人权事业的发展上解放思想，根据中国的基本国情提出问题与解决问题，有效地促进了中国人权事业的健康发展。尤其是1991年《中国的人权状况》白皮书发表以来，中国以生存权与发展权作为人权事业发展的基本立足点，推动中国经济社会全方位发展，取得了举世瞩目的成绩。至2016年《发展权：中国的理念、实践与贡献》白皮书的发表，中国对于人权发展的思路日渐清晰，即中国的人权发展思路是立足于生存权与发展权，强调共同安全与共同发展，这是人类命运共同体理念在人权内容上的具体体现。当代世界人类共同安全问题日益突出，关系到人类的生存与发展；而没有共同发展，局部的或片面的发展也有可能危及人类的安全与生存。如果说对生存权与发展权的重视是基于中国的基本国情，那么对共同安全与共同发展的强调则是基于当代世界的基本状况。

3. 在人权本质上强调共同利益与共同价值

在人权本质上，西方传统人权观念是赤裸裸的利益观，是资本的人权，没有资本便没有人权。资产阶级这种人权观念的基本立足点是建立在压迫无产阶级与剥削无产阶级利益的基础上的。中国当代人权观念对西方人权观念的本质予以扬弃：一方面，承认利益与人权之间存在密切联系；另一方面，揭示了人权的正义本质，即只有受到正义理念支撑的利益才能被视为人权。利益与正义是构成人权的两个基本成分，是决定人权本质的两个重要因素，也是推动人权进步的两翼。在利益的维度，正如马克思所言，人们为之奋斗的一切，都同他们的利益有关。[①]当然，不同的个人有不同的利益、不同的国家有不同的利益，并不是所有利益都是我们的奋斗目标，只有共同利益才值得国际社会共同去追求。因此，人类命运共同体

---

① 《马克思恩格斯全集》第1卷，人民出版社1995年版，第187页。

理念对于人权本质的贡献之一是对利益的发展,即对共同利益的强调。在正义维度,正义作为人权的本质是对道德观念的凝练与提升,体现了人权本质的价值内涵。人类命运共同体理念表明,人类的价值追求是多元的,在国际合作中,应该更多地倡导共同价值。就正义而言,不同的个人与不同的国家也有不同的正义观念,体现人类共同追求的正义必须捍卫。共同利益与共同价值表明了当代中国的人权追求与实现全人类人权的本质。

4. 在人权实现上强调共同义务与共建共赢

人类命运共同体理念的提出,为人类社会的人权善治提出了具有建设性的中国方案。人类命运共同体理念强调,人权实现是各个国家的共同义务,各个国家之间应该采取共建共赢的方式促进人权的保障与实现。在国家存在的前提下,人类的人权实现绝非一国之功,而应是各国共同之责。各国应抛弃前嫌,在人权问题上携起手来,共同致力于人类社会人权事业的健康发展。中国的"一带一路"倡议,在人权实践上践行了人类命运共同体理念,对于推动世界各国经济社会和人权事业的发展起到深远影响。总之,中国对人权实现共同义务与共建共赢的强调,是对人类社会共同安全与共同发展的有效回应,是为了捍卫世界各国人民的共同利益与共同价值,同时也是当代中国对人权善治的重大贡献。

(三)人类命运共同体理念下的人道主义危机解决路径

习近平总书记指出,构建人类命运共同体,要从伙伴关系、安全格局、经济发展、文明交流、生态建设等方面作出努力,建设持久和平的世界、普遍安全的世界、共同繁荣的世界、开放包容的世界、清洁美丽的世界。这对构建公正、合理的国际人权治理体系,解决人道主义危机具有重要意义。国际社会应当在伙伴关系、安全格局、经济发展、文明交流等领域共同努力。

1. 主权平等的伙伴关系是改善全球人权治理、应对人道主义危机的基础

这要求从构建人类命运共同体的高度出发，保障人权、应对挑战，呼唤平等与合作。某些势力拉大旗作虎皮，以人权"教师爷"自居，打着保护人权的旗号行践踏人权之实，以人权为借口干涉他国内政、维护狭隘民族利益的做法应当寿终正寝了。在经济全球化突飞猛进、技术发展日新月异的时代，我们的世界正在变成一个所有成员命运休戚与共的共同体。在世界某个地区发生的事件极有可能对其他地区产生影响——无论这种影响是有意的还是无心的，是受人欢迎的还是招人厌恶的，抑或是大有裨益的或者存在害处的。因此，要避免那种你争我抢的零和博弈，全球各个国家、各个民族要在平等的基础上共同努力，创造一个更加美好的未来。在这个过程之中，平等是至关重要的，因为只有平等能够确保不同国家和民族在塑造我们这个世界的过程中拥有公平的权利。从这个意义上讲，人类命运共同体的未来掌握在这一共同体的所有成员国家手中。各国应当寻求对话而不是对抗，应该构建伙伴关系而不是寻求结盟。在寻求建立平等伙伴关系的过程中，中国一直在积极参与全球治理体系的改革，探索改变现有体系中不合理和不公平的部分。这一努力在改善人权方面必将起到积极的作用。

主权平等是促进和保护人权的根本。主权平等是当代国际关系最重要的准则，也是国际人权法和联合国人权工作的基本原则。"单丝不成线，独木难成林。"国际人权事务应由各国共同商量，全球人权治理体系要由各国共同建设，人权发展成果要由各国人民共同分享。各方应该始终恪守《联合国宪章》宗旨和原则，坚持国家主权原则，以平等的伙伴姿态开展人权交流与合作。各方都要客观

公正看待他国人权事业发展，不能把人权政治化，不能借人权干涉他国内政，更不能搞政权更迭。事实证明，将自身价值观和人权发展模式强加于人，肆意干涉他国内政甚至发动战争，只会造成混乱，导致潘多拉魔盒式的持久动荡。

2.尊重文明多样性、促进不同文明之间的交流互鉴为改善全球人道主义危机提供了前提

世界是丰富多彩的，文明是多元多样的，因而人权观念也势必是存在差异的。当今全球人权治理的种种弊端，很大程度上就是由于某些势力自诩"政治正确"，鼓吹"历史已然终结"，声称世界上的人权理念"仅此一家、别无分店"，却忽视了世界各国国情的差异、诉求的不同，以一己之私取代了人类的共同利益，拒绝国际人权治理领域的交流对话，甚至推行"双重标准"，这种做法不啻在"污名化"人权事业。而站在人类命运共同体的高度，世界各国、不同文明和族群之间应该相互交流借鉴，实现共同进步。唯其如此，才能使各个国家、族群找到适合自己的人权治理途径，才能切实改善人权、保障人权。

世界上没有两片完全相同的树叶。社会因包容而丰富，文明因多样而精彩。世界上没有放之四海而皆准的人权发展道路和保障模式。人权事业是各国经济社会发展的重要组成部分，必须根据各国国情和人民需求加以推进。各国人权发展理念和实践的丰富多彩，应该成为国际人权事业欣欣向荣的源泉，而不应成为各方对抗对立的根源。不同国家、文明和族群之间应平等交流、相互借鉴、取长补短、共同进步。各方应尊重他国人民自主选择的人权发展道路，坚持建设性对话，妥善处理人权分歧，共同寻求促进和保护人权的有效途径。

3. 维护共同安全是保障人权、避免发生人道主义灾难的大环境

一个战乱频仍、恐怖主义肆虐的世界，是谈不上人权保障的。和平安全是促进和保护人权的前提。安全是最大的人权。战乱、冲突和地区动荡是导致大规模侵犯人权现象的主要根源。叙利亚儿童艾兰在还不懂"人权是什么"时，就已失去生存权，这值得深思。没有和平，何谈人权？没有安全，何谈尊严？没有稳定，何谈自由？各方应止戈化武、讲信修睦，为促进和保护人权提供基本的外部条件。

人类命运共同体理念为我们展现了一个更为公平、包容、普惠的世界。它强调国际社会通过对话与合作来保障人权，注重为第三代人权及人权概念发展创造新的契机；强调要建立更加开放透明和更具包容性、非歧视的贸易体系，确保提升贸易机遇和互联互通，推动经济发展成果惠及所有人；强调要充分借用技术发展来克服种族和地理界限，确保社会朝着平等方向前进，帮助人们更好保护人权和人类尊严，要通过联合国和平解决地区冲突，确保地区和平稳定。各国应根据自身文化传统和基本国情来确定人权发展道路，不应有外部干预，不应使人权成为惩罚的工具，也不应采取双重标准。

4. 实现公平和共同发展，是避免人道主义危机发生的根本

人类命运共同体理念呼唤包容性的经济和社会发展。在人类命运共同体之中，一国的发展是与其他国家的发展密切相关的。空谈高调解决不了粮食问题、资源短缺问题，唯有实现人类命运共同体所有成员的公平和共同发展，为全人类创造丰富的物质和精神产品，才能从根本上解决这两个问题。同时，也只有在推进文明之间平等对话的同时，实现公平和共同的发展，才能从根本上消除贫困与不公——而这两者正是恐怖主义和跨国犯罪的根源之一。在这方面，中国做出了卓有成效的努力。中国推崇公正和有效的全球经济治理，开放和透明的全球贸易和投资治理，绿色和低碳的全球能源治理，以及包容性和互通性的全球发展治理，并认为这些方面是全球经济治理中的优先事项，这集中体现了中国正积极主动地为全球经济增长建言献策。此外，在推动包容性增长方面，中国还倡导增加发展中国家在全球治理体系中的话语权，呼吁让所有的国家能够平等地参与到规则制定中来。同时，中国近年来大力推进的"一带一路"倡议以及成立亚洲基础设施投资银行、设立南南合作援助基金、增加对世界最不发达国家的投资等举措，也是着眼于构建人类命运共同体，实现公平、包容和共同的经济社会发展，以期借此保障作为人权的发展权，对国际人权事业的进步作出贡献。

共同发展是促进和保护人权的关键。"仓廪实而知礼节"，发展是人类社会永恒的主题，也为实现各项人权创造了基本条件。世界各国只有充分促进经济、社会、环境协调发展，才能确保人人过上有尊严的生活。同时，国际社会要坚持南北合作主渠道，加大对发展中国家的帮扶力度，优先帮助发展中国家消除饥饿和贫困，实现生存权和发展权，"不让一个人掉队"。

人类命运共同体也是权利、义务和责任的共同体。过去狭隘的民族或国家利益观突出民族和国家利益的独立性，而忽略了各民族和国家利益的相关性、连带性和整体性，导致了许多不良的后果。人类命运共同体话语下的人权促进与保障，不仅应强调权利，更应强调义务和责任，强调国家主权尊严和个人价值尊严。"在追求本国利益时兼顾他国的合理关切，在谋求本国发展中促进各国共同发展"，这不是分担包袱，而是分担责任，是共享价值中的集体责任。

5. 基于联合国权威性的治理，是解决人道主义危机的唯一出路

联合国的安全治理是以集体安全体制为基础的，冷战期间，美

苏对抗，联合国安理会未能有效应对全球安全问题，出现了全球安全治理的赤字。冷战后，联合国改革进展乏善可陈，没有能弥补这种赤字。在这种背景下，美国及其领导的北约绕过联合国，实施各种干涉行为。[①]联合国是人类命运共同体建构的最大最可靠的组织基础，也是目前国际社会在全球制度建设方面取得的最为珍贵的成果。当然，联合国功能和地位的缺失严重影响全球治理的有效性。人道主义问题本身就是世界事务中争议极大、错综复杂的问题，并不像西方世界所描绘那般简单。国际人道主义问题中充斥着舆论导向、权力政治、战争冲突、国际规则、集体行动、国际矛盾、国内冲突等各种问题。大部分国际人道主义问题无法简单地用黑与白来清晰界定。在这样的情况下，更需要发挥联合国安理会作为全球安全治理民主机制的基础性作用。联合国安理会尽管不是最理想状态下的全球民主决策机构，但是毕竟是国际社会能够建设并且被各国所接受的权威制度架构。联合国应当成为评估人道主义问题的唯一机构，联合国安理会应当是决定是否存在人道主义危机，以及是否有必要实施符合国际法和国际道义准则的干涉的唯一机构。单边主义是绝对不可接受的路径，单边主义行动无论站在多高的"道德高地"，无论如何动员媒体进行舆论宣传和炒作，无论建立在多么强大的国际实力基础上，都注定背离全球共同利益和国际道义准则，因为单个强国不受约束就无法自觉地将全球福祉作为本国追求的目标，更无法摆脱国内政治和经济考量而作出与国家利益不符的决策。因此，单边主义等于非道义主义，与国际人道主义的宗旨和原则是完全冲突的。美国实施的所有单边主义行为，无一不是例证。联合国安理会需要改革，需要增加其集体行动效力和更大的民主代表性，但是，改革本身必须遵循民主原则，而不是少数大国满足

---

① 庞中英：《全球治理的中国角色》，人民出版社2016年版，第35—36页。

一己私利的产物。联合国维和行动已经有较长的历史经验的积累，取得了举世瞩目的成就，是未来人道主义问题解决的重要支撑。强调维和而不是干涉应当成为联合国框架下的人道主义问题治理的重要原则。维和可以在最大限度地尊重目标国家的主权和国情的基础上应对人道主义危机，干涉则必然充满争议和矛盾，而且未必会达到预计的效果。即便不得不实施干涉，也必须由联合国安理会授权或者由联合国安理会组织开展集体行动，而不是由少数国家私自实施干涉。"保护的责任"应在联合国制度框架下基于审慎的原则进行制度化，形成成熟的、为全球绝大部分国家和人民所接受的概念体系、执行标准、限定条件、行动方式、组织形式和善后安排。

6. 以外交手段替代暴力手段，是人道主义危机解决的主体路径

中国传统文化中的"和合"思想根植于数千年的中国历史，是东方智慧的代表性思想之一。"和合"反映在国际事务中，就是以外交手段解决国际问题、矛盾、争端和冲突。外交手段主要包括外交谈判、外交调解和斡旋，以及以外交文书、函电和外交互访为基础的外交沟通。外交手段就意味着排除军事冲突和威慑。外交手段旨在澄清意图、减少误解、传递信息、突破僵局、协调立场、达成和解、签署协议。外交手段是和平的，非暴力的，也是代价最小的"最人道的"解决人道主义危机的路径。人道主义问题本来就与各种国内外问题相互缠绕在一起，动用暴力进行干涉是最后的选择，或者说是最应该避开的选择。暴力通常无法解决相互关联的复杂矛盾，只是将最紧迫的矛盾简单化地消除了，但是却衍生出更多更大的矛盾。外交手段是最容易被各方所接受的路径。虽然外交手段需要旷日持久的谈判和协商，但是这是一种没有战争创伤的方式，一旦成功将会对问题的解决具有非常持久的价值。西方世界的进攻思维、霸权思维、对立思维、竞争思维和零和思维更容易催生出暴力

的方式。自《威斯特伐利亚和约》签订后数百年来的世界历史就是冲突和外交相互交织的历史。暴力冲突必将导致经济倒退、国家隔阂和民族仇恨，其代价被沉醉在殖民体系陈旧光辉历史的西方世界远远低估了。美国所开展的人道主义干涉，无论是科索沃、伊拉克还是利比亚，都没有解决这些国家的问题，反而极大地激化了各种矛盾，而且这些新挑战将会在战争记忆的作用下长久地存在。人类共同生活在一个地球，命运与共。人类命运共同体实际就是要全球各国和全人类都转换思维和理念，从零和转向共赢，从暴力对峙转向和平共处。各国本应该从大萧条、石油危机、金融危机、次贷危机、欧债危机等各种世界性危机中汲取旧式国家间权力斗争理念的教训，意识到各国之间的相互依存和共同命运。但是旧式理念太过根深蒂固，以至于时至今日仍然有一些国家和一些人抱着冷战思维和霸权思维不放松，执迷不悟地搞军备竞赛、经济对冲、政治对立、意识形态对抗，却无视全球化时代各种不断涌现的全球性问题和挑战（如恐怖主义和跨国犯罪）对全人类共同命运的威胁。外交不仅应当回归国家间关系的中心舞台，更应该成为人道主义问题解决的主要路径。被狭隘的旧式观念束缚，将使人道主义问题陷入无解的境地。

7. 用综合思维进行源头治理，是应对人道主义问题的可行方案

人道主义问题是利益问题、制度问题、观念问题，也是伦理问题，其复杂性要求人类社会必须以长远的、综合的和宏观的眼光看待这些问题。单一向度的思维是无济于事的。人道主义问题都有深刻的政治、民族、种族、宗教、经济和社会文化根源。只有从源头上加以治理，才能彻底地解决问题，这更需要国际社会一道努力。贫困国家的人道主义问题，需要国际社会的人道主义援助，以及国家经济发展模式的转变和国家经济实力的提升。民族和种族问题所

引发的问题则需要在外交调解的基础上建立民族和解的机制框架和条约协议，并辅以具体的民族种族政策作为执行的基础。内战和冲突所引发的人道主义问题则需要维持和平，第三方居间调解，让冲突各方坐下来商谈。有的人道主义问题涉及产业发展、资源禀赋和自然条件，需要相关国家和国际组织一道推动发生危机的国家进行国内经济和政治体制改革，提升应对环境变化的能力，有效利用好本国资源禀赋。有的人道主义危机则和生活方式、医疗水平、疾病传播等有着紧密的关系，就需要国际社会提供资金、技术、人员和知识方面的援助。综合地从源头治理人道主义问题，才是真正可行的方案。一旦人道主义问题所赖以生存的土壤消失了，那么问题也就迎刃而解了。

8. 以规范、制度和理念为支撑的共同体建构，为国际人道主义事业的发展提供新方向

人区别于动物的一点在于人是有思想有理念的。人类社会如此，国家也是如此。理念可以为行动提供方向和动力。在经济全球化时代，世界各国人民都在信息化时代广泛相连、即时通信，"地球村"的设想日益成为现实。国家也是国际社会的成员，将国际社会或地区层面的关系看作是共同体，建设共同体的规范和制度基础，将使各种人道主义问题迎刃而解。对于国家来说需要利用国际组织和国际协议建设和维护好小共同体，并推动广泛的人类命运共同体的形成和壮大。对于国际组织来说，需要向成员国劝说和推广全球先进的价值观念，并形成组织内具有权威性和凝聚力的核心规则，在制度和规范框架内形成小范围的双边共同体、多边共同体或基于技术和规则基础的组织化共同体。对于国家来说，应放眼世界，为全球发展、全球治理和全球交流提出合作倡议，推动全方位的国际合作，并在合作互动中不断塑造互信，为共同体的建构提供

更多基础。人道主义问题在共同体的话语体系中更好理解和处理。共同体一旦形成,就会产生和平友好的合作和互动,彼此将对方视为本国或者本团体利益的一部分,就会形成较有效的集体行动和深厚的集体认同。同时,在共同体中,互助将成为一种文化,成员之间彼此协助和提供援助,有力地共同面对危机和挑战。长期的互动将建构出良好的互信关系。共同体是人类社会需要追求的长远目标,共同体是建立在信任基础上的。这种信任将对避免人道主义问题的产生和蔓延产生十分深远的影响。此外,共同体不仅是观念上的,也是现实中的。这就要求作为成员的国家及其国民坚持共同体共享的理念,并提出各种新的倡议和理念,以供学习借鉴;在现实中与其他国家和国际组织一道建立成熟的全球、地区、双边等国际制度,使制度化的规范体系和行为准则成为共同体发展和演进的依托。

结论与启示

通过分析可以看出，美国等西方国家主导的人道主义干涉，与人道主义并无实质关联，如果说对制止人道主义灾难有所帮助，那么也只是干涉的附带效果而已。因此，对于这样一个名不副实、动机可疑的干涉行为，如果赋予其合法性，就会将现有的国际关系基本准则破坏殆尽。人道主义干涉所引发的危机是伦理的危机，对人道主义干涉的纠正和再思考应该是伦理层面的反思，从伦理上超越对干涉的路径依赖、重构人道主义危机的解决方案，是应对人道主义问题的必由之路。美国等西方国家在历史上所主导和实施的人道主义干涉行动，被证明不仅未解决人道主义危机，反而制造和加剧了新的危机，人道主义变成其国家利益和野心的借口和筹码，西方伦理观在道德取向上和代表性上都存在严重的缺陷。人道主义领域急需反映广大第三世界国家立场和诉求的新伦理观，基于传统文化和思想积累的中国伦理观可以为人道主义危机的应对提供一条新的路径。这条新路径以人类命运共同体为目标，以日益崛起的中国全球影响力为支撑，以超越人道主义干涉的全球价值追求和伦理关怀为终极导引，将会为国际秩序的重建和全球善治的浮现提供新的动力。

那么，当我们看到卢旺达惨案等人间悲剧的时候，能够置之不理吗？显然不能。只不过，这种人道主义危机应该在安理会的主导下来解决，而不是任由某些西方大国摆布。而且，干涉这样的手段并非根本上解决人道主义危机的出路，因为这种干涉并未触及产生人道主义危机的深层次根源，头痛医头脚痛医脚，以暴制暴，难以达到最终效果不说，反而会导致国际社会的恶性循环：次国家行为体的反叛导致政府的报复性打击，之后大国进行干涉，叛军在大国的支持下更加壮大，从而产生新的叛乱，最终导致冲突不断加剧。许多反对人道主义干涉的国家都认为，国际社会应该首先解决贫穷和欠发达问题，而不是简单地诉诸人道主义干涉，因为很多产生人道主义危机的国家都是贫困和不发达国家。这是国际社会中最宏大的伦理难题。发达国家在伦理道德上一直扮演着"教师爷"和"警察"两重角色，对第三世界国家指手画脚，要求第三世界国家按照发达国家的模式进行发展和改革，并遵从发达国家的理念进行价值观重塑。凡是有异于西方价值理念的国家，就会或多或少被打上"侵犯人权"的标签，并动辄使用武力进行干涉。发达国家的这种伦理观制造了一个巨大的"伦理鸿沟"。它们把自己置于凌驾于弱小国家之上的更高层级和更成功的"示范国家"，而把第三世界国家统统划为需要改造的对象，由此便导致了西方发达国家动辄以人权和人道主义为幌子对第三世界弱小国家进行干涉。

为了应对西方国家的干涉伦理和干涉行动，第三世界国家应当推动国际社会实现"权威转移"，提升国际话语权。在相当长的历史时期里，西方国家一直把持着这种"权威"，成为人道主义领域中发号施令者和仲裁者。这就形成了一种思维定式，即凡是人道主义问题就应由西方国家出面应对并领导实施干涉行动。西方国家这种优越感早已不符合多元化发展的新时代。西方国家不仅在道义上越来越缺乏"权威"基础，政策上也越来越缺乏说服力和感召力。第三世界国家应当推动联合国成为人道主义问题应对和解决的"伦理权威"和"政策权威"。以联合国所有成员国共同认可的全球伦理道德准则为依据，安理会制定相关的应对人道主义危机的政策，并组织实施相关的救援行动。这种"权威转移"是全球伦理观转换的有利契机。国际社会不再被西方国家道德绑架和行动绑架，而是依据是非曲直以非暴力的手段和以联合国为基础的制度化途径解决人道主义问题。

随着中国国家实力的不断增强，中国主张和中国倡议不断在全世界产生共鸣，我们应该更加积极地为提高联合国处理人道主义危机的能力建言献策，坚持和平共处五项原则，打造新型国际关系，构建人类命运共同体，努力化解国际危机与地区冲突，尽量避免人道主义灾难，完善危机应急处理机制。

主要参考文献

（一）中文专著类

［1］〔德〕乌尔里希·贝克、〔以〕内森·施茨纳、〔奥〕雷纳·温：《全球的美国？——全球化的文化后果》，刘倩、杨子彦译，河南大学出版社2012年版。

［2］〔加拿大〕斯蒂芬·斯特里特、约翰·韦弗、威廉·科尔曼：《帝国与自主性：全球化进程中的重大时刻》，陈家刚等译，社会科学文献出版社2010年版。

［3］〔美〕杰里·本特利、赫伯特·齐格勒：《新全球史》（下），魏凤莲等译，北京大学出版社2007年版。

［4］〔美〕理查德·N.哈斯：《新干涉主义》，殷雄、徐静译，新华出版社2000年版。

［5］〔美〕罗伯特·吉尔平：《世界政治中的战争与变革》，武军、杜建平、松宁译，邓正来、乔娅校，中国人民大学出版社1994年版。

［6］〔美〕阿拉斯黛尔·麦金太尔：《谁之正义？何种合理性？》，万俊人、吴海针、王今一译，当代中国出版社1996年版。

［7］〔美〕迈克尔·沃尔泽：《正义与非正义战争：通过历史实例的道德论证》，任辉献译，社会科学文献出版社2015年版。

[8]〔美〕乔纳森·哈斯拉姆：《马基雅维利以来的现实主义国际关系思想》，张振江、卢明华译，中央编译出版社2009年版。

[9]〔美〕涛慕思·博格：《康德、罗尔斯与全球正义》，刘莘、徐向东等译，上海译文出版社2010年版。

[10]〔美〕约翰·罗尔斯：《正义论》，何怀宏、何包钢、廖申白译，中国社会科学出版社1988年版。

[11]〔新西兰〕吉莉安·布洛克：《全球正义——世界主义的视角》，王珀、丁祎译，重庆出版社2014年版。

[12]〔英〕戴维·米勒：《民族责任与全球正义》，杨通进、李广博译，重庆出版社2014年版。

[13]何怀宏：《契约伦理与社会正义》，中国人民大学出版社1993年版。

[14]黄海涛：《干涉的悖论——冷战后人道主义干涉研究》，南开大学出版社2014年版。

[15]焦国成：《中国伦理学通论》（上卷），山西教育出版社1997年版。

[16]刘波：《秩序与正义之间》，中国社会出版社2011年版。

[17]刘明：《国际干预与国家主权》，四川人民出版社2000年版。

[18]夏安凌：《西方新干涉主义研究》，中国社会科学出版社2012年版。

[19]夏伟东：《变换世界中的道德建设》，河南人民出版社2003年版。

[20]夏伟东：《道德本质论》，中国人民大学出版社1991年版。

[21]夏伟东：《道德的历史与现实》，教育科学出版社2000年版。

[22]熊文驰、马骏主编：《大国发展与国际道义》，上海人民

出版社 2009 年版。

［23］徐向东：《全球正义》，浙江大学出版社 2011 年版。

［24］俞可平：《社群主义》，东方出版社 2015 年版。

［25］张旺：《国际政治的道德基础》，南京大学出版社 2008 年版。

［26］周琪主编：《人权与外交——人权与外交国际研讨会论文集》，时事出版社 2002 年版。

［27］朱世宏：《论保护责任中的武力使用》，法律出版社 2016 年版。

（二）中文期刊类

［1］何怀宏：《战争、政治与道德》，载《世界经济与政治》，2005 年第 1 期。

［2］焦世新：《"软均势论"及其实质》，载《现代国际关系》，2006 年第 8 期。

［3］李建华、张永义：《世界主义伦理观的国际政治困境》，载《中国社会科学》，2012 年第 5 期。

［4］潘亚玲：《西方干涉决策的规范性转向论析》，载《世界经济与政治》，2015 年第 4 期。

［5］任红杰：《新干涉主义与恐怖主义》，载《高校理论战线》，2004 年第 8 期。

［6］时殷弘：《严格限制干涉的法理与武装干涉利比亚的现实》，载《当代世界》，2011 年第 11 期。

［7］韦宗友：《西方正义战争理论与人道主义干预》，载《世界经济与政治》，2012 年第 10 期。

［8］杨少华：《评"软制衡论"》，载《世界经济与政治》，2006 年第 7 期。

［9］张露：《中西正义战争》，载《现代国际关系》，2005 年第 6 期。

（三）英文专著类

[1] Alagappa, Muthiah. *Asian Security Order*. Stanford: Stanford University Press, 2003.

[2] Lukes, Steven. *Power: A Radical View*. London: Macmillan, 1977.

[3] Mandelbaum, Michael. *The Case for Goliath: How America Acts as the World's Government in the 21st Century*. New York: Public Affairs, 2005.

[4] Nye, Joseph S. *The Paradox of American Power: Why the World's Only Superpower Can't Go It Alone*. New York: Oxford University Press, 2002.

[5] Organski, A. F. K. *World Politics*. 2nd ed., New York: Alfred A. Knopf, 1968.

[6] Weber, Max. *Economy and Society*. 2 vols. Berkeley: University of California Press, 1978.

[7] Woodward, Bob. *Bush at War*. New York: Simon & Shuster, 2002.

（四）英文期刊类

[1] Adeyeri, James Olusegun. "Cote D'Ivoire: National Interest and Humanitarian Intervention," *Conflict Studies Quarterly*, vol.13, 2015.

[2] Akrivoulis, Dimitrios E. "Beyond the Hermeneutics of Suspicion in The Critique of Humanitarian Intervention," *Review of International Studies*, vol.43, no.2, 2017.

[3] Aloyo, Eamon. "Reconciling Just Causes for Armed Humanitarian Intervention," *Ethical Theory & Moral Practice*, vol.19, no.2, 2016.

[4] Banta, Benjamin R. "Leveraging the Idea of 'Humanitarian War'," *International Relations*, vol.31, no.4, 2017.

[5] Brown, Garrett Wallace; Bohm, Alexandra. "Introducing Jus ante Bellum as a Cosmopolitan Approach to Humanitarian Intervention," *European Journal of International Relations*, vol.22, no.4, 2016.

[6] Choedon, Yeshi. "India on Humanitarian Intervention and Responsibility to Protect: Shifting Nuances," *India Quarterly*, vol.73, no.4, 2017.

[7] Dahl, Robert A. "The Concept of Power," *Behavioral Science*, vol.2, no.3, 1957.

[8] Day, John. "Authority," *Political Studies*, vol.11, no.3, 1963.

[9] Doucet, Marc G. "The International Order of Liberal Humanitarian Intervention," *International Studies Review*, vol.16, no.3, 2014.

[10] Dung, Chu; Dashen, Monica; Selva, Marcia; Suchowski, Maria. "Survey Methodology for Humanitarian Intervention," *Statistical Journal of the IAOS*, vol.32, no.4, 2016.

[11] Giannakopoulos, Georgios. "A British International Humanitarianism? Humanitarian Interventions in Eastern Europe (1875–1906)," *Journal of Modern Greek Studies*, vol.34, no.2, 2016.

[12] Grillo, Michael C.; Pupcenoks, Juris. "Let's Intervene! But Only If They're Like Us: The Effects of Group Dynamics and Emotion on the Willingness to Support Humanitarian Intervention," *International Interactions*, vol.43, no.2, 2017.

[13] Hammer, Ashleigh. "Military Humanitarian Intervention: A New War on Disease?" *Journal of Biosecurity, Biosafety & Biodefense Law*, vol.8, no.1, 2017.

[14] Harig, Christoph; Kenkel, Kai Michael. "Are Rising Powers Consistent or Ambiguous Foreign Policy Actors? Brazil, Humanitarian Interven-

tion and the 'Graduation Dilemma'," *International Affairs*, vol.93, no.3, 2017.

［15］Heinze, Eric A."The Conceit of Humanitarian Intervention," *Political Science Quarterly (Wiley-Blackwell)*, vol.132, no.2, 2017.

［16］Heraclides, Alexis. "Humanitarian Intervention in International Law 1830-1939," *Journal of the History of International Law*, vol.16, no.1, 2014.

［17］Holland, Alison."Aboriginal Affairs: Humanitarian Intervention Then and Now: Dis/Connections and Possibilities," *Australian Journal of Politics & History*, vol.63, no.4, 2017.

［18］Howorth, Jolyon. "Humanitarian Intervention and Post-conflict Reconstruction in the Post-Cold War Era: A Provisional Balance-sheet," *Cambridge Review of International Affairs*, vol.26, no.2, 2013.

［19］Hylenaj, Valmir. "International Humanitarian Intervention in Kosovo," *Academic Journal of Business, Administration, Law & Social Sciences*, vol.26, no.2, 2016.

［20］Janková, Kristína. "UN SC Resolutions and Humanitarian Intervention in Kosovo," *Political Sciences*, vol.18, no.2, 2015.

［21］Jordanoski, Zoran. "Humanitarian Intervention Between Law and Politics," *Horizons Series A*, vol.19, no.2, 2016.

［22］Jubilut, Liliana L. "Has the 'Responsibility to Protect' Been a Real Change in Humanitarian Intervention? An Analysis from the Crisis in Libya," *International Community Law Review*, vol.14, no.4, 2012.

［23］Kapteijns, Lidwien."Test-firing the 'New World Order' in Somalia: the US/UN Military Humanitarian Intervention of 1992-1995,"*Journal of Genocide Research*, vol.15, no.4, 2013.

[24]Kardaş, Şaban. "Humanitarian Intervention as A 'Responsibility to Protect': An International Society Approach," *All Azimuth: A Journal of Foreign Policy & Peace*, vol.2, no.1, 2013.

[25] Karmazin, Ales. "Rethinking the Individual Through Chinese Ontology: Implications for International Relations Theory and Humanitarian Intervention," *Politics*, vol.36, no.4, 2016.

[26] Kim, Sungmoon. "Confucian Humanitarian Intervention? Toward Democratic Theory." *Review of Politics*, vol.36, no.4, 2017.

[27]Kinclová, Lenka."Legitimacy of the 'Humanitarian Military Intervention': An Empirical Assessment," *Peace Economics, Peace Science, & Public Policy*, vol.21, no.1, 2015.

[28]Koh, Harold Hongju."The War Powers and Humanitarian Intervention," *Houston Law Review*, vol.53, no.4, 2016.

[29] Luce, Henry R. "The American Century," *Life*, February 17, 1941.

[30]Lundestad, Geir. "'Empire by Invitation' in the American Century," *Diplomatic History*, vol.23, no.2,1999.

[31]McCourt, David."Embracing Humanitarian Intervention: Atlanticism and the UK Interventions in Bosnia and Kosovo," *British Journal of Politics & International Relation*, vol.15, no.2, 2013.

[32] Moravcova, Sarka. "The Controversy over Humanitarian Intervention and Responsibility to Protect," *Perspectives: Central European Review of International Affairs*, vol.22, no.2, 2014.

[33] Murdie, Amanda; Peksen, Dursun. "The Impact of Human Rights INGO Shaming on Humanitarian Interventions," *Journal of Politics*, vol.76, no.1, 2014.

[34] Ngwa, Neba Ridley. "The Rise and Decline of Humanitarian Intervention and Responsibility to Protect," *Journal of International Social Research*, vol.10, no.49, 2017.

[35] O'Meara, Chris. "Should International Law Recognize A Right of Humanitarian Intervention?" *International & Comparative Law Quarterly*, vol.66, no.2, 2017.

[36] Onuf, Nicholas and F. Klink Frank. "Anarchy, Authority, Rule," *International Studies Quarterly*, vol.33, no.2, 1989.

[37] Ott, Marvin. "East Asia: Security and Complexity," *Current History*, vol.100, no. 645, 2001.

[38] Pashakhanlou, Arash Heydarian. "Air Power in Humanitarian Intervention: Kosovo and Libya in Comparative Perspective," *Defence Studies*, vol.18, no.1, 2018.

[39] Rapkin, David P. "Empire and Its Discontents," *New Political Economy*, vol.10, no.3, 2005.

[40] Reus-Smit, Christian. "International Crises of Legitimacy," *International Politics*, vol.44, no.2, 2007.

[41] Reverson. D.S. "Old Allies. New Friends: Intelligence Sharing In the War on Terror," *Orbis*, vol.50, no.3, 2006.

[42] Richardson, Michael. "U.S. Calms Asians on Troop Levels," *International Herald Tribune*, 17 March, 1997.

[43] Richelson, Jeffrey. "The Calculus of Intelligence Cooperation," *International Journal of Intelligence and Counterintelligence*, vol.4, no.3, 1990.

[44] Rubinstein, Alvin. "Alliances and Strategy: Rethinking Security," *World Affairs*, vol.3, no.3, 1999.

[45]Ruiz-Casares, Mónica; Collins, Tara M.; Tisdall, E. Kay M.; Grover, Sonja. "Children's Rights to Participation and Protection in International Development and Humanitarian Interventions: Nurturing A Dialogue,"*International Journal of Human Rights*, vol.21, no.1, 2017.

[46]Schwartz, Christopher. "A Looming Humanitarian Crisis in the Land Orwell Forgot," *New Eastern Europe*, vol.29, no.6, 2017.

[47]Segal, Gerald. "How Insecure is Pacific Asia?" *International Affairs*, vol.73, no.2, 1997.

[48]Shambaugh, David; Johnston, Alastair Iain; Ross, Robert. "China's Grand Strategy: A Kinder. Gentler Turn," *Strategic Comments*, vol. 10, no.9, 2004.

[49]Shea, Patrick E.; Christian, Charlotte. "The Impact of Women Legislators on Humanitarian Military Interventions," *Journal of Conflict Resolution*, vol.61, no.10, 2017.

[50]Smith, M. L. ; Jones, D. M. "ASEAN, Asian Values and Southeast Asian Security in the New World Order," *Contemporary Security Policy*, vol.18, 1997.

[51] Staniste, Marcela Mihaela. "Humanitarian Interventions, Responsibility to Protect Versus State Sovereignty: The BRICS Countries Perspectives," *International Journal on Humanistic Ideology*, vol. 6, no. 2, 2015.

[52] Stojkovski, Ljupcho. "Philosophical and Moral Justification of Humanitarian Intervention," *Iustinianus Primus Law Review*, vol.5, no.2, 2014.

[53]Taliaferro, Jeffrey. "State Building for Future Wars: Neoclassical Realism and the Resource-Extractive State," *Security Studies*, vol.15,

no.3, 2006.

［54］Teson, Fernando R. "Humanitarian Intervention: Loose Ends." *Journal of Military Ethics*, vol.10, no.3, 2011.

［55］Tomiak, Kerstin. "Humanitarian Interventions and the Media: Broadcasting Against Ethnic Hate," *Third World Quarterly*, vol.39, no.3, 2018.

［56］Turanly, Elvira. "The Role of Humanitarian Intervention in the Peacekeeping Process: The Necessity of Humanitarian Intervention in the South Caucasus Region," *Journal of Black Sea Studies*, vol.39, no.31, 2013.

［57］Weber, Katja. "Hierarchy Amidst Anarchy," *International Studies Quarterly*, vol.41, 1997.

［58］Welsh, Jennifer M. "A Normative Case for Pluralism: Reassessing Vincent's Views on Humanitarian Intervention," *International Affairs*, vol.87, no.5, 2011.

［59］Whiting, Allen. "ASEAN Eyes China: The Security Dimension," *Asian Survey*, vol.37, 1997.

［60］Womack, Brantley. "China and Southeast Asia: Asymmetry, Leadership, and Normalcy," *Pacific Affairs*, vol.76, no.4, 2003.

［61］Yuen Foong Khong. "The American Tributary System," *The Chinese Journal of International Politics*, vol.6, 2013.

（五）数据库

［1］"战争相关因素（Correlates of War）"数据库,其网址为:https://correlatesofwar.org/.

[2]"国际关系与安全趋势(Facts on International Relations and Security Trends)"数据库,由斯德哥尔摩国际和平研究所提供,其网址为:http://first.sipri.org/.